REFERENCE TO CRIMINAL TRIAL

刑事审判参考

中华人民共和国最高人民法院
刑事审判第一、二、三、四、五庭／主办

总第119集

法律出版社
LAW PRESS·CHINA

总第119集

刑事审判参考

编辑说明

改革开放是中国人民和中华民族发展史上一次伟大革命，正是这个伟大革命推动了中国特色社会主义事业的伟大飞跃，取得了举世瞩目的成就！改革开放四十年，也是刑事审判快速发展的四十年、改革创新的四十年和发生巨变的四十年。

为了响应习近平总书记提出的隆重纪念改革开放四十周年这一号召，《刑事审判参考》编委会决定出版专辑，回顾改革开放以来人民法院审理的重大刑事案件，纪念刑事法治建设的四十年历程。

改革开放四十周年典型刑事案例专辑分为上、下两册，其中上册为经济、职务犯罪专辑；下册为普通刑事犯罪专辑。在精心选取了八十余例典型刑事案例的同时，还特别邀请两位大法官胡云腾、裴显鼎撰写了两篇文章，对改革开放四十年以来刑事审判工作取得的成就和经验进行了总结。

经验弥足珍贵，薪火还需传承。四十年来刑事审判工作的发展是几代法律人的共同努力与奋斗的结果，新时代的刑事司法工作人员更应当以习近平新时代中国特色社会主义思想为指南，一如既往地做好刑事审判工作，为实现中华民族伟大复兴的中国梦而不懈奋斗！

《刑事审判参考》编委会

目　录

从拨乱反正到良法善治

——改革开放四十年刑事审判理念变迁

最高人民法院大法官　胡云腾

人民法院的刑事审判，在中国共产党领导下的红色根据地开创，在抗日战争时期的陕甘宁边区发展，在解放战争时期的解放区形成。历经战争年代血与火的洗礼，刑事审判在打击敌人、惩治犯罪、争取解放、保护人民的伟大斗争中作出了重大贡献，立下了伟大功勋，可谓根红苗正。新中国成立后，刑事审判因其地位重要、作用重大和贡献巨大而获得了优先发展、快速发展的历史机遇，长期一枝独秀，享有“刑老大”之誉。与此同时，也因为其政治性强、敏感度高而成为屡受政治运动冲击的重灾区。有关材料显示，1957 年“反右”时，最高人民法院的“右派”近一半是从事刑事审判的人员。“文化大革命”中“砸烂公检法”时期，刑事审判人员大量转行，最高人民法院的刑事审判人员最少时只剩下 8 人。即使是留在岗位的刑事审判人员，也是如履薄冰、战战兢兢，甚至如惊弓之鸟。近 30 年刑事审判的非程序化、群众化和运动化做法，产生了诉讼程序没有定式，定罪量刑没有标准，诉讼权利无法保障，冤假错案大量发生等严重问题。回过头看，许多往事已不堪回首，不少案件则不可思议，很多经验更弥足珍贵，诸多教训须深刻汲取。

1978 年以来的 40 年，是刑事审判拨乱反正的 40 年，快速发展的 40 年，改革创新的 40 年和发生巨变的 40 年。刑事审判理念的内容之丰富、变化之快速、传播之广泛和作用之巨大，为其他领域所罕见。既表现出不断发展、一以贯之的连续性，又呈现着不断调整、曲折前进的阶段性。为了更清晰地展现不同时期刑事审判理念及其特点，本文拟分五个阶段加以介述。

1. 1978~1981年:拨乱反正。1976年粉碎“四人帮”后,国家和社会生活随之发生积极变化。最高人民法院在江华院长的领导下,工作秩序逐步恢复,着手复查纠正堆积如山的刑事申诉案件。当时,坚守法院的同志像盼星星盼月亮一样盼望能够依法办案。1978年年底,党中央召开十一届三中全会,确定了拨乱反正、以经济建设为中心和改革开放等基本国策,提出了健全社会主义民主、加强社会主义法治和有法可依、有法必依、执法必严和违法必究等重大任务。法治建设方面发生的几件大事,现已成为历史的见证。五届人大修改《宪法》,决定重建检察制度,恢复公开审判原则、辩护原则、法律面前人人平等原则等。司法部和律师制度的恢复,使刑事诉讼的框架基本健全。最高人民法院为此召开了第八次人民司法工作会议和旨在平反冤假错案的全国法院第二次刑事审判工作会议,贯彻实施新《宪法》,落实党中央提出的平反冤假错案要求。1979年,我国第一部《刑法》《刑事诉讼法》(以下简称“两法”)颁布,刑事诉讼程序首次受到统一规范,刑事审判从此有法可依。最高人民法院前后两次召开高级法院院长座谈会,贯彻实施“两法”,部署一手抓打击现行刑事犯罪,一手抓平反冤假错案。1980年,最高人民法院成立特别刑事法庭,专门审判林彪、江青反革命集团主犯,坚持以个案审判带动“两法”实施。1981年,全国人大出台《惩治军人违反职责罪暂行条例》(已失效),军事刑法正式诞生;全国人大常委会还专门就死刑核准问题作出决定,规定除反革命罪犯、贪污罪犯以外的死刑罪犯被判处死刑的,都不必报最高人民法院核准,从而对刑法实施后的死刑复核程序首次进行了重大调整。全国人大常委会还出台了关于从重、加重处罚逃跑或者重新犯罪的劳教人员和劳改犯的决定,这是刑事立法首次也是唯一一次规定加重处罚情节,体现了用重典惩治再次违法犯罪的态度。同年11月,最高人民法院召开第三次刑事审判工作会议,对“两法”实施进行检查,监督、指导全国法院的刑事审判工作。

该时期的刑事审判理念,可以概括为以下四点:一是坚持严格依法办案的理念,不得按照“左”的政策和红头文件办案;二是坚持依照事实证据定罪量刑的理念,不得再把公民的过激言行、错误思想等作为犯罪行为处理;三是树立严格依照法律程序独立办案的理念,取消了联合办案、党委批案等做法；四是树立实事求是、有错必纠的理念，各级法院大胆解放思想，坚决纠正历次政治运动中造成的冤假错案。有材料显示，到1981年年底，全国法院共复查了120多万件刑事案件，其中平反纠正的就有30余万件，一大批曾被视为铁案的冤案错案得以平反，极大地解放了人们的思想，有力地肃清了极“左”思潮的影响，对凝聚人心、传播法治、匡扶正义发挥了重要的示范作用。

2. 1982～1996年：从重从快。进入20世纪80年代以后，我国经济发展进入快车道，农村人口不断向城市流动，社会管理逐渐从高压控制型向宽松管理型转变。由于新的管理方式跟不上社会发展需要，以致各种刑事犯罪特别是严重破坏经济的犯罪和严重危害社会治安的犯罪大量发生。为因应这一新的形势，立法和司法采取了一些在当时非采取不可的非常做法：如在刑法上，以1982年出台《关于严惩严重破坏经济的罪犯的决定》为开端，1983年出台《关于严惩严重危害社会治安的犯罪分子的决定》为代表，全国人大常委会先后出台了21个单行刑法，对1979年《刑法》进行了大面积修改，共增加了100多个罪名，提高了许多罪名的法定刑，并增设了40种犯罪的死刑。刑事立法体现了明显的从重、从严惩治犯罪和运用重刑威慑、遏制犯罪的理念。在程序上，全国人大常委会通过修改《刑事诉讼法》有关规定，对严重刑事犯罪适用从简从快的诉讼程序。1983年“严打”期间，一度出现过公、检、法三机关联合办案的短暂情形，还有刑事案件从立案、侦查、起诉、审判到执行死刑一共不到一个星期的情况。刑事诉讼程序明确地透露出强调效率、注重打击的理念。从实践看，1983年和1996年开展了两次全国范围的“严打”斗争，中间还多次针对特定犯罪开展的专项斗争，刑事诉讼活动带有明显的行政化色彩和运动型特征，犯罪与刑罚的博弈呈此消彼长的态势。1983年，人民法院判处的重刑比例（判处五年以上有期徒刑到死刑的人数占全部犯罪人数的比例）创纪录地达到了47.39%，1996年第二次“严打”也达到了43.05%，而最低的2016年只有8.01%，可见当年用刑之重。在证据认定方面，主张抓大放小，不纠缠细节，刑事案件的证据只要符合“两个基本”（基本事实清楚和基本证据充分）的即可定罪量刑。这些做法一方面节约了司法成本，提高了司法效率；另一方面也在一些案件中出现了有效辩护很难落实,疑罪从有或疑罪从挂比较常见,冤假错案时有发生等后果。如前几年纠正的内蒙古呼格吉勒图案、河北聂树斌案、安徽于英生案等重大冤假错案,都发生在这一时期。

这一时期的刑事审判理念,受社会观念和立法理念所决定,总体上体现了重典治罪和从快定罪的精神。从历史的角度看,这些理念对于贯彻落实党和国家关于严惩各类刑事犯罪的决策部署,积极回应人民群众对安全稳定的迫切需求,主动服务改革开放经济发展和社会稳定大局,有效遏制刑事犯罪的蔓延,起到了有力的指导作用。同时,也要实事求是,对当年的一些做法和理念加以认真反思。对经实践检验是正确的要敢于肯定,对实践证明是错误的要坚决纠正,使之成为继续前行的指引和鉴戒。

3. 1997~2005年:转型调整。1997年是我国刑事立法和刑事司法转型调整的开局之年,该年度发生的三件大事,在刑事法治发展史上都具有重大意义。第一件是1月1日起实施全面修改后的《刑事诉讼法》。新《刑事诉讼法》强化了诉辩平等对抗,强调了证据裁判,加强了诉权保障,突出了审判程序的决定、把关作用,该法既是现代刑事司法理念在立法中的落实,也是促进刑事审判理念转变的动力。第二件是3月全面修订并于同年10月正式实施的《刑法》。全国人大将1979年《刑法》和20多个单行刑法整合为体系完备的刑法典,取消了类推制度,去掉了"惩办与宽大相结合"的表述,规定了法律面前人人平等、罪刑法定和罪刑相适应三大基本原则,将反革命罪修改为危害国家安全罪,取消了盗窃罪的死刑,分解并取消了投机倒把罪、流氓罪的死刑,等等。新《刑法》鲜明地体现了做减法不做加法的理念,废止了过重的刑罚、过时的制度和过于抽象的罪名,意义十分重大。第三件是最高人民法院6月召开了第四次刑事审判工作会议,就树立正确的刑事审判理念、贯彻实施好新修订的"两法"进行部署。笔者当年有幸作为专家学者代表出席了这次会议,对会议精神记忆犹新。

新修订的"两法"实施以后,不仅在刑事司法实践中得到了有效地贯彻实施,而且对刑事审判理念的转变也产生了重要影响。从刑事司法实践看,"严打"行动和专项斗争从此逐步减少,刑事诉讼活动中控辩双方平等对抗明显增强,当事人的诉权得到进一步保障,出现了死刑适用受到严格控制,重刑率逐年下降的良好态势,到2005年,重刑率已经下降到了17.86%。立法和实践的变化带动了刑事审判理念的转变,人们对犯罪与刑罚关系的认识趋于科学,比例原则受到重视,对刑法作用有限性的共识进一步增多,对刑罚的谦抑性有了更多的认同和接受,从而为宽严相济刑事政策的确立奠定了良好的基础。

4. 2006~2012年:宽严相济。从强调"严打"的刑事政策转变到实行宽严相济的刑事政策,是我国刑事法治的重大进步。2006年,党中央将宽严相济刑事政策作为构建社会主义和谐社会的重要内容和推进社会治安综合治理的基本方针,最高人民法院召开第五次刑事审判工作会议,专门部署贯彻落实的措施。2007年,最高人民法院收回全部死刑案件的核准权,要求对死刑二审案件全部开庭审理,促进了死刑案件的严格控制和公正审判。2008年以后,最高人民法院大力推进量刑规范化改革,连续几年出台规范性文件,促进了常见犯罪的量刑均衡和量刑过程的公开公正。2011年《刑法修正案(八)》颁布,对刑法总则和分则作了诸多修改,如限制老年人死刑,减少13个死刑罪名,限制减刑,醉驾入刑,增设社区矫正和提高数罪并罚最高刑等。2012年全面修改《刑事诉讼法》,设立刑事和解制度,未成年人刑事案件诉讼程序,确立疑罪从无原则和证据裁判原则,加强人权刑事司法保障,重视庭审的决定性作用等。在此背景下,司法实践中出现了死刑适用和重刑率明显下降,重大犯罪案件也随之下降的良性循环态势。刑事法网重在严密而不是严厉,刑事司法重在严格而不是严惩、控制犯罪重在宽严相济而不是一味严惩的理念得到确立。

5. 2013~2018年:良法善治。党的十八大以来,在习近平新时代中国特色社会主义思想指引下,在全面依法治国的大背景下,刑事法治进步巨大、亮点纷呈。2013年,新修订的《刑事诉讼法》及其司法解释生效实施,充分彰显了庭审的功能;最高人民法院召开第六次刑事审判工作会议,对"两法"实施、死刑适用、纠正冤假错案和刑事司法改革进行全面部署。2014年,十八届四中全会决定发布,提出了推进以审判为中心的诉讼制度改革等一系列刑事司法改革举措,有些已经落实。2015年,全国人大出台《刑法修正案(九)》,对恐怖主义犯罪和危害国家安全、经济安全、网络安全和信息安全犯罪等加大惩治力度,修改贪污贿赂犯罪规定,增设诉讼诈骗犯罪,进一步严密刑事法网;减少死刑罪名,调整刑罚制度,促进刑法典体系现代化。2015年以来,最高人民法院指导下级法院依法纠正数十件重大刑事冤假错案和多起涉产权刑事错案,呼格吉勒图案、聂树斌案和张文中案等冤错案件的改判,伸张了社会正义,保护了人权和产权。薄熙来案、于欢案的公开审判,成为全民法治公开课。内蒙古王力军非法经营无罪案和天津赵春华涉枪无罪案,契合了人民群众的公平正义观念,彰显了刑事司法的温度,提升了刑事司法的公信力。习近平总书记提出的“努力让人民群众在每一个司法案件中感受到公平正义”和“100－1＝0”的形象比喻,已经成为人民法院的工作目标、司法理念和职业追求。时任中共中央政治局委员、中央政法委书记孟建柱同志在2016年中央政法工作会议上提出的新时期政法工作要秉持谦抑、审慎和善意理念的观点,中央政法委书记郭声琨同志在2017年中央政法工作会议上提出的政法既要实现人民群众的利益诉求又要回应人民群众的价值诉求,政法工作要综合实现政治效果、法律效果、经济效果和社会效果等要求,以及周强院长在第五次刑事审判工作会议上提出的坚持惩罚犯罪与保障人权并重、不枉不纵、坚决纠正和防范冤假错案等观点,对准确把握新时代的刑事审判理念很有启迪。

总之,刑事审判理念是刑事审判经验的结晶,是刑事审判实践的精华,是刑事审判改革中集体创造的司法智慧,是刑事司法文明的重要成果形式。改革开放40年来,各级人民法院和广大法官坚持以马列主义、毛泽东思想和中国特色社会主义理论特别是习近平新时代中国特色社会主义思想为指导,立足于刑事审判这块沃土,自觉传承中华传统优秀刑事审判文化,广泛学习借鉴国内外有益的刑事审判理论、理念,创造、形成了承前启后、自成体系和独具特色的刑事审判理念,具体包括:一是坚持在党的领导下,公安、检察、审判机关相互配合制约而形成的协同司法和法院主持下的刑事调解、刑事和解的理念;二是在坚持国家总体安全观下,充分发挥刑事审判服务大局、促进发展和维护民生职能的理念;三是坚持惩罚犯罪与保障人权并重、保护被告人的权利与被害人权利并重的理念;四是坚持重罪重判、轻罪轻判和疑罪不判的理念;五是坚持简案速判、繁案慢判和难案细判的理念;六是坚持认罪认罚从宽从简、鼓励认罪悔罪的理念；七是坚持以审判为中心和证据裁判原则、定罪量刑皆由庭审决定的理念；八是坚持程序公正与实体公正一体实现的理念；九是坚持刑罚谦抑、谨慎用刑和善意用刑的理念；十是坚持保留死刑、严格控制死刑和慎重适用死刑的理念；十一是坚持法律人的专业公正观与人民群众的公平正义观念相融合，统筹实现政治效果、法律效果、经济效果和社会效果的理念，等等。

林彪、江青反革命集团案

一、基本案情

被告人江青，女，时年 67 岁，山东省诸城县人。原任“中央文化革命小组”副组长，中共第九届、第十届中央政治局委员。

被告人张春桥，男，时年 63 岁，山东省巨野县人。原任“中央文化革命小组”副组长，中共第九届中央政治局委员、第十届中央政治局常务委员，上海市革命委员会主任。

被告人姚文元，男，时年 49 岁，浙江省诸暨县人。原任“中央文化革命小组”成员，中共第九届、第十届中央政治局委员，上海市革命委员会副主任。

被告人王洪文，男，时年 46 岁，吉林省长春市人。原任中共第十届中央委员会副主席，上海市革命委员会副主任。

被告人陈伯达，男，时年 76 岁，福建省惠安县人。原任“中央文化革命小组”组长，中共第八届、第九届中央政治局常务委员。

被告人黄永胜，男，时年 70 岁，湖北省咸宁县人。原任中国人民解放军总参谋长。

被告人吴法宪，男，时年 65 岁，江西省永丰县人。原任中国人民解放军副总参谋长兼空军司令员。

被告人李作鹏，男，时年 66 岁，江西省吉安县人。原任中国人民解放军副总参谋长兼海军第一政治委员。

被告人邱会作，男，时年 66 岁，江西省兴国县人。原任中国人民解放军副总参谋长兼总后勤部部长。

被告人江腾蛟，男，时年 61 岁，湖北省红安县人。原任中国人民解放军南京部队空军政治委员。

最高人民法院特别法庭,根据1980年9月29日第五届全国人民代表大会常务委员会第十六次会议通过的《关于成立最高人民检察院特别检察厅和最高人民法院特别法庭检察、审判林彪、江青反革命集团案主犯的决定》成立。特别法庭的任务是审判林彪、江青反革命集团案主犯。

最高人民检察院特别检察厅以林彪、江青反革命集团推翻无产阶级专政的政权案,对被告人江青、张春桥、姚文元、王洪文、陈伯达、黄永胜、吴法宪、李作鹏、邱会作、江腾蛟,于1980年11月5日向最高人民法院特别法庭提起公诉。

最高人民法院特别法庭确认事实如下:

以林彪为首的反革命集团和以江青为首的反革命集团,都是以夺取党和国家最高权力为目的而进行阴谋活动的反革命集团。这两个反革命集团有共同的推翻我国人民民主专政即无产阶级专政(包括国家机构、军事机关,本案也包括上述机构的领导力量中国共产党)的犯罪动机和目的,有共谋的犯罪行为,形成了一个反革命联盟。被告人江青、张春桥、姚文元、王洪文、陈伯达、黄永胜、吴法宪、李作鹏、邱会作、江腾蛟和已经死亡的林彪(原中共第八届、第九届中央委员会副主席,国防部部长)、康生(原“中央文化革命小组”顾问,中共第十届中央委员会副主席)、谢富治(原中共第九届中央政治局委员,公安部部长)、叶群(原中共第九届中央政治局委员,林彪之妻)、林立果(原中国人民解放军空军司令部作战部副部长,林彪之子)、周宇驰(原中国人民解放军空军司令部办公室副主任),都是林彪、江青反革命集团案的主犯。

林彪、江青反革命集团在“文化大革命”中进行反革命犯罪活动。在“文化大革命”中,国家政治生活陷入极不正常的状态,社会主义法治受到严重破坏。林彪、江青反革命集团凭借他们当时取得的地位和权力,采取公开的和秘密的、文的和武的各种手段,有预谋地诬陷迫害国家领导人,诬陷迫害中国共产党和各民主党派的领导人,阴谋颠覆政府和破坏军队,镇压迫害广大干部、知识分子和社会各阶层群众,毒害广大青少年,危害各少数民族人民的生命财产和自治权。林彪反革命集团策动武装政变,阴谋杀害毛泽东主席。江青反革命集团策动上海武装叛乱。林彪、江青反革命集团的犯罪活动，前后共达十年之久，殃及全国各个地区各个领域，使我国人民民主专政制度和社会主义的社会秩序受到特别严重的危害，使国民经济和其他各项事业遭到极其严重的破坏，给各族人民带来极大的灾难。

林彪、江青反革命集团案主犯的犯罪事实如下：

林彪、江青反革命集团策划颠覆政府，推翻我国人民民主专政。1967 年 1 月 23 日，林彪确定夺取党和国家领导权的方针说："无论上层、中层、下层都要夺。有的早夺，有的迟夺"；"或者上面夺，或者下面夺，或者上下结合夺"。同年 1 月 22 日，张春桥说："我们对所有的权都要夺。"从 1967 年至 1975 年，张春桥多次宣称，"文化大革命"就是"改朝换代"。林彪、江青反革命集团的上述反革命目的，虽然由于党、政府、军队和人民的抵制，未能完全得逞，但是他们确实在一个相当长的时期内，严重地破坏了政府的机构，严重地妨碍了政府的工作，严重地破坏了人民公安保卫机关、人民检察院和人民法院，控制了中共中央的组织、宣传部门和国务院的文化、教育、卫生、民族等部门的领导权；夺取了多数省、自治区、直辖市的领导权；一度"砸烂"了中国人民解放军总政治部和夺取了一些军事机关的部分领导权。

林彪、江青反革命集团共谋诬陷迫害中华人民共和国主席刘少奇。1966 年 8 月，林彪让叶群把他们捏造的诬陷刘少奇的材料口授给总参谋部作战部副部长雷英夫，指使雷英夫写了诬陷刘少奇的材料。同年 12 月，张春桥单独召见清华大学学生蒯大富，指使他组织游行示威，首先在社会上煽动"打倒刘少奇"。1967 年 7 月，江青伙同康生、陈伯达决定对刘少奇进行人身迫害，从此剥夺了他的行动自由。从 1967 年 5 月开始，江青直接控制"刘少奇、王光美专案组"，伙同康生、谢富治指挥专案组对被逮捕关押的人员进行逼供，制造诬陷刘少奇是"叛徒""特务""反革命"的伪证。1967 年，江青为了制造诬陷刘少奇的伪证，决定逮捕关押河北省副省长杨一辰（原中共满洲省委组织部干事）、中国人民大学教授杨承祚（原辅仁大学教授，王光美之师）、天津市居民王广恩（原奉天纱厂协理）和刘少奇的炊事员郝苗等 11 人。在杨承祚病危期间，江青对专案人员说："要突击审讯，把我们所要的东西在杨死前搞出来。"江青的决定，使杨承祚被迫害致死。江青指挥的专案组也使王广恩被迫害致死。江青伙同谢富治还指使对病势危重的河北北京师范学院教授张重一（原辅仁大学教授，王光美之师）多次进行逼供，致使他在一次逼供后仅2小时即死去。江青伙同康生、谢富治等人，指使专案组对1927年在武汉同刘少奇一起进行工人运动的丁觉群和1929年同刘少奇在沈阳同时被捕的孟用潜进行逼供，制造伪证，诬陷刘少奇是“叛徒”。由于林彪、江青等人的诬陷，致使刘少奇遭受监禁，被迫害致死。

林彪、江青反革命集团诬陷迫害党和国家其他领导人。1967年7月，“中央文化革命小组”成员戚本禹在康生同意下，指使北京航空学院学生韩爱晶组织实施对中共中央政治局委员彭德怀的人身迫害，致使彭德怀被打断肋骨，造成重伤。1970年11月3日，黄永胜同意彭德怀专案组提出要对彭德怀“判处无期徒刑，终身剥夺公民权利”的意见，对彭德怀进行迫害。由于林彪、江青反革命集团的诬陷迫害，彭德怀被折磨致死。1966年7月，康生诬陷国务院副总理、中共中央军委副主席贺龙等人在北京“调动军队搞二月兵变”。同年八月，林彪指使吴法宪编造诬陷贺龙的材料。1968年4月，李作鹏诬陷贺龙等人“篡军反党”。由于林彪、康生等人的诬陷，致使贺龙遭受监禁，被折磨致死。1967年6月23日，黄永胜批准广州市公安局军管会负责人报送的《关于揪叛徒调查工作的请示》及所附的“第一号调查方案”，阴谋陷害中共中央军委副主席叶剑英为“叛徒”。1968年6月，黄永胜把诬陷叶剑英“密谋发动反革命政变”的材料交给叶群。1968年8月，黄永胜和吴法宪捏造事实，诬陷国务院副总理罗瑞卿是“罪大恶极的反革命分子”。1966年年底至1968年，陈伯达多次诬陷国务院副总理陆定一是“现行反革命”“叛徒”“内奸”，并决定对他进行人身摧残。

1968年7月21日，江青、康生制造了一个诬陷中共第八届中央委员会成员的名单。同年8月，康生又制造了诬陷第三届全国人民代表大会常务委员会委员的名单和诬陷第四届全国政治协商会议常务委员的名单。同年12月，谢富治制造了“中国（马列）共产党”假案的名单。在这四个名单中，中共第八届中央委员会委员、候补委员103人，第三届全国人民代表大会常务委员会委员52人，第四届全国政治协商会议常务委员76人，被分别诬陷为“特务”“叛徒”“里通外国分子”“反革命分子”“叛徒嫌疑”“特务嫌疑”。这些被诬陷的人先后都受到了迫害，其中包括全国人民代表大会常务委员会委员长、副委员长 8 人,国务院副总理 12 人,中共中央政治局委员、候补委员 22 人,中共中央总书记、书记处书记、候补书记 14 人,中共中央军委副主席 6 人,各民主党派领导人 11 人。1966 年至 1970 年,江青在各种会议上,点名诬陷中共第八届中央委员会委员、候补委员 24 人,使他们一一受到迫害。煤炭工业部部长张霖之被江青点名诬陷后,遭到非法关押,被打成重伤致死。

林彪、江青反革命集团诬陷迫害中国人民解放军的大批干部,企图使中国人民解放军完全受他们的控制。1967 年 7 月 25 日,林彪提出"彻底砸烂总政"。黄永胜、吴法宪、李作鹏、邱会作分别在中国人民解放军总参谋部、总政治部、总后勤部、空军、海军诬陷迫害了大批干部。林彪、江青反革命集团在中国人民解放军中制造了大批冤案,使八万多人遭到诬陷迫害,1 169 人被迫害致死。

林彪、江青反革命集团诬陷迫害各级党政干部,以图夺取他们尚未夺取的部门和地区的领导权。1968 年 1 月,康生等人诬陷中共中央组织部的干部,直接控制了中共中央组织部的领导权。林彪、江青反革命集团诬陷迫害各级人民公安机关、人民检察院和人民法院的大批干部、民警,被他们迫害致死的 1 565 人。林彪、江青反革命集团诬陷迫害各省、自治区、直辖市的大批干部。在康生、谢富治等人的指使、策动下,夺取了北京市的领导权,北京市领导干部 13 人遭到诬陷迫害,市委书记刘仁、邓拓和副市长吴晗、乐松生被迫害致死。在张春桥、姚文元的指使、策动下,夺取了上海市的领导权,上海市领导干部 12 人遭到诬陷迫害,市长曹荻秋、副市长金仲华被迫害致死。1967 年至 1968 年,张春桥直接操纵、指挥上海的"游雪涛小组",从事跟踪盯梢、绑架、抄家、拘禁、刑讯和捏造情报等特务活动,制造冤案,诬陷迫害干部和群众,诬陷华东地区领导干部在"长江以南搞一个地下武装","密谋兵变"。

林彪、江青反革命集团制造大量冤案,在全国范围内煽动"打砸抢",迫害广大干部和群众。1967 年,康生等人制造了"新疆叛徒集团"冤案。1967 年至 1968 年,黄永胜等人先后制造了"广东地下党"和广州部队"反革命集团"冤案。1967 年,由于陈伯达的煽动,使冀东冤案造成严重的后果,大批干部和群众受到迫害。1968年,康生、谢富治制造了云南“赵健民特务案”冤案。同年,由于康生、谢富治的煽动,使所谓“内蒙古人民革命党”的冤案造成惨重的后果,大批干部和群众被迫害致死致残。1967年至1969年,在林彪、江青反革命集团的煽动下,制造了“‘东北帮’叛党投敌反革命集团”冤案。1966年10月,江青勾结叶群,指使江腾蛟在上海非法搜查郑君里、赵丹、顾而已、童芷苓、陈鲤庭五人的家,致使他们受到人身迫害。由于林彪、江青反革命集团的指挥和煽动而造成的冤案,使各级党政军机关、各民主党派、各人民团体和社会各界的大批干部和群众以及大批归国华侨遭受诬陷迫害。社会各界知名人士被迫害致死的有:著名作家、艺术家老舍、赵树理、周信芳、盖叫天、潘天寿、应云卫、郑君里、孙维世等人,著名教授熊庆来、翦伯赞、何思敬、王守融、顾毓珍、李广田、饶毓泰、刘盼遂、马特等人,著名科学家赵九章、叶渚沛、张宗燧、刘崇乐、陈焕镛、周仁等人,卫生界著名专家胡正祥、张昌绍、计苏华、陆瘦燕、叶熙春、李重人等人,体育界优秀教练员傅其芳、容国团、姜永宁,著名劳动模范孟泰、时传祥等人,侨务界知名人士方方、许立、黄洁、陈序经、黄钦书、陈曼云等人。林彪、江青反革命集团严重破坏民族团结,使各少数民族的大批干部和群众遭到残酷迫害,吉雅泰等人被迫害致死。

林彪、江青反革命集团在全国范围内挑动群众组织之间的大规模武斗,借此夺权和残酷镇压广大群众。1966年12月28日,在张春桥的指使下,制造了上海康平路武斗事件,打伤91人,在全国开创了利用武斗夺权的恶劣先例。1967年5月,张春桥、姚文元在济南支持山东省革命委员会主任王效禹制造了省革命委员会大院武斗事件,拘捕关押388人。同年8月4日,王洪文组织、指挥了围攻上海柴油机厂的武斗,关押和伤残650人。

林彪反革命集团和江青反革命集团都各自图谋夺取党和国家的最高权力,它们在结成联盟的同时,又有尖锐的矛盾。1969年,林彪被确定为毛泽东主席的接班人。1970年,林彪意识到江青、张春桥等人的势力的发展有超越自己的趋势,图谋提前“接班”。林彪明知江青的野心绝难得逞,但是要毛泽东主席支持自己提前“接班”是绝不可能的。因此,1971年9月,林彪反革命集团决心撕破一切假面具,策动武装政变,阴谋杀害毛泽东主席。早在

1969 年 10 月，空军司令员吴法宪把空军的一切指挥权、调动权交给林立果。1970 年 10 月，林立果组成了武装政变的秘密骨干力量，取名为“联合舰队”。1971 年 3 月，林立果、周宇驰等人在上海制订了武装政变计划，取名为《“571 工程”纪要》。3 月 31 日，林立果根据《“571 工程”纪要》建立“指挥班子”的计划，在上海召集江腾蛟和七三四一部队政治委员王维国、七三五〇部队政治委员陈励耘、南京部队空军副司令员周建平秘密开会，指定江腾蛟为南京、上海、杭州“进行三点联系，配合、协同作战”的负责人。同年 9 月 5 日和 6 日，林彪、叶群先后得到周宇驰、黄永胜的密报，获悉了毛泽东主席察觉林彪在密谋夺权的谈话，决定对在旅途中的毛泽东主席采取谋杀行动，发动武装政变。9 月 8 日，林彪下达了武装政变手令：“盼照立果、宇驰同志传达的命令办”，并由林立果、周宇驰对江腾蛟和空军司令部副参谋长王飞以及“联合舰队”的其他骨干分子进行具体部署。正当林彪反革命集团紧张地策动武装政变的时候，毛泽东主席对他们的阴谋有所警觉，突然改变行程，于9 月 12 日安全回到北京。

林彪反革命集团的谋杀计划失败后，林彪随即准备带领黄永胜、吴法宪、李作鹏、邱会作等人南逃到他当时准备作为政变根据地的广州，图谋另立中央政府，分裂国家。根据林彪的命令，空军司令部副参谋长胡萍安排了南逃广州的飞机八架，于 9 月 12 日将其中的 256 号专机秘密调往山海关供在北戴河的林彪、叶群、林立果使用。当晚 10 时许，周恩来总理追查 256 号专机突然去山海关的行动，命令将该机立即调回北京。胡萍一面谎报 256 号专机去山海关是飞行训练，并伪称飞机发动机有故障，拒不执行调回北京的命令；一面将周恩来总理追查飞机行动的情况报告周宇驰。周宇驰随又报告了林立果。当晚 11 时 35 分和 13 日零时 6 分，李作鹏两次向海军航空兵山海关场站下达命令时，将周恩来总理关于 256 号专机必须有周恩来和黄永胜、吴法宪、李作鹏“四个人一起下命令才能飞行”的命令，篡改为“四个首长其中一个首长指示放飞才放飞”。9 月 13 日零时 20 分，海军航空兵山海关场站站长潘浩已经发现当时情况异常，打电话请示李作鹏：飞机强行起飞怎么办？这时李作鹏仍然没有采取任何阻止起飞的措施，致使林彪、叶群、林立果得以乘 256 号专机叛逃。林彪得知周恩来总理追查专机去山海关的情况后,判断南逃广州另立政府的计划已不可能实现,遂于13日零时32分登机强行起飞,外逃叛国,途中机毁人亡。

9月13日3时15分,在北京的周宇驰等人得到林彪外逃消息后,劫持3685号直升机外逃,被迫降。从直升机上缴获了林彪反革命集团窃取的大量国家机密文件和策划武装政变的材料。

林彪等人叛国外逃死亡后,江青反革命集团为了夺取党和国家领导权,继续进行诬陷迫害各级领导干部的犯罪活动。1974年至1976年,江青反革命集团指挥“梁效”“池恒”“罗思鼎”等写作班子进行反革命煽动,诬陷重新出来工作的各级领导干部是“从资产阶级民主派到走资派”,已经成为他们所谓继续革命的对象。1976年,江青、张春桥、姚文元、王洪文在全国制造新的动乱,诬陷迫害大批领导干部,图谋最终颠覆政府。3月,江青在对12个省、自治区负责人的一次谈话中,点名诬陷中央和地方的一批领导干部。同年,张春桥指使上海市革命委员会副主任马天水、徐景贤在上海召开的万人大会上,诬陷重新出来工作的领导干部“从资产阶级民主派变成走资派”。同年,王洪文和姚文元指使《人民日报》总编辑鲁瑛派人到国务院一些部门和一些省,按照他们的意图编造材料,诬陷重新出来工作的老干部“组织还乡团”,“翻案复辟”,并且以此作为向他们尚未控制的部门和地区进行夺权的根据。1976年3月至5月,江青反革命集团捏造事实,诬陷南京、北京和其他各地悼念周恩来总理的群众是“反革命”,诬陷国务院副总理邓小平是天安门广场“反革命政治事件的总后台”,煽动镇压迫害广大干部和群众。

江青反革命集团主犯张春桥、王洪文以上海为基地,建立和扩大由他们直接控制的“民兵武装”。早在1967年8月,在张春桥审批的《上海市革命委员会关于成立“文攻武卫”指挥部的打算》的报告中,就提出所谓“以枪杆子保卫笔杆子革命”,积极建立他们控制的武装力量。王洪文从1973年至1976年多次对江青反革命集团在上海的骨干马天水、徐景贤和王秀珍说:“军队不能领导民兵”;“上海民兵是我和春桥搞起来的”;“你们可给我抓好”;“我最担心的是军队不在我们手里”;“要准备打游击”;要他们加紧发展“民兵武装”。江青反革命集团计划利用他们自认为属于己有的这支武装力量,在上海策动武装叛乱。1976年8月,投靠江青反革命集团的林彪余党、南京部队司令员丁盛到上海，对马天水、徐景贤、王秀珍说，驻在上海附近的六四五三部队，“我最不放心”，“这个部队我指挥不动”，“你们要有所准备”。马天水随即决定由他们所控制的武器仓库中发给“民兵”枪74 220支，炮300门，各种弹药1 000多万发。9月21日，张春桥在北京听取徐景贤汇报丁盛谈话和给“民兵”发枪的情况后，对徐景贤说：“要注意阶级斗争的动向”。9月23日，王洪文在电话中对王秀珍说：“要提高警惕，斗争并未结束，党内资产阶级他们是不会甘心失败的”。10月8日，徐景贤、王秀珍等人获悉江青、张春桥、姚文元、王洪文被拘禁的消息后，决定发动武装叛乱。他们所组织的武装叛乱的指挥班子进入了指挥点，架设了15部电台，沟通了联络。他们还调集和部署了“民兵”33 500名。10月9日，上海市民兵指挥部负责人施尚英命令“民兵”集中，携带各种枪炮27 000余件。10月12日，上海市民兵指挥部另一负责人钟定栋制订了取名为“捍一”“方二”的两个作战方案。当晚，上海市革命委员会副主任王少庸、上海写作组负责人朱永嘉、上海市革命委员会工交组负责人陈阿大等人开会，策划停产罢工、游行示威，提出“还我江青”“还我春桥”“还我文元”“还我洪文”的反革命口号，宣称要“决一死战”。由于中央采取了有力措施和上海市人民的斗争，他们的武装叛乱计划未能实现。

特别法庭认为：林彪、江青反革命集团案16名主犯中，林彪、康生、谢富治、叶群、林立果、周宇驰等6人已经死亡，最高人民检察院特别检察厅依照《中华人民共和国刑事诉讼法》第十一条规定，决定对他们不再追究刑事责任。特别检察厅并决定，对江青等10名主犯以外的本案其他人犯，另行依法处理。被告人江青、张春桥、姚文元、王洪文、陈伯达、黄永胜、吴法宪、李作鹏、邱会作、江腾蛟的犯罪事实和应负的刑事责任如下：

（一）被告人江青，以推翻人民民主专政为目的，为首组织、领导反革命集团，是反革命集团案的主犯。江青诬陷迫害中华人民共和国主席刘少奇。1967年7月，江青伙同康生、陈伯达作出决定，对刘少奇进行人身迫害，从此剥夺了他的行动自由。自1967年5月开始，江青直接控制“刘少奇、王光美专案组”，伙同康生、谢富治指挥专案组对被逮捕关押的人员进行逼供，制造诬陷刘少奇是“叛徒”“特务”“反革命”的伪证。1967年，江青为了制造迫害刘少奇的伪证,决定逮捕关押杨一辰、杨承祚、王广恩和郝苗等11人。在杨承祚病危期间,江青决定对他"突击审讯",使杨承祚被迫害致死。江青指挥的专案组也使王广恩被迫害致死。江青伙同谢富治指使对病势危重的张重一多次进行逼供,致使他在一次逼供后仅2小时即死去。江青伙同康生、谢富治等人指使专案组对丁觉群、孟用潜进行逼供,制造伪证,诬陷刘少奇是"叛徒"。由于江青等人的诬陷,致使刘少奇遭受监禁,被迫害致死。

1968年7月21日,江青伙同康生密谋诬陷中共第八届中央委员会委员和候补委员88人是"叛徒""特务""里通外国分子"。

1966年至1970年,江青在各种会议上,点名诬陷中共第八届中央委员会委员、候补委员24人,使他们一一受到迫害。

1966年12月14日,江青点名诬陷张霖之,使他被非法关押,并被打成重伤致死。同年12月27日,江青诬陷全国劳动模范、北京市清洁工人时传祥是"工贼",使时传祥遭受严重摧残,被折磨致死。

1966年10月,江青勾结叶群,指使江腾蛟在上海非法搜查了郑君里等5人的家,致使他们受到人身迫害。

1976年,江青伙同张春桥、姚文元、王洪文在全国制造新的动乱。同年3月,江青在对12个省、自治区负责人的一次谈话中,点名诬陷中央和地方的一批领导干部。

江青是林彪、江青反革命集团的首要分子。江青对她所组织、领导的反革命集团在"十年动乱"中危害中华人民共和国、颠覆政府、残害人民的罪行,都负有直接或间接的责任。

被告人江青犯有《中华人民共和国刑法》第九十八条组织、领导反革命集团罪,第九十二条阴谋颠覆政府罪,第一百零二条反革命宣传煽动罪,第一百三十八条诬告陷害罪,对国家和人民危害特别严重、情节特别恶劣。

(二)被告人张春桥,以推翻人民民主专政为目的,同江青一起组织、领导反革命集团,是反革命集团案的主犯。在"十年动乱"中,张春桥是向人民民主政权实行夺权的肇始者和自始至终的煽动者,策划者,对国家和人民造成了极其严重的危害。

1967年1月,张春桥说:"我们对所有的权都要夺。"1967年至1975年,张春桥多次宣称,“文化大革命”就是“改朝换代”。张春桥伙同江青领导他们的反革命集团进行了夺取党和国家领导权的大量活动。

1966年12月28日,张春桥为了夺取上海市的领导权,制造了上海康平路武斗事件,打伤91人。

1967年5月,张春桥在济南支持王效禹制造武斗事件,拘捕关押388人。

1966年12月,张春桥单独召见蒯大富,指使他组织游行示威,首先在社会上煽动“打倒刘少奇”。

在张春桥的指使、策动下,夺取了上海市的领导权。上海市领导干部12人被分别诬陷为“叛徒”“特务”“反革命”,曹荻秋、金仲华被迫害致死。

张春桥操纵、指挥“游雪涛小组”进行特务活动,制造冤案,诬陷迫害干部和群众,诬陷华东地区领导干部在“长江以南搞一个地下武装”,“密谋兵变”。

1976年,张春桥伙同江青、姚文元、王洪文在全国制造新的动乱。同年3月,张春桥指使马天水、徐景贤在上海召开的万人大会上,诬陷重新出来工作的领导干部“从资产阶级民主派变成走资派”,是他们所谓继续革命的对象。

张春桥伙同王洪文等人,以上海为基地,建立由他们直接控制的“民兵武装”,策动上海武装叛乱。

被告人张春桥犯有《中华人民共和国刑法》第九十八条组织、领导反革命集团罪,第九十二条阴谋颠覆政府罪,第九十三条策动武装叛乱罪,第一百零二条反革命宣传煽动罪,第一百三十八条诬告陷害罪,对国家和人民危害特别严重、情节特别恶劣。

(三)被告人姚文元,以推翻人民民主专政为目的,组织、领导反革命集团,是反革命集团案的主犯。姚文元积极参与江青夺取最高权力的活动。

姚文元直接控制宣传舆论工具,长期进行反革命宣传煽动。1974年至1976年,姚文元指挥“梁效”“池恒”“罗思鼎”等写作班子,诬蔑重新出来工作的各级领导干部是“从资产阶级民主派到走资派”,已经成为所谓继续革命的对象,煽动对他们进行诬陷迫害。

1967年,姚文元积极参与夺取上海市领导权的活动。姚文元参与诬陷上海市领导干部曹荻秋等人。

1967年5月,姚文元在济南参与支持王效禹制造武斗事件。

1976年,姚文元伙同江青、张春桥、王洪文在全国制造新的动乱。同年1月至9月,姚文元指使鲁瑛派人到国务院一些部门和一些省,按照他们的意图编造材料,诬陷重新出来工作的领导干部。1976年3月至5月,姚文元捏造罪名,诬陷南京、北京等地悼念周恩来总理的群众是"反革命",诬陷邓小平是天安门广场"反革命政治事件的总后台",煽动镇压迫害广大干部和群众。

被告人姚文元犯有《中华人民共和国刑法》第九十八条组织、领导反革命集团罪,第九十二条阴谋颠覆政府罪,第一百零二条反革命宣传煽动罪,第一百三十八条诬告陷害罪。

(四)被告人王洪文,以推翻人民民主专政为目的,组织、领导反革命集团,是反革命集团案的主犯。王洪文积极参与江青夺取最高权力的活动。

1966年12月28日,王洪文参与制造了上海康平路武斗事件,打伤91人。1967年8月4日,王洪文组织、指挥了围攻上海柴油机厂的武斗,关押和伤残650人。

1976年,王洪文伙同江青、张春桥、姚文元在全国制造新的动乱。王洪文指使鲁瑛派人到一些省,按照他们的意图编造诬陷重新出来工作的领导干部的材料。王洪文伙同张春桥,以上海为基地,建立由他们直接控制的"民兵武装",多次指示马天水、徐景贤、王秀珍加紧发展"民兵武装",策动上海武装叛乱。

被告人王洪文犯有《中华人民共和国刑法》第九十八条组织、领导反革命集团罪,第九十二条阴谋颠覆政府罪,第九十三条策动武装叛乱罪,第一百零一条反革命伤人罪,第一百三十八条诬告陷害罪。

(五)被告人陈伯达,以推翻人民民主专政为目的,积极参加反革命集团,是反革命集团案的主犯。陈伯达积极参与林彪、江青夺取最高权力的活动。

陈伯达控制宣传舆论工具,进行反革命宣传煽动,1966年提出"横扫一切牛鬼蛇神"等口号,煽动对广大干部和群众的迫害镇压。

1967年7月，陈伯达伙同江青、康生决定对刘少奇进行人身迫害，从此剥夺了他的行动自由。

1966年年底至1968年，陈伯达多次诬陷国务院副总理陆定一是“现行反革命”“叛徒”“内奸”，并决定对他进行人身摧残。

1967年12月，陈伯达在唐山说：中共冀东地区组织“可能是国共合作的党，实际上可能是国民党在这里起作用，叛徒在这里起作用”。由于陈伯达的煽动，使冀东冤案造成严重的后果，大批干部和群众受到迫害。

被告人陈伯达犯有《中华人民共和国刑法》第九十八条积极参加反革命集团罪，第九十二条阴谋颠覆政府罪，第一百零二条反革命宣传煽动罪，第一百三十八条诬告陷害罪。

（六）被告人黄永胜，以推翻人民民主专政为目的，组织、领导反革命集团，是反革命集团案的主犯。黄永胜积极参与林彪夺取最高权力的活动。

1970年11月3日，黄永胜同意彭德怀专案组提出要“撤销彭德怀党内外一切职务，永远开除党籍，判处无期徒刑，终身剥夺公民权利”的意见，对彭德怀进行迫害。

1967年6月，黄永胜批准广州市公安局军管会负责人报送的《关于揪叛徒调查工作的请示》及所附的“第一号调查方案”，阴谋陷害叶剑英为“叛徒”。1968年6月，黄永胜把诬陷叶剑英“密谋发动反革命政变”的材料交给叶群。

1968年，黄永胜伙同吴法宪捏造事实，诬陷罗瑞卿是“罪大恶极的反革命分子”。黄永胜还诬陷总参谋部的领导干部。同年12月，黄永胜诬蔑总政治部“招降纳叛”，积极参与林彪“砸烂总政”的犯罪活动。

1967年10月至1968年3月，黄永胜提出审查中共“广东地下党”，决定对广州部队副司令员文年生等人进行“审查”，制造了“广东地下党”和广州部队“反革命集团”两个冤案，致使大批干部和群众遭到诬陷迫害，副省长林锵云和文年生被迫害致死。

1971年9月6日，黄永胜向林彪密报了毛泽东主席察觉林彪在密谋夺权的谈话，致使林彪下决心采取行动谋杀毛泽东主席，发动武装政变。

被告人黄永胜犯有《中华人民共和国刑法》第九十八条组织、领导反革命集团罪,第九十二条阴谋颠覆政府罪,第一百三十八条诬告陷害罪。

(七)被告人吴法宪,以推翻人民民主专政为目的,组织、领导反革命集团,是反革命集团案的主犯。吴法宪积极参与林彪夺取最高权力的活动。

1966年8月,吴法宪受林彪的指使,于9月3日写了诬陷贺龙在空军阴谋夺权的材料送给林彪。1968年8月,吴法宪伙同黄永胜捏造事实,诬陷罗瑞卿是"罪大恶极的反革命分子"。

吴法宪在空军诬陷一些领导干部要"夺权",批准关押、迫害空军干部和群众174人,致使南京部队空军司令部参谋长顾前和空军学院副教育长刘善本被迫害致死。

1969年10月,吴法宪把空军的一切指挥权、调动权交给林立果,使林立果得以组成林彪反革命集团谋杀毛泽东主席、策动武装政变的骨干力量"联合舰队"。

被告人吴法宪犯有《中华人民共和国刑法》第九十八条组织、领导反革命集团罪,第九十二条阴谋颠覆政府罪,第一百三十八条诬告陷害罪。

(八)被告人李作鹏,以推翻人民民主专政为目的,组织、领导反革命集团,是反革命集团案的主犯。李作鹏积极参与林彪夺取最高权力的活动。

1968年4月,李作鹏诬陷贺龙等人"篡军反党"。李作鹏在海军点名诬陷迫害120名干部。

1971年9月12日晚11时35分和13日零时6分,在林彪、叶群叛逃前,李作鹏两次篡改了周恩来总理的命令。13日零时20分,海军航空兵山海关场站站长潘浩打电话紧急请示:飞机强行起飞怎么办?李作鹏没有采取阻止起飞的任何措施,致使林彪得以乘飞机叛逃。事后,李作鹏修改电话报告记录,掩盖罪行。

被告人李作鹏犯有《中华人民共和国刑法》第九十八条组织、领导反革命集团罪,第九十二条阴谋颠覆政府罪,第一百三十八条诬告陷害罪。

(九)被告人邱会作,以推翻人民民主专政为目的,组织、领导反革命集团,是反革命集团案的主犯。邱会作积极参与林彪夺取最高权力的活动。

1967年,邱会作指使人窃取总政治部的档案材料,诬陷总政治部的干部,在林彪"砸烂总政"的犯罪活动中起了重要作用。

1967年至1971年，邱会作在总后勤部私设监狱，刑讯逼供，直接诬陷迫害了干部和群众462人，致使汤平、周长庚、顾子庄、张树森、申茂兴、王述臣、张凌斗、华迪平八人被迫害致死。

被告人邱会作犯有《中华人民共和国刑法》第九十八条组织、领导反革命集团罪，第九十二条阴谋颠覆政府罪，第一百三十八条诬告陷害罪。

（十）被告人江腾蛟，以推翻人民民主专政为目的，积极参加反革命集团，是反革命集团案的主犯。1971年3月31日，江腾蛟在上海参加林立果为建立武装政变“指挥班子”召开的秘密会议，被指定为南京、上海、杭州“进行三点联系，配合、协同作战”的负责人。9月8日，江腾蛟接受林立果传达林彪发动武装政变手令，参与策划部署谋杀毛泽东主席，并担任上海地区第一线指挥。江腾蛟在杀害毛泽东主席的计划失败后，积极参加林彪、叶群准备南逃广州的反革命行动。

被告人江腾蛟犯有《中华人民共和国刑法》第九十八条积极参加反革命集团罪，第九十三条策动武装叛乱罪，第一百零一条反革命杀人罪（未遂）。

被告人王洪文、陈伯达、吴法宪、李作鹏、邱会作、江腾蛟各自供认了自己的犯罪事实。江腾蛟在林彪叛逃的第二天，交代了自己的罪行。吴法宪、邱会作、江腾蛟揭发了林彪、江青等同案犯的犯罪事实。黄永胜供认了自己的部分犯罪事实。姚文元把自己的犯罪行为说成是犯错误，不承认是犯罪。张春桥不回答法庭对他的审问。江青破坏法庭秩序。根据江青等十名被告人犯罪的事实、性质、情节和对于社会的危害程度，分别依照《中华人民共和国刑法》第九十条、第九十二条、第九十三条、第九十八条、第一百零一条、第一百零二条、第一百零三条、第一百三十八条和第二十条、第四十三条、第五十二条、第五十三条、第六十四条，判决如下：

判处被告人江青死刑，缓期二年执行，剥夺政治权利终身。

判处被告人张春桥死刑，缓期二年执行，剥夺政治权利终身。

判处被告人姚文元有期徒刑二十年，剥夺政治权利五年。

判处被告人王洪文无期徒刑，剥夺政治权利终身。

判处被告人陈伯达有期徒刑十八年，剥夺政治权利五年。

判处被告人黄永胜有期徒刑十八年，剥夺政治权利五年。

判处被告人吴法宪有期徒刑十七年,剥夺政治权利五年。

判处被告人李作鹏有期徒刑十七年,剥夺政治权利五年。

判处被告人邱会作有期徒刑十六年,剥夺政治权利五年。

判处被告人江腾蛟有期徒刑十八年,剥夺政治权利五年。

二、裁判理由

(一)坚持人民法院依法独立审判的原则

"文化大革命"期间,法治遭受严重破坏,公、检、法三机关合并为"公安政法部",一个政法小组行使公、检、法三家侦查、起诉和审判的全部职能,原本三家政法机关相互监督、制约的机制被取消,法治为人治所替代。

"文化大革命"结束后,为恢复和重建司法制度,1979年7月5日,第五届全国人民代表大会第二次会议通过《人民法院组织法》,其中第四条规定"人民法院独立进行审判"。1979年9月9日,中共中央发布了中发〔1979〕64号文件,即《关于坚决保证刑法、刑事诉讼法切实实施的指示》,提出要严格执行刑法、刑事诉讼法,坚决改变和纠正一切违反刑法、刑事诉讼法的错误思想和做法,并取消了"文革"期间由"公安六条"所确立的反革命罪;"五类分子"摘帽以后要和公民一样享有平等的权利;宣布取消党委审批案件的制度等。

"文化大革命"期间,以林彪、江青为首的两个反革命集团,以夺取党和国家最高权力为目的进行阴谋活动,共谋推翻我国人民民主专政,在"十年动乱"中进行反革命犯罪活动,犯下了累累罪行。

1980年9月29日,第五届全国人民代表大会常务委员会第十六次会议通过《关于成立最高人民检察院特别检察厅和最高人民法院特别法庭检察、审判林彪、江青反革命集团案主犯的决定》。同年11月20日,最高人民法院特别法庭正式开庭,审理林彪、江青反革命集团案主犯,依法对江青、张春桥、姚文元、王洪文、陈伯达、黄永胜、吴法宪、李作鹏、邱会作和江腾蛟10名被告人进行公开审判。

最高人民法院特别法庭由最高人民法院院长江华担任庭长,由第一审判庭和第二审判庭组成。其中,第一审判庭审理被告人江青、张春桥、姚文元、王洪文、陈伯达；第二审判庭审理被告人黄永胜、吴法宪、李作鹏、邱会作、江腾蛟。

（二）坚持法律面前人人平等原则

1979 年 7 月 1 日，第五届全国人民代表大会第二次会议通过《人民法院组织法》，其中第四条规定“对于一切公民，在适用法律上一律平等，在法律面前，不允许有任何特权”。特别法庭认为，对这些被告人要坚决依法进行审判。既不因被告人过去的地位高、权势大就可以不受法律制裁，任何违法犯罪必受惩处；也不因被告人受人痛恨就随意定罪量刑，任何人权利都受法律保护。

1980 年 8 月 26 日，第五届全国人民代表大会常务委员会第十五次会议通过了《中华人民共和国律师暂行条例》（已失效），中断了 20 多年的律师出庭辩护被恢复了。部分被告人的辩护律师为韩学章、张中、甘雨霈、傅志人、马克昌、周亨元、张思之、苏惠渔、王舜华、周奎正。江青、张春桥、王洪文、黄永胜、邱会作没有委托律师辩护，也不要特别法庭指定辩护人为他们辩护。这是律师制度恢复之后中国律师第一次向全世界的公开亮相。

特别法庭依法保障被告人的辩护权和最后陈述权。法庭调查结束以后，特别法庭组织进行了九次法庭辩论。在法庭辩论时，特别法庭依法保证了被告人行使辩护权和辩论终结后的最后陈述权。江青和黄永胜就在法庭上分别作了近两个小时和三个小时的辩护与陈述，张春桥虽不讲话，特别法庭也一再向他宣布依法享有辩护和陈述的权利。

特别法庭依法采纳被告人及其辩护律师的辩护意见。例如，被告人吴法宪及其辩护律师马克昌、周亨元律师提出，吴法宪当时不知道林立果利用他交给的权力组织“联合舰队”、进行反革命武装政变的准备活动。因此，吴法宪不应直接承担罪责；指控林彪、叶群阴谋带领吴法宪等“南逃广州、另立中央、分裂国家”的反革命活动，吴法宪当时也不知道。特别法庭对相关辩护意见予以考虑。

（三）坚持严格遵守法律程序的原则

特别法庭对林彪、江青反革命集团的审判程序是严格依照 1979 年《刑事诉讼法》进行的。

1980年11月5日，特别检察厅将起诉书移送最高人民法院特别法庭，对林彪、江青反革命集团案10名主犯提起公诉，并将案卷材料、证据一并移送特别法庭依法审理。同月10日，特别法庭派出书记员将起诉书副本分别送达10名被告人，并告知可以委托律师辩护。同月17日，在开庭3日以前，特别法庭派员向10名被告人分别送达了出庭受审的传票。

1980年11月20日至12月29日，特别法庭在"正义路一号"进行了公开审判，各省、自治区、直辖市、各党派、各人民团体、国家机关、人民解放军派代表参加旁听。在两个月零五天的审理过程中，特别法庭经过33次开庭，42次法庭调查和辩论。开庭后，特别法庭全体审判员根据法庭查明的事实、证据和有关的法律规定，进行了认真评议。1981年1月25日上午，特别法庭继续开庭，江华宣读了最高人民法院特别法庭判决书，对10名被告人在反革命集团中的地位不同，所犯罪行和应负罪责不同，从而区别对待处以不同的刑罚。

林彪、江青反革命集团的活动不仅涉及党内纪律，而且涉及刑事犯罪。特别法庭坚持把林彪、江青反革命集团的活动与党内的路线斗争区别开来，只提刑事罪行。换言之，特别法庭审判的内容只限于被告人所犯罪行，而不牵涉被告人所犯错误，包括严重的路线错误。

在"文化大革命"期间，以公开审判为名搞大批判的草率审判大为盛行，但不少是在高度情绪化场景下的任意判刑甚至草菅人命。这种公开审判变成了发动群众开展阶级斗争的专政方式。"文化大革命"结束以后，特别法庭对林彪、江青反革命集团主犯进行公开审判是严格按照法律程序进行，公、检、法三机关分工合作互相配合，体现了权力制约，贯彻了程序观念，符合全国人民恢复法制的共同心愿。

(四)坚持以事实为依据、以法律为准绳的原则

特别法庭第一审判庭和第二审判庭对10名被告人进行了45人次法庭调查，对873件各种证据进行了认真、反复的审查，查明了起诉书指控的犯罪事实。在庭审调查中，特别法庭先后向被告人出示和宣读了档案、信件、日记、笔记、讲话记录和录音等经过鉴定、验证的原始书证和物证共651件次，通知被害人和证人到庭陈述和提供证言共49人。凡是认定的犯罪事实，都

有充分的确凿的证据。对原来所指控的被告人的某些罪行，由于证据不足，或证据不能证明构成犯罪，特别法庭就予以否定。

【编后语】

在新中国的法治历史进程中，林彪、江青反革命集团案的审判可以称得上是“世纪审判”，是恢复和重建我国司法制度、健全社会主义法治的重要开端，对我国法治产生了极其深远的影响，具有极其重要的历史意义。它是我国社会主义民主与法治建设史上的里程碑，实现了恢复和重建中国司法制度的历史性转折。同时，审判过程展现了公安、检察、法院、律师各个阶段的活动以及各自的周密、细致、艰巨的工作，可以说是中华人民共和国第一部刑法典、刑事诉讼法典的具体阐释。

林彪、江青反革命集团案的审判已经载入了史册，但审判昭示的司法原则依然鼓舞着为民主与法治奋斗的中国人民。正是从那时起，国家走向法治的决心得到彰显，中国人民的法治理念得以恢复，人们开始普遍认识到如果没有法治、没有民主，连最起码的人身权利都难以得到保障，更不要说建设富强和民主的中国。也正是从那时起，我们开始构建社会主义法治大厦，中国的民主与法治开启了一个新的时代。

（撰稿：最高人民法院办公厅　罗　灿
审编：最高人民法院刑二庭　韩维中）

上海控江路系列案

一、基本案情

1979年9月9日下午，上海市控江路江浦路口，值勤的交警制止一青年抢夺一个农民出售的螃蟹时，因方法不当引起群众围观，一些人趁机兴风作浪。5个半小时之内，这些人攻击多名民警，阻拦小汽车，砸自行车，向公共汽车内投掷石块，任意阻拦、推翻农民的菜车，乱抛蔬菜，趁机抢夺过路群众的手表、皮包、皮夹，侮辱妇女。当上海化工轻工公司团委副书记吴某骑自行车行至控江路桥上时，一伙人包围上来，将她连人带车推倒在地，拉到路边，抢去手表和皮夹，撕掉衬衫、胸罩、裤子，肆意摧残，吴的乳房、小腹、外阴部等多处被抓伤。晚8:30左右，杨浦公安分局先后调集80余名治安联防人员和30名交通干警到现场维持秩序；接着市公安局又调遣200名消防民警赶赴现场，经过宣传教育，劝导围观群众疏散，流氓分子也纷纷溜走，至午夜时秩序才恢复正常。这起恶性刑事案件后来被法律界称为“控江路事件”。

控江路事件发生后，共有31名流氓分子被抓获，劳动教养的11名。其中袁某某、李某某、徐某某、柳伟平、曹某某、张金标、尤燕铭等7人被判处有期徒刑。七起案件基本案情如下：

1. 被告人袁某某流氓、抢劫案

被告人袁某某，男，1961年12月生，江苏南通人，育新中学学生。

上海市杨浦区人民检察院指控被告人袁某某犯流氓罪、抢劫罪，向上海市杨浦区人民法院提起公诉。

上海市杨浦区人民法院经审理认定：被告人袁某某于1979年9月9日晚，伙同陈某某、许某某（另案处理）等人混入控江路江浦路口围观群众中，起哄闹事，当一名骑自行车女青年路过时，被告人袁某某与一伙流氓对该女青年进行侮辱，并趁机抢走该女青年钱夹一只，内有人民币九元二角及粮票、布票等财物，并多次向来往的公共车辆投掷物品，扰乱破坏交通，无故殴打公共汽车上女乘客并扇耳光，用公共汽车上的贴纸指路腰牌砸入车厢。在此期间，被告袁某某又抢走过路自行车上的尼龙丝袋一只。

1979 年 10 月 26 日，上海市杨浦区人民法院以(79)杨法刑字第 97 号刑事判决，认定被告人袁某某在交通要塞拦截车辆，起哄闹事，侮辱妇女，抢劫财物，严重危害社会治安，业已构成流氓罪和抢劫罪，犯罪性质和情节严重，本应从严惩处，考虑被告人尚未成年，依法酌情从轻。据此，判处被告人袁某某有期徒刑十年。

一审宣判后，被告人袁某某及其近亲属袁龙英，以袁某某获取钱夹是偷取而非抢劫、袁某某不是主犯等为由，向上海市中级人民法院提出上诉，要求从轻处理。

上海市中级人民法院认为，被告人袁某某犯有侮辱妇女、抢劫钱财、破坏交通秩序等多种罪行，情节恶劣，情节严重，原判有期徒刑十年是正确的。关于原判判定被告抢劫女青年钱夹一节，被告辩称，钱夹是偷的，应该指出，被侮辱女青年在被告及其他流氓分子以暴力进行摧残侮辱，处于毫无反抗能力的危难情况下，被告乘机在该女青年的裤带内强行抢走钱夹，这显然是一种乘危抢劫行为。此外，对于称被告不是"主犯"，要求从轻处理的辩解意见，经查，原判并未认定被告为主犯而从重处罚；事实是考虑到被告尚未成年，已予从轻处罚。

1979 年 11 月 16 日，上海市中级人民法院以(79)沪中刑上字第 772 号刑事裁定，裁定驳回上诉，维持原判。

2. 被告人李某某流氓、抢夺案

被告人李某某，男，1963 年 3 月生，江苏省南通人，原系新榆中学学生。

上海市杨浦区人民检察院指控被告人李某某犯流氓、抢夺罪，向上海市杨浦区人民法院提起公诉。

上海市杨浦区人民法院经审理认定：被告人李某某于 1979 年 9 月 9 日晚，与徐某某(另案处理)等结伙，混入在控江路江浦路口围观人群中，与一伙流氓强行拦阻一名骑自行车的女青年，进行凌辱摧残，致使被害人身心遭到严重损害，并多次向来往公共汽车上投掷物品，进行扰乱破坏交通，还强行拦阻骑自行车的群众抢夺车上携带的物品。

1979年10月26日,上海市杨浦区人民法院以(79)杨法刑字第98号刑事判决,认定被告人李某某用暴力凌辱摧残妇女,破坏交通,又抢夺车上物品,严重危害社会治安,已构成流氓罪和抢夺罪,情节严重,考虑到被告人尚未成年,又能揭发同伙,依法酌情从轻,判处被告人李某某有期徒刑七年。

一审宣判后,被告人李某某近亲属李汝钧以对被告人的判决没有从轻处罚、被告人不是抢夺东西而是"顺手牵羊"为由,向上海市中级人民法院提出上诉。

上海市中级人民法院认为,被告人李某某犯有侮辱女青年、抢夺东西、破坏交通等罪行,情节恶劣,严重侵犯他人人身权利,破坏社会治安秩序,原判量刑正确。

1979年11月16日,上海市中级人民法院以(79)沪中刑上字第789号刑事裁定,裁定驳回上诉,维持原判。

3.被告人徐某某流氓案

被告人徐某某,男,1961年10月生,浙江鄞县人,昆明中学学生。

上海市杨浦区人民检察院指控被告人徐某某犯流氓罪,向上海市杨浦区人民法院提起公诉。

上海市杨浦区人民法院经审理认定:被告人徐某某于1979年9月9日晚,与李某某(另案处理)等结伙,混入控江路江浦路围观人群中,参与对一女青年进行人身侮辱,致使被害人身心受到严重损害,并对来往公共汽车上投掷物品,进行扰乱破坏交通。

1979年10月26日,上海市杨浦区人民法院以(79)杨法刑字第99号刑事判决,认定被告人徐某某积极参与起哄闹事,侮辱妇女,破坏交通秩序,危害社会治安,情节严重,已构成流氓罪,但考虑被告人尚未成年,依法酌情从轻处理。据此,判处被告人徐某某有期徒刑五年。

徐某某未上诉,判决发生法律效力。

4.被告人柳伟平流氓案

被告人柳伟平,男,时年19岁,浙江省宁波市人,原系凤城中学待分配学生。

上海市杨浦区人民检察院指控被告人柳伟平犯流氓罪,向上海市杨浦区人民法院提起公诉。

上海市杨浦区人民法院经审理认定:被告人柳伟平于1979年9月9日晚,在控江路江浦路口的流氓肇事事件中多次哄抢来往车辆上的蔬菜等物,向路过公共汽车上的乘客投掷物品,并拦阻路过的自行车,无故殴打骑车的群众。当一女青年骑自行车路过被一伙流氓拦阻侮辱时,被告人亦参与起哄。

1980年2月18日,上海市杨浦区人民法院以(79)杨法刑字第100号刑事判决,认定被告人柳伟平积极参与流氓活动,严重破坏社会治安和交通秩序,已构成流氓罪,为严肃国家法纪,维护社会治安秩序,判处被告人柳伟平有期徒刑七年。

一审宣判后,被告人柳伟平以原判过重为由,向上海市中级人民法院提出上诉,要求从轻处理。

上海市中级人民法院认为,被告人柳伟平积极参与流氓活动,严重危害社会治安,破坏公共秩序,已构成流氓罪,应依法惩处。原审量刑正确。据此,1980年6月27日,上海市中级人民法院以(80)沪中刑上字第716号刑事裁定,裁定驳回上诉,维持原判。

5. 被告人曹某某流氓、抢劫案

被告人曹某某,男,1962年8月生,上海市人,铁岭中学学生。

上海市杨浦区人民检察院指控被告人曹某某犯流氓、抢劫罪,向上海市杨浦区人民法院提起公诉。

上海市杨浦区人民法院经审理认定:被告人曹某某于1979年9月9日晚,伙同尤燕铭(另案处理)等人,到控江路江浦路口,起哄闹事,参与侮辱女青年,向过路的公共汽车上投掷物品,扰乱破坏交通,并和尤燕铭结伙,拦截过路的自行车,抢劫骑车人的手表未遂。

1979年10月26日,上海市杨浦区人民法院以(79)杨法刑字第101号刑事判决,认定被告人曹某某侮辱妇女,破坏交通秩序,抢劫未遂,已构成流氓罪和抢劫罪,本应依法严惩,考虑被告人尚未成年,案发后又能交代罪行并能检举,依法从轻判处曹某某有期徒刑三年。

曹某某未上诉,判决发生法律效力。

6. 被告人张金标流氓案

被告人张金标,男,时年20岁,江苏省无锡市人,原系长阳中学待分配学生。

上海市杨浦区人民检察院指控被告人张金标犯流氓罪,向上海市杨浦区人民法院提起公诉。

上海市杨浦区人民法院经审理认定:被告人张金标于1979年9月9日晚,在控江路江浦路口流氓肇事的事件中,强行拦阻骑自行车的群众,无理殴打群众并扇耳光,胁迫被打人喊他"老爹"加以凌辱,当男青年朱某、苏某骑自行车路过时,被告与其他流氓一起,上前拦阻胡闹戏弄,致使朱某手表、票夹被抢,苏某被抢落钻石牌手表一只,给被告之弟张某某捞到,由被告出售得款三十元供吃喝花用。当女青年吴某推自行车路过,被一伙流氓侮辱时,被告又参与起哄。

1980年4月15日,上海市杨浦区人民法院以(79)杨法刑字第102号刑事判决,认定被告人张金标积极参与流氓肇事活动,拦阻过路自行车,无理殴打他人,严重扰乱社会治安,破坏交通秩序,已构成流氓罪,判处被告人张金标有期徒刑八年。

一审宣判后,被告人张金标以其未拦阻自行车为由,向上海市中级人民法院提出上诉。

上海市中级人民法院认为,被告人张金标积极参与流氓犯罪活动,严重危害社会治安,破坏公共秩序,应依法惩处。原判量刑正确。据此,1980年6月25日,上海市中级人民法院以(80)沪中刑上字第705号刑事裁定,裁定驳回上诉,维持原判。

7. 被告人尤燕铭流氓、抢劫案

被告人尤燕铭,男,1961年8月生,江苏省武进县人,铁岭中学学生。

上海市杨浦区人民检察院指控被告人尤燕铭犯流氓、抢劫罪,向上海市杨浦区人民法院提起公诉。

上海市杨浦区人民法院经审理认定:被告人尤燕铭于1979年9月9日晚,纠同曹某某(另案处理)等人,到控江路江浦路口围观的人群中,参与侮辱一女青年，抢夺过路车辆上运载的物品，对来往的公共汽车上的乘客投掷物品，破坏交通。同时被告人主谋和曹某某一起拦截过路的自行车，抢劫骑车人的手表未遂。

1980 年 4 月 15 日，上海市杨浦区人民法院以（79）杨法刑字第 103 号刑事判决，认定被告人尤燕铭侮辱妇女，破坏交通秩序，主谋抢劫未遂，严重危害社会治安，已构成流氓罪和抢劫罪，依法判处尤燕铭有期徒刑八年。

尤燕铭未上诉，判决发生法律效力。

二、裁判理由

上海控江路事件是在 1979 年《刑法》《刑事诉讼法》通过施行后半年内发生的一起震动中央的恶性刑事案件。此时，距 1979 年《刑法》在全国人民代表大会获得通过仅有两个多月。控江路事件中 7 名被判处有期徒刑的犯罪分子均被以流氓罪定罪处罚。流氓罪是 1979 年我国首部颁布的《刑法》第一百六十条规定的一种罪行，是指公然藐视国家法纪和社会公德、聚众斗殴、寻衅滋事、侮辱妇女或破坏公共秩序以及其他情节恶劣的行为，当时法条规定，聚众斗殴，寻衅滋事，侮辱妇女或者进行其他流氓活动，破坏公共秩序，情节恶劣的，处七年以下有期徒刑、拘役或者管制。流氓集团的首要分子，处七年以上有期徒刑。

流氓罪具有强烈的时代印记，是现行刑法中强制猥亵侮辱妇女罪、猥亵儿童罪、聚众淫乱罪、聚众斗殴罪、寻衅滋事罪等罪的前身。控江路事件中 7 名被告人所实施的起哄闹事、聚众扰乱交通秩序、随意殴打来往群众、侮辱猥亵妇女等行为，均属于 1979 年《刑法》中流氓罪的规制范围。

流氓罪严重危害社会治安，具有很大腐蚀性和扩散性，在 1979 年《刑法》的实际运行，尤其是在 20 世纪 80 年代“严打”中得到了广泛的适用。1983 年《全国人民代表大会常务委员会关于严惩严重危害社会治安的犯罪分子的决定》（已失效，以下简称《决定》）根据当时社会形势和严厉打击犯罪的需要，规定了 6 种提高量刑幅度的犯罪，其中流氓罪列于首位。对于流氓罪，《决定》规定，流氓犯罪集团的首要分子或者携带凶器进行流氓犯罪活动，情节严重的，或者进行流氓犯罪活动危害特别严重的，可以在刑法规定的最高刑以上处刑,直至判处死刑。

从行为方式上看,流氓罪的规定比较笼统,司法实践中难以界定,容易把刑法没有明文规定的妨害社会管理秩序行为定为流氓罪,流氓罪也逐渐成为1979年《刑法》中口袋罪之一,而刑罚幅度过宽也容易造成量刑畸轻畸重的弊病,影响到执法的严肃性。这种定罪、量刑的随意性与法治的进步、贯彻罪刑法定原则的明确性要求相悖,因而1997年修订的《刑法》将原流氓罪取消,而将其分解为强制猥亵侮辱妇女罪、猥亵儿童罪、聚众淫乱罪、聚众斗殴罪、寻衅滋事罪等罪。

【编后语】

1978年十一届三中全会后,我国开始改革开放,在这种大背景下,社会治安形势也开始变化。经过"文化大革命"的浩劫后,总体治安形势非常严峻,杀人、抢劫、盗窃、强奸等严重刑事犯罪活动甚嚣尘上,社会影响极坏的案件时有发生。加之《刑法》《刑事诉讼法》初始出台,各项措施有待完善,不法分子严重破坏社会治安,危害人民生命和财产安全。

上海控江路事件与其后相继发生的广州滨江路事件①和北京北海公园事件②,产生了极大的社会影响。1980年2月1日,时任中央政法委书记彭真在广州,针对治安形势的变化提出对严重刑事犯罪要实行依法从重从快惩处的方针。控江路事件、滨江路事件和北海公园事件一定意义上可以说是1983年"严打"运动的重要导火索,催生了"从重从快"刑事政策的出台,也催生了死刑复核权的下放。

"从重从快"的刑事政策和1983年开展的"严打"运动,对于维护改革开放初期的社会治安,推动社会风气的根本好转,巩固和发展安定团结的政治局面,保障社会主义建设的顺利进行,以及坚持社会主义法治及人民民主专政,都具有重要的意义。国家安全是一个国家生存和发展的根本条件,稳定是压倒一切的大事,多年来的实践表明,依法从重从快打击严重刑事犯罪,

① 广州滨江路事件是指1980年1月,一伙青少年袭击警察的恶性事件。

② 北京北海公园事件是指1981年4月,三名女学生在北海公园被当众劫持并被强奸的恶性事件。

是当时遏制犯罪急剧上升的有效措施。

随着社会治安形势的好转和法治的进步，刑事审判不再片面强调从严从重打击犯罪。2010 年，最高人民法院制定了《关于贯彻宽严相济刑事政策的若干意见》，指出宽严相济刑事政策，是党中央在构建社会主义和谐社会新形势下提出的一项重要政策，现已成为我国的基本刑事政策。它对于最大限度地预防和减少犯罪、化解社会矛盾、维护社会和谐稳定，具有特别重要的意义。人民法院贯彻宽严相济刑事政策，要根据犯罪的具体情况，实行区别对待，做到该宽则宽，当严则严，宽严相济，罚当其罪，打击和孤立极少数，教育、感化和挽救大多数，最大限度地减少社会对立面，促进社会和谐稳定，维护国家长治久安。

（撰稿：上海市高级人民法院　李志恒

审编：最高人民法院刑二庭　韩维中）

杨小民故意杀人案

一、基本案情

被告人杨小民,男,1954 年 7 月 1 日出生。1979 年 3 月 2 日被逮捕。

青海省西宁市城中区人民检察院指控被告人杨小民行凶杀人,向西宁市城中区人民法院提起公诉。

被告人杨小民对公诉机关指控的犯罪事实无异议。

西宁市城中区人民法院经公开审理查明:被告人杨小民与被害人王某(男,殁年 17 岁)同住中共青海省委家属院内。1979 年 2 月 27 日上午 9 时许,杨小民去王某住室斜对门的水房担水,因和王某发生口角,杨小民即转身担空桶回家。到家后,拿了五寸长藏刀一把,戴上眼镜、口罩、卫生帽,闯入王某住室,持刀朝王某的腰部、背部等处连戳数刀,王某一面求饶呼救,一面扑向门去,开门逃命,杨小民堵门拦住,继续行刺,惊动了邻居赶来敲门,才被迫停手。王某全身被刺伤 14 处,多处刀伤深抵内脏,经抢救无效,于次日晨 5 时死亡。

1979 年 9 月 10 日,经西宁市城中区人民法院审理完毕,认定被告人杨小民犯故意杀人罪,拟判处被告人杨小民死刑,并上报西宁市中级人民法院复核。西宁市中级人民法院经复核同意西宁市城中区人民法院的量刑意见,即对被告人杨小民以故意杀人罪判处死刑。青海省高级人民法院审核并报经中共青海省委批准,改判杨小民死刑,缓期二年执行,剥夺政治权利终身。西宁市城中区人民法院按照青海省高级人民法院的批复,于 1979 年 12 月 12 日以(79)中法刑字第 36 号刑事判决对被告人杨小民判处死刑,缓期二年执行,实行劳动改造,以观后效,并剥夺政治权利终身。宣判后,被告人杨小民没有提出上诉,遂将其押送青海省第十三劳动改造管教支队服刑。1982 年 8 月经青海省高级人民法院裁定将其由死缓减为无期徒刑。

被害人王某的近亲属多方提出申诉认为:1. 杨小民故意杀人行为严重破坏我国《宪法》第四十七条和第五十一条,严重破坏安定团结的大好形势,严重破坏中央相关文件精神的贯彻执行。在光天化日之下,被告人杨小民闯入王某住室行凶杀人,人民的住宅没有安全感、人民的生命没有保障。2. 杨小民经过化装(戴有眼镜、口罩、卫生帽,穿风雪大衣)后,手持五寸藏刀,杀害王某,系有预谋、有目的的故意杀人行为。3. 杨小民仅因生活琐事,强行闯入王某住室,趁其不备,持刀向其腰部、胸部、背部等处猛刺,当王某表示求饶、呼救时,杨小民仍连续乱刺,将王某连捅 21 刀,伤及内脏 14 处,两肺穿透,致命伤 10 处,其犯罪手段极其残忍,民愤极大,人民群众纷纷要求对杨小民判处死刑。4. 杨小民的认罪态度极差,对其犯罪行为予以狡辩,并公然对在押其他犯人扬言"我父亲是省委办公厅主任,专管保卫,他有办法,我也不怕!"气焰嚣张至极。5. 被害人王某系不满 17 周岁的未成年人,而杨小民系有多年工龄的成年人。综上所述,杨小民是有预谋、有目的,闯入王某住宅,行凶杀人的犯罪分子。其犯罪情节恶劣,手段残忍,后果严重,民愤极大。中央一再强调法律面前人人平等,根据法律及省内同类案例,强烈要求对杨小民判处死刑,并立即执行,以维护法制、保障人权、伸张正义,平民愤。

1984 年,该案因《光明日报》记者的报道引起中央领导同志的高度重视,随后成立案件调查组开展调查。调查组建议杨小民案件按照审判监督程序重新审理。随后,根据《刑事诉讼法》第一百四十九条的规定,经青海省高级人民法院审判委员会研究决定,于 1985 年 7 月 13 日以(85)青法刑一字第 14 号刑事裁定书裁定撤销西宁市城中区人民法院(79)中法刑字第 36 号刑事判决,由西宁市中级人民法院重新审理。同日,又撤销了(82)青法刑二减字第 1 号对杨小民的减刑裁定。

西宁市中级人民法院经依法公开审理查明:被告人杨小民与被害人王某同住青海省委家属院内,1979 年 2 月 26 日上午 9 时左右,被告人去东二楼水房担水,正在接水时,王某去水房倒水,将水溅到了杨小民的裤子上。因此,二人发生口角,两人相互瞪了一眼,各自离去。次日上午 9 时许,杨小民去担水时再次与王某相遇,因相互瞪视发生口角,杨怀恨在心,即返回家中,戴上眼镜、口罩、卫生帽,精心化装后,持藏刀闯入王某住室,朝王某的胸部、腰部、背部连戳数刀。此时王某求饶、呼救,并欲夺门逃命,杨小民竟堵门阻拦继续行刺。邻居闻讯赶来砸门救护,杨小民才被迫住手。王某经送医院抢救无效,于2月28日凌晨死亡。经法医检验,王某全身共计损伤14处,系钝器刀类损伤内脏大失血死亡。

西宁市中级人民法院于1985年7月23日以市法刑一字(85)第13号刑事判决,认定被告人杨小民犯故意杀人罪,判处死刑,剥夺政治权利终身。

宣判后,被告人杨小民上诉提出:1.一审认定的部分事实与实际不符:首先,案发事出有因,是被害人王某首先挑衅所致。其次,其之所以捅刺王某,是因为王某先动手将其打伤。2.其在案发后交代了主要罪行,(79)中法刑字第36号刑事判决依照法律和案件具体情节对其作出死刑缓期二年执行的量刑是适当的。且其已经改造多年,改造期间表现良好,按照一贯的政策应当挽救改造。综上所述,一审判决量刑过重。

青海省高级人民法院经依法审理,于1985年7月27日以(85)青法刑一字第37号刑事裁定,驳回上诉,维持原判,并依法核准该裁定。

二、裁判理由

(一)特定时代背景下死刑政策的正确把握

从实体法看,1979年7月6日公布并于1980年1月1日实施的《中华人民共和国刑法》第一百三十二条规定:“故意杀人的,处死刑、无期徒刑或者十年以上有期徒刑;情节较轻的,处三年以上十年以下有期徒刑。”此外,根据当时社会治安形势严峻的实际状况,中共中央于1979年11月22日至26日召开全国城市治安工作会议(以下简称治安会议),确定以大中城市为重点,大力整顿社会治安,对杀人、抢劫、强奸、爆炸、放火等严重危害社会治安秩序的犯罪分子实行依法从重从快惩处的方针。时任最高人民法院院长江华在会议上强调:“打击刑事犯的重点,就是打击近期发生的杀人犯、抢劫犯、强奸犯和其他严重破坏社会秩序的犯罪分子……依照刑法规定的条款,及时逮捕、起诉、审判,从重处罚。”可见,这一特定时期国家对上述犯罪的刑事政策是从重、从严惩治。

从程序法看,1980年2月,全国人大常委会作出批复,对现行的杀人、强奸、抢劫、放火等有严重罪行应当判处死刑的案件，最高人民法院可以授权省、自治区、直辖市高级人民法院核准。这一规定体现了对杀人、强奸、抢劫、放火等严重犯罪行为从简、从快惩处的要求。

本案发生于治安会议所涵盖的时间范围内，被告人杨小民目无国法，蓄谋行凶杀人，持刀闯入他人住宅，非法剥夺他人生命，确已构成故意杀人罪。杨小民经过精心化装，将被害人王某全身刺伤14处，多处刀伤深抵内脏，可见其主观恶性深，犯罪情节特别恶劣，手段特别残忍，对社会危害极大，依法应予从严惩处。原审判决以杨小民年龄尚轻，且因小事引起杀人为由，对其从轻判处死刑缓期二年执行，属于适用法律错误。西宁市中级人民法院再审期间对此予以纠正，依法判处杨小民死刑，剥夺政治权利终身，并经青海省高级人民法院依法核准，对杨小民执行死刑。这充分体现了国家当时对故意杀人犯罪分子依法从重、从严、从简、从快处罚的精神。

（二）坚决践行法律面前人人平等司法理念

法律面前人人平等，是指任何人犯罪，在适用法律上一律平等，不允许任何人有超越法律的特权。对于一切人的合法权益都要平等地加以保护，不允许有任何歧视。不论其职位高低，不论其财富多少，都应当依法平等地加以追究。本案被告人杨小民系时任青海省委副秘书长的儿子，因此杨小民被逮捕后态度恶劣，一进看守所就说“我不怕，我爸爸是省委办公厅主任，他管保卫，有办法。”西宁市中级人民法院通过市法刑一字（85）第13号刑事再审判决判处杨小民死刑，剥夺政治权利终身，坚定地践行了法律面前人人平等的司法理念，有效维护了法律的权威，充分实现了惩罚犯罪和保障人权的刑法机能。

（三）从轻处罚情节的认定

从轻处罚，是在法定刑范围内对犯罪分子适用刑种较轻或刑期较短的刑罚，包括法定从轻和酌定从轻两种情节。本案原审与再审裁判的一个重要争议点就在于被告人杨小民年龄尚小，且其实施杀人行为系因小事引发，是否可以对其从轻处罚。原审认为，被告人与被害人两家素来无仇，不是仇杀或者图财杀人，且被告人年龄较小，从其主观恶性与社会危害性考量，并非必须判处死刑立即执行的犯罪分子。再审认为，首先，因小事杀人并非法定从轻处罚情节。相反,被告人仅仅因为日常生活中的琐事便精心化装,故意残忍杀害被害人,应属于酌定从重处罚情节。其次,杨小民犯罪时已经年满24周岁,系已达到完全刑事责任年龄的人,能够完全认知和控制自己的行为,且其在实施犯罪时精神状态完全正常。与此相比,被害人在被杨小民杀害致死时系年仅16岁的未成年人。故认为杨小民年龄较小而应予以从轻处罚的理由,于法无据,于情不通。

对被告人杨小民上诉所称的其在案发后交代了主要罪行,且其已经改造多年,改造期间表现良好,故应当对其从轻处罚的理由而言,首先,1979年《刑法》第六十三条规定,犯罪以后自首的,可以从轻处罚。该条款系刑法对于自首的规定。1979年《刑法》并未规定犯罪分子在案发后交代了主要罪行,就可以对其从轻处罚;同时结合本案杨小民犯罪手段特别残忍的实际案情,其在案发后交代了主要罪行的行为也不足以对其酌定从轻处罚。其次,再审查明,杨小民在服刑改造期间悔罪态度一般,存在殴打其他服刑人员的情形。综上所述,杨小民的该节上诉理由也不成立。

【编后语】

杨小民故意杀人案是发生在我国改革开放初期的一起震惊全国的高干子弟杀人案。即使放在当下,杨小民也属于"罪行极其严重"的犯罪分子,结合当年的法律规定、刑事政策和治安形势,杨小民应当判处死刑。而杨小民之所以第一次未被判处死刑,显然与其父亲官职有很大关联。此案因死罪轻判,在青海省引起群众的强烈反响,死者家属和社会舆论强烈要求纠正错案,依法改判杨小民死刑立即执行。但由于当地高层领导官官相护等原因,此案迟迟不能得到纠正,给党的形象和国家法律的尊严所造成的不良影响和损失,远远超出了案件本身。在中央领导的高度重视下,案件最终得以重新审理,杨小民被依法判处死刑立即执行。对在此案原审错判中起主要和重要作用的赵海峰、杨树芳、孙文合、杨德山等人均给予相应的党纪、政纪处分。

人民群众对法律面前人人平等的信仰不容挑战,党的形象和法律的尊严不容践踏,公平正义不容亵渎。案件的重新审理,不仅让被告人杨小民得到了应有的惩罚，也让法律面前人人平等的理念更加广泛深入人心。本案的审理充分证明了公平正义也许会迟到，但从来都不会缺席。通过再审程序，杨小民最终被判处死刑立即执行，得到了应有的惩罚，也让法律面前人人平等的理念更加广泛深入人心。

《邓小平文选》第三卷中这样写道："青海杨小民那个案子拖了多年，几任省委书记没有解决，现在处理了，处理得好。就是要查处这样的案子，才会有震动。"这是邓小平同志1986年1月17日在中央政治局常委会议上的一段讲话。此次会议还指出，越是高级干部子弟，越是高级干部，越是名人，他们的违法犯罪事件越要抓紧查处。杨小民故意杀人案件的公正处理，充分表明了党中央克服一切阻力实施法治建设的决心，也体现了党和国家对干预司法、包庇犯罪的国家工作人员严肃处理的坚决态度。

此案年代久远，案发时《刑法》《刑事诉讼法》尚未出台，法律规定不完善、制度设计不合理，但案件审理中所体现出社会朴素的正义观和民众对法治、公平的信仰，直至今日亦值得每一位刑事法官深思。

（撰稿：青海省高级人民法院　王东义　张高军

审编：最高人民法院刑二庭　韩维中）

禹作敏等窝藏、妨害公务、行贿、非法拘禁、非法管制案

一、基本案情

被告人禹作敏，男，1930年7月19日出生，原天津市静海县蔡公庄乡大邱庄企业集团总公司董事长。

被告人禹绍政，男，1968年2月30日出生，原天津市静海县蔡公庄乡大邱庄企业集团总公司副董事长兼总经理。

被告人刘永华，男，1957年1月4日出生，原天津市静海县蔡公庄乡大邱庄万全集团公司代总经理。

被告人周克文，男，1953年6月12日出生，原天津市静海县蔡公庄乡大邱庄企业集团总公司治保会主任。

被告人马德水，男，1954年10月11日出生，原天津市静海县蔡公庄乡大邱庄万全集团公司副总经理兼泉汾热轧带钢厂厂长。

被告人黄乃奇，男，1958年4月5日出生，原天津市静海县蔡公庄乡大邱庄万全集团公司国际贸易实业有限公司经理。

被告人陈广洪，男，1955年12月26日出生，原天津市静海县蔡公庄乡大邱庄尧舜集团公司驻广州市海珠区邱港联营公司经理。

被告人石家明，女，1955年3月3日出生，原天津市静海县蔡公庄乡大邱庄企业集团总公司副董事长兼秘书长。

天津市人民检察院分院指控被告人禹作敏、禹绍政、刘永华、周克文、马德水、黄乃奇、陈广洪、石家明共同或分别犯有窝藏罪、妨害公务罪、行贿罪、非法拘禁罪、非法管制罪，于1993年8月14日向天津市中级人民法院提起公诉。

天津市中级人民法院经审理查明：1992年12月13日，天津市静海县蔡

公庄乡大邱庄万全集团公司经理部经理刘云章及李振彪、陈相歧、刘绍升等18人(均另案处理),将大邱庄原华大集团公司养殖场职工危福合殴打致死。被告人刘永华将危福合被殴打致死的情况报告了被告人禹作敏后,禹作敏与刘永华等商议对策,并指使刘永华挑选几名可靠之人承担罪责。刘永华遂召集刘云章、李振彪、陈相歧、刘绍升编造谎言、统一口径,推卸罪责。后刘永华又组织其他打人凶手开会,暗示他们不能承认打死危福合,以此逃避公安机关侦查。同年12月14日晨,禹作敏得知公安机关确认刘云章、李振彪、陈相歧、刘绍升为重点嫌疑人后,指使刘永华安排刘云章等四人外逃。当日上午,刘永华分别给四人各20 000元人民币资助逃往外地。刘云章、李振彪、陈相歧、刘绍升潜逃后,刘永华恐藏匿外地不安全,即向禹作敏请示,禹作敏决定让刘云章等四人回村藏匿。12月15日,刘永华伙同被告人马德水派人将刘云章等四人接回大邱庄藏匿。1993年2月16日,刘永华指使马德水将陈相歧、刘绍升藏匿在马德水家中。2月17日,天津市公安、检察干警到大邱庄搜捕刘云章、李振彪、陈相歧、刘绍升四名案犯。禹作敏明知他们在村内藏匿,却向公安、检察干警提供假情况,并借故拖延,致使公安、检察机关未能缉捕到案犯。2月20日,刘永华通过马德水又资助陈相歧、刘绍升20 000元人民币,并派车将刘绍升送到河北省献县临河村藏匿。1993年3月1日,刘永华派车由被告人陈广洪将陈相歧带至内蒙古自治区包头市藏匿。3月11日,刘永华、马德水与被告人黄乃奇密谋后,由黄乃奇将刘云章、李振彪送到万全集团公司泉汾热轧带钢厂龙门吊机房藏匿。3月14日,刘永华又资助刘云章、李振彪每人20 000元人民币,由黄乃奇开车将刘云章、李振彪送往河北、山东、浙江、江苏等地藏匿。

1992年12月15日晚,天津市公安局刑科所刑侦干警宋忆光等6人,在静海县公安局刑警队副队长刘洪春的协助下,到大邱庄对危福合死亡现场进行勘查。被告人周克文得知后报告了禹作敏,禹作敏下令将勘查现场的公安人员扣留。周克文按禹作敏的授意向大邱庄治保会巡逻队队长孙岳文作了布置。孙岳文派人对进入现场着手勘查的宋忆光等人蛮横阻挠后,将宋忆光等6名干警扣留在勘查现场的三楼楼道内,断绝了与外界的联系。16日上午8时许,禹作敏又让周克文派人将扣留的宋忆光、刘洪春带至总公司三楼会议室,由禹作敏主持,对宋忆光、刘洪春进行无理指责。直至上午11时许,禹作敏迫于天津市领导“立即放人”的指示,才将宋忆光等人放回,非法扣留6名公安干警长达13个小时。严重妨碍了公安干警依法执行公务。

1993年2月16日晚,被告人禹作敏得知公安、检察干警将要进村搜捕刘云章、李振彪、陈相歧、刘绍升四名案犯的消息后,连夜召开会议,策划阻碍执行公务的干警进村,并令周克文负责组织人员把守进村口。周克文又召集总公司所属各集团公司保卫科长进行部署。17日上午,禹作敏带领并指使他人对进入大邱庄的市公安、检察机关和静海县负责人进行围攻指责,并以辞职相要挟,阻挠公安、检察干警搜捕案犯和张贴通缉令。当日16时许,禹作敏得知大邱庄附近有集结待命执行公务的武警和公安干警后,即命令总公司所属各集团公司负责人调集人员“保卫”总公司,封堵进村路口,周克文受禹作敏指派负责指挥村庄外围的警戒巡逻。随后,总公司大楼前聚集了上万名不明真相的群众,进入大邱庄的主要路口分别被卡车、油罐车堵塞,要害部位均有手持钢棍的人员昼夜把守。18日上午,禹作敏在总公司三楼会议室召开全村广播大会,煽动全村的工厂停工、学校停课,致使公安、检察干警未能正常执行公务。

被告人禹作敏、禹绍政为获取与大邱庄发生犯罪案件有关的国家机密,向北京某机关干部高潮多次行贿。1992年12月底,禹绍政在大邱庄给高潮人民币10 000元;1993年2月,禹作敏在大邱庄给高潮人民币10 000元;1993年3月禹绍政在北京给高潮人民币5 000元。高潮向禹作敏、禹绍政提供了与大邱庄发生的犯罪案件有关的国家重要机密文件三份。此外,禹作敏对大邱庄村民禹作相、禹作立等七人于1991年因故意伤害罪被依法判刑不满。1992年8月,禹作敏在大邱庄给高潮美元1 000元,欲通过高潮向有关部门寻求帮助。

1992年11月下旬,被告人禹作敏怀疑大邱庄原华大集团公司有经济问题,遂将该集团公司所属企业分由其他公司负责审查。同年12月,刘永华派人将原华大集团公司氧气厂厂长田宜正带到万全集团公司非法关押审查。12月7日下午4时许,禹作敏纠结刘永华、周克文、石家明等20余人,由禹作敏主持,在总公司三楼会议室对田宜正非法审讯。禹作敏首先打田宜正耳光，刘永华、石家明、周克文等20余人先后对田宜正拳打脚踢，将田宜正上衣扒光，用电警棍电击，田宜正被非法审讯殴打两个小时。后禹作敏令人将田宜正押回万全集团继续关押审查至12月15日。

1992年12月4日16时许，在总公司三楼会议室，禹作敏主持并纠集被告人禹绍政、石家明等10人对大邱庄原华大集团公司副经理侯洪滨非法审讯，禹作敏、禹绍政对侯洪滨进行殴打，在场人亦对侯洪滨拳打脚踢，至晚7时许，禹作敏令周克文将侯洪滨带到治保会继续关押。在关押期间，周克文又对侯洪滨非法审讯。12月13日11时许，禹作敏、禹绍政、石家明等人再次对侯洪滨非法审讯，侯洪滨被关押，审查至1993年1月14日。

1992年12月8日16时许，被告人禹作敏派人将大邱庄原华大集团养殖场场长宋宝带至总公司三楼会议室，在禹作敏的主持下，禹绍政、周克文、石家明对宋宝进行非法审讯。周克文、石家明等人10余人还对宋宝进行辱骂、殴打。当日20时许，禹作敏令人将宋宝押至尧舜集团公司所属农场继续关押审查。12月10日，刘永华指使他人将宋宝带至万全集团公司继续关押审查。关押期间，刘永华曾对宋宝进行非法审讯，直至1993年1月15日才将宋宝放出。

1992年11月27日，北京市国家安全局第三局干部学校学员20余人，在教师程钢的带领下到大邱庄参观。当日14时许，学员张新泽等人在大邱庄香港街博通商店，因询问价格、货源等问题，与该店经理石家萍发生争执，后被大邱庄保安人员带至香港街保安联防队。周克文接报后派人将学员10余人押到治保会看押、体罚。周克文不问缘由，先后对程钢、周坚毅、徐刚等师生进行殴打，在场人一拥而上，对周坚毅等学员拳打脚踢。16时许，周克文向被告人禹作敏做了汇报，禹作敏指使周克文将程钢带至总公司三楼会议室，禹作敏、禹绍政、周克文、石家明等人对程钢进行质问、辱骂，石家明揪扯程钢的头发，禹绍政打程钢耳光。之后，禹作敏让禹绍政等人将张新泽带到三楼会议室审问，在禹作敏的暗示下，禹绍政等人对张新泽进行殴打，致张新泽左耳膜穿孔。21时许，北京市国家安全局校方领导来电话交涉，要求放人，禹作敏又逼迫程钢违心地写了“悔过书”后才将被扣押的师生放回。经法医鉴定，被扣押的程钢、周坚毅等师生15人被殴打致伤，其中张新泽为轻伤。

1990年4月11日，大邱庄村民禹作相、禹作立等七人（均已判刑）殴打致死刘玉田案件发生后，被告人禹作敏指使大邱庄所属有关单位负责人停止了被害人刘玉田亲属刘金刚、刘金会、刘金功等在大邱庄所属企业的工作，并派人对刘玉田之妻禹荣田、子女刘金会、刘金川、刘金功、刘金云、刘金敏等人及其家庭成员进行非法监视，不许出村，直至1992年12月才得以解除。

天津市中级人民法院根据禹作敏等八名被告人犯罪的事实、性质、情节和对社会的危害程度，依法作出如下判决：被告人禹作敏犯窝藏罪，判处有期徒刑六年；犯妨害公务罪，判处有期徒刑三年；犯行贿罪，判处有期徒刑十年，剥夺政治权利二年；犯非法拘禁罪，判处有期徒刑三年；犯非法管制罪①，判处有期徒刑三年。决定执行有期徒刑二十年，剥夺政治权利二年。

被告人禹绍政犯行贿罪，判处有期徒刑九年；犯非法拘禁罪，判处有期徒刑二年。决定执行有期徒刑十年。

被告人刘永华犯窝藏罪，判处有期徒刑四年；犯非法拘禁罪，判处有期徒刑二年。决定执行有期徒刑四年。

被告人周克文犯妨害公务罪，判处有期徒刑二年零六个月；犯非法拘禁罪，判处有期徒刑三年。决定执行有期徒刑五年。

被告人马德水犯窝藏罪，判处有期徒刑三年。

被告人黄乃奇犯窝藏罪，判处有期徒刑三年。

被告人陈广洪犯窝藏罪，判处有期徒刑二年。

被告人石家明犯非法拘禁罪，判处有期徒刑一年。

天津市中级人民法院宣判后，被告人禹绍政不服，提出上诉。天津市高级人民法院经审理认为，原审判决根据上诉人及各被告人的犯罪事实、情节和在共同犯罪中的地位、作用及认罪态度，对上诉人、被告人的定罪准确，量刑适当，于1993年9月10日裁定驳回上诉，维持原判。

---

① 根据1979年《刑法》第一百四十四条的规定，非法管制他人，或者非法搜查他人身体、住宅，或者非法侵入他人住宅的，处三年以下有期徒刑或者拘役。该罪在1997年《刑法》修改时已被废止，相关行为纳入非法搜查罪、非法侵入住宅罪等罪名规制。

二、裁判理由

本案被告人数众多，部分犯罪时间跨度之广、犯罪事实之繁杂、影响之恶劣，皆触目惊心。为此，严把入罪标准，厘清具体罪名成为该案审判工作的重中之重。且该案共涉及八名被告人，为均衡量刑，区分首恶，在量刑技术层面应作统一考量。

（一）关于窝藏罪的定罪量刑

1992 年 12 月，大邱庄原华大集团公司养殖场职工危福合被刘云章等 18 人殴打致死后，被告人禹作敏向公安、检察机关提供虚假情况，隐瞒事实真相，策划由少数人顶罪，为多数人开脱罪责，指使刘永华把承担罪责的刘云章等 4 人在村内藏匿，帮助外逃，企图使刘云章等 18 人逃避法律制裁。被告人刘永华挑选刘云章等 4 人顶罪；指使被告人马德水、黄乃奇将刘云章等人于村内藏匿，并提供外逃经费。被告人马德水、陈广洪、黄乃奇参与藏匿刘云章等人，上述被告人均依法构成窝藏罪。

根据 1979 年《刑法》第一百六十二条第二款的规定："窝藏或者作假证明包庇其他犯罪分子的，处二年以下有期徒刑、拘役或者管制；情节严重的，处二年以上七年以下有期徒刑。"被告人等多次为 4 名被通缉的犯罪分子提供钱财、藏身地，指使他人顶罪，属于"情节严重"的情形，应当在"二年以上七年以下有期徒刑"的幅度内量刑。在共同窝藏犯罪中，禹作敏、刘永华系主犯，应依法惩处；马德水、黄乃奇、陈广洪系从犯，比照主犯从轻处罚。法院根据各被告人在犯罪中的地位、作用，以窝藏罪分别判处二年至六年不等的有期徒刑。

（二）关于妨害公务罪的定罪量刑

被告人禹作敏决定并指使被告人周克文扣留勘查现场的公安干警，策划阻碍执行公务的干警进村，下令封堵进村路口，指使周克文组织人员把守，带领并指使他人围攻进村执行公务的有关机关负责人，煽动群众罢工停课，公开抗拒公安、检察机关干警依法执行公务。被告人周克文部署封堵路口，指挥警戒、巡逻。二人行为均依法构成妨害公务罪。

根据 1979 年《刑法》第一百五十七条的规定，以暴力、威胁方法阻碍国家工作人员依法执行职务的,或者拒不执行人民法院已经发生法律效力的判决、裁定的,处三年以下有期徒刑、拘役、罚金或者剥夺政法权利。被告人禹作敏、周克文组织、指挥群众以暴力阻碍公安、检察干警依法进村执行公务,扣押勘查现场的公安人员,围攻执行公务的国家工作人员,法院根据二人妨害公务的事实、情节和造成的后果,依法判处禹作敏有期徒刑三年,周克文有期徒刑二年零六个月。

(三)关于非法拘禁罪的定罪量刑

被告人禹作敏、禹绍政、刘永华、周克文、石家明非法关押、审查、殴打非法关押、审查、殴打田宜正的行为,禹作敏、禹绍政、周克文、石家明非法扣押、审问、殴打北京市国家安全局第三局干部学校师生10余人的行为,均依法构成非法拘禁罪。

被告人禹作敏、禹绍政、刘永华、周克文、石家明私设公堂,非法关押、审讯他人,其行为构成非法拘禁罪,且具有殴打、侮辱情节。1979年《刑法》第一百四十三条规定,严禁非法拘禁他人,或者以其他方法非法剥夺他人人身自由。违者处三年以下有期徒刑、拘役或者剥夺政治权利。具有殴打、侮辱情节的,从重处罚。对被告人等的非法拘禁犯罪,应当在"三年以下有期徒刑、拘役或者剥夺政治权利"这一幅度内从重量刑。在共同非法拘禁犯罪中,禹作敏、刘永华、周克文系主犯,应依法惩处;禹绍政、石家明系从犯,比照主犯从轻处罚。法院根据各被告人在犯罪中的地位、作用,以非法拘禁罪分别判处一年至三年不等的有期徒刑。

(四)关于行贿罪的定罪量刑

被告人禹作敏、禹绍政为了非法获取国家机密而共同向国家机关工作人员高潮行贿,其二人行为均构成行贿罪。

被告人禹作敏、禹绍政为谋取不正当利益,向国家工作人员行贿,根据1988年《全国人民代表大会常务委员会关于惩治贪污罪贿赂罪的补充规定》(已失效)第七条第一款、第八条第一款的规定,对犯行贿罪的,处五年以下有期徒刑或者拘役;因行贿谋取不正当利益,情节严重的,或者使国家利益、集体利益遭受重大损失的,处五年以上有期徒刑;情节特别严重的,处无期徒刑,并处没收财产。禹作敏等人行贿的目的是获取国家机密,因而属于

"情节严重"的情形。在行贿过程中,虽然禹作敏与禹绍政的分工、地位及作用不同,但都具有共同利用行贿手段非法获取国家机密的故意,均系主犯,均应在"五年以上有期徒刑"的幅度内量刑。考虑禹作敏在犯罪中所起作用更大,法院以行贿罪依法判处禹作敏有期徒刑十年,禹绍政有期徒刑九年。

【编后语】

作为大邱庄的老书记,被告人禹作敏带领村民一砖一瓦搞建设,从一个远近闻名的一穷二白的落后村庄,依靠发展村办工业,逐步走向富裕,成为实力雄厚的"中国第一村"。创业的过程是艰辛的,当大邱庄逐步富裕起来时,大多数家庭都告别了茅草房,搬进了砖瓦房,不少人劝禹作敏也搬,他执意要等村里人都住上砖瓦房,再最后一个搬家。作为村企业集团总公司董事长、党委书记的禹作敏,为大邱庄经济的发展无疑做出了重要贡献,因而被评为全国劳动模范,并被评为"全国十佳优秀农民企业家"。然而,随着财富的增加、名声的显赫、桂冠的增多,禹作敏逐步忘却初心、迷失自我,将自己凌驾于国家法律之上,以至于在大邱庄内,没有"法律",只有禹作敏的"指示",其私设公堂,动用私刑,随意监禁、殴打、侮辱他人,窝藏罪犯,行贿国家干部,干扰案件查处,阻碍司法机关办案,甚至纠集群众,武力对抗国家机关,种种行为,令人瞠目结舌。但是禹作敏等被告人低估了执法机关坚决打击犯罪的决心和能力,最终受到了法律的严惩。禹作敏从一个名扬四海的致富带头人,最终沦为国法不容的罪犯,其留下的教训是深刻的。在接受审讯时,禹作敏不止一次地提到自己过去15年间在大邱庄创业和发展中的辛苦历程,他的蜕变与犯罪,确实令人扼腕叹息,但是共和国的法律不容践踏,法治社会也不允许任何人有超越法律的特权。人民法院对禹作敏案的依法审判,为塑造风清气正的政商环境、规规矩矩的创业环境作出了正确的指引。

(撰稿:天津市高级人民法院刑二庭　孙　潇

审编:最高人民法院刑二庭　韩维中)

梅直方、李卓明等诈骗、伪造公文、印章案

一、基本案情

被告人梅直方(FRANCISCO HUNG MOY),男,美国国籍,1949 年 11 月 15 日出生,原系美国纽约市亚联(集团)有限公司董事长。1993 年 6 月 16 日被逮捕。

被告人李卓明(RAYMOND C LEE),男,美国国籍,1950 年 5 月 18 日出生,原系美国纽约市亚联(集团)有限公司秘书兼财务主管。1993 年 6 月 16 日被逮捕。

被告人常景山,男,汉族,1939 年 5 月 29 日出生,原系海南中水长城国际投资集团副总经理兼贸易部业务经理。1993 年 7 月 27 日被逮捕。

被告人于芝来,男,汉族,1944 年 4 月 5 日出生,原系海南华丰贸易公司驻天津办事处负责人。1993 年 7 月 27 日被逮捕。

河北省人民检察院衡水分院指控被告人梅直方、李卓明犯诈骗罪、伪造公文、印章罪,被告人常景山、于芝来犯伪造公文、印章罪,向衡水地区中级人民法院提起公诉。

四名被告人均表示认同公诉机关指控的犯罪事实。被告人梅直方主要辩解其行为是受国外罗伯特·帕姆的指使,不是故意诈骗;被告人梅直方、李卓明的辩护人提出,梅直方和李卓明的行为构成诈骗罪,但信用证的金额并未兑现;李卓明的辩护人还提出,李卓明的认罪态度好,应从轻判处;被告人常景山的辩护人提出,常景山因诈骗被捕后,主动交代伪造公文、印章的犯罪事实,构成自首;被告人于芝来的辩护人提出,于芝来的行为构成伪造公文罪,不构成伪造印章罪。

衡水地区中级人民法院经审理查明:

(一)诈骗事实

被告人梅直方、李卓明经人介绍于1993年3月底来到河北省衡水市,二人以“引资”为名先后向中国农业银行衡水中心支行(以下简称衡水农行)行长赵金荣、副行长徐志国(均另案处理)提交了虚假的“引资”承诺书以及美国亚联(集团)有限公司(以下简称亚联)的简介等材料,谎称亚联有雄厚的经济实力和许多合作伙伴,以亚联财团的金票作抵押,可在国际金融市场上为衡水农行引入巨额资金,衡水农行只需开具备用信用证作为引资的必要手续,不承担任何经济及法律责任,引入的资金不还本、不付息等,骗取了赵金荣、徐志国的信任。赵金荣于同年4月1日、2日代表衡水农行工会下属的恒融实业公司与梅直方、李卓明签订了三份数额分别为50亿美元、16亿美元、34亿美元的《合作引进外资投资开发协议书》。继后,梅直方、李卓明向衡水农行出具了《开证委托书》。为掩盖真相,李卓明将备用信用证英文本译为中文提供给赵金荣、徐志国审查时,故意把英文本中“证明开具的汇票金额代表与给予亚联(集团)公司贷款融资相关的债务”一段内容不译。梅直方、李卓明在没有向衡水农行提供任何担保和抵押的情况下,骗使赵金荣、徐志国于4月5日开出了以亚联为申请人,衡水农行为开证行,莎物得投资(巴哈马)有限公司(以下简称莎物得)为受益人,一年期不可撤销、可转让的200份总金额为100亿美元的备用信用证。其编号为1101号至1200号计100份,每份项下金额2 500万美元,共25亿美元;2101号至2150号计50份,每份项下金额5 000万美元,共25亿美元;3101号至3150号计50份,每份项下金额为1亿美元,共50亿美元。信用证上载明:“本信用证依据国际商会400号出版物1983年修订之《跟单信用证统一惯例》为准。根据和按照本证条款开立的汇票,在到期向我们提示时均可兑付。”

1993年4月6日,被告人李卓明按被告人梅直方提供的地点,将上述备用信用证寄给莎物得财务主管麦西华。次日,当澳大利亚康萨雷达特公司查询1101号、2101号、3101号三份备用信用证的真实、可靠性时,梅直方、李卓明继续以衡水农行所开信用证不承担风险和资金很快就能引进衡水的谎言,诱使赵金荣以衡水农行的名义,将梅直方、李卓明拟定的内容为“我们特以银行的全部责任证明:上述信用证是有效的、真实的、可转让的。我们进一步以银行的全部责任代表亚联集团保证：上述备用信用证的全部金额会如期按要求支付，绝不延期、不推迟、不减少，到期即付”的200份备用信用证的确认函发往国外。同年4月15日，梅直方以同样手段将上述确认函的内容发往北美俄亥俄PNC银行。在衡水农行按协议规定多次要求出具担保文件时，梅直方、李卓明于同月18日以根本不存在的“联合国家共和银行”的名义，制作了一张金额为100亿美元的备用信用证，作为对衡水农行开具100亿美元备用信用证的担保，继续进行欺骗。在中国农业银行声明衡水农行无权开具备用信用证的情况下，为掩盖欺诈手段和尽快出售骗取的200份备用信用证，同年5月23日麦西华给被告人梅直方电传了莎物得与亚联的《货款协议》和《投资协议》，协议约定：亚联向莎物得贷款75亿美元，抵押品是中国农业银行为付款人的一年期备用信用证，亚联没有偿还本金的责任，本金将在信用证失效前自行清偿。

（二）伪造公文、印章事实

1993年3月，梅直方在广东省广州市为给罗伯特·帕姆保兑伪造的“中国农业银行三亚分行”0014号、0015号总金额为16.8亿美元的备用信用证，经被告人常景山提议，梅直方、李卓明同意后，常景山找人私刻了“中国农业银行河北省分行”等单位的印章。随后，梅直方、李卓明、常景山和被告人于芝来用私刻的印章共同伪造了“中国农业银行河北省分行”对0014号、0015号备用信用证的保兑函，并由常景山以“中国农业银行河北省分行行长徐志国”，于芝来以“国际金融部王扶林”名义在保兑函上签字。梅直方将伪造的保兑函寄给罗伯特·帕姆。同年4月，梅直方、李卓明、常景山、于芝来在衡水以剪贴、复印的方法再次伪造了“中国农业银行河北省分行”对0015号16亿美元备用信用证的保兑函发往国外。

1994年4月25日，衡水地区中级人民法院以（1994）衡地刑初字第13号刑事判决，认定被告人梅直方犯诈骗罪，判处有期徒刑十五年，附加驱逐出境，没收美元二千元，金戒指一枚；犯伪造公文、印章罪，判处有期徒刑七年；决定执行有期徒刑二十年，驱逐出境，没收美元二千元，金戒指一枚。被告人李卓明犯诈骗罪，判处有期徒刑十年，附加驱逐出境；犯伪造公文、印章罪，判处有期徒刑六年；决定执行有期徒刑十四年，驱逐出境。被告人常景山犯伪造公文、印章罪,判处有期徒刑七年,剥夺政治权利二年。被告人于芝来犯伪造公文罪,判处有期徒刑二年。

一审宣判后,被告人梅直方、李卓明、常景山不服,提出上诉。梅直方主要提出:所诈骗的100亿美元备用信用证虽发往国外但未兑现,参与伪造公文、印章犯罪作用亦不重要,原判量刑重。李卓明主要提出:在诈骗犯罪中未起主要作用,要求从轻判处。常景山主要提出:主动交代伪造公文、印章犯罪,要求从轻判处。

河北省高级人民法院经依法审理认为:被告人梅直方与李卓明共同诈骗衡水农业银行备用信用证,已造成严重的实际危害,在伪造公文、印章的共同犯罪中,梅直方起决定性的作用;被告人李卓明积极参与诈骗衡水农行备用信用证,在共同犯罪中也起到了重要作用;被告人常景山辩解主动交代伪造公文、印章犯罪,经查不实。梅直方、李卓明以"引资"为名,采用虚构事实,隐瞒真相,虚假承诺的手段,骗取了衡水农行200份总金额为100亿美元的备用信用证,严重侵害了中国农业银行的权益和信誉,严重扰乱了中国的金融管理秩序,均已构成诈骗罪。在诈骗活动中,梅直方组织策划,李卓明积极参与、具体实施,犯罪情节均特别严重。梅直方、李卓明经被告人常景山提议,同意由常景山找人私刻公章,与常景山和被告人于芝来共同伪造中国农业银行河北省分行的保兑文件,梅直方、李卓明、常景山构成伪造公文、印章罪,被告人于芝来构成伪造公文罪,所保兑的金额特别巨大,情节严重。原判决认定梅直方、李卓明诈骗,伪造公文、印章,常景山伪造公文、印章,于芝来伪造公文的事实清楚,证据确实、充分,定罪准确,量刑适当。审判程序合法。

1994年5月12日,河北省高级人民法院以(1994)冀刑终字第23号刑事裁定,驳回梅直方、李卓明、常景山上诉,维持原判。

二、裁判理由

(一)诈骗罪的认定

诈骗罪,是指以非法占有为目的,以虚构事实、隐瞒真相的方法,骗取数额较大的公私财物的行为。诈骗罪的客观方面表现为行为人虚构事实或者隐瞒真相,使被害人陷入错误认识,信以为真,从而“自愿”交出财物,使财物由被害人转移到行为人一方。所谓“虚构事实”,是指捏造不存在的事实骗取被害人的信任,既可以是全部的虚构,也可以是部分的虚构;所谓“隐瞒真相”,是指故意对被害人掩盖客观存在的某一事实,以哄骗被害人。而被害人“自愿”交出财物实际上是受行为人的欺骗而上当所致,并非出自被害人的真正意愿。采取欺骗的方法骗取他人的财物,是诈骗罪区别于抢劫罪、抢夺罪、盗窃罪、敲诈勒索罪的本质特征。

被告人梅直方、李卓明以文字材料和言词欺骗衡水农行负责人员,包括:谎称他们在美国开办的亚联集团拥有许多实力雄厚的合作伙伴,可以从国外“引资”到衡水;谎称衡水农行开具的备用信用证只用于证明有关资金引入中国,衡水农行对引进的资金“不还本、不付息,不承担任何经济及法律责任”;提交翻译本时隐瞒其中关于开具信用证责任的重要内容;虚构“联合国家共和银行”的名义,制作金额为100亿美元的备用信用证,作为对衡水农行信用证的所谓反担保等。梅直方、李卓明的行为属于虚构事实和隐瞒真相的行为。衡水农行负责人员对二被告人介绍的情况信以为真,以恒融实业公司名义与二被告人签订了三份总额为100亿美元的《合作引进外资投资开发协议书》,并非其真实意愿的表示。

诈骗公私财物数额较大,是构成诈骗罪的必备条件。本案诈骗行为发生在1993年,应当适用1979年《刑法》。1979年《刑法》第一百五十一条规定,盗窃、诈骗、抢夺公私财物数额较大的,处五年以下有期徒刑、拘役或者管制。梅直方和李卓平涉案诈骗金额达100亿美元,二人的行为已构成诈骗罪。

信用证是一种银行的付款保证,将国际贸易买卖转化为单据化买卖,它因国际贸易的频繁和成熟而产生,因银行信用的介入而被广泛接受。而银行信用一旦遭到破坏,可能造成国家贸易秩序和金融秩序紊乱,甚至动摇信用证制度的根基。同时,信用证诈骗行为往往使银行、公司、企业等蒙受巨额财产损失,合法财产权益受到严重侵害。需要说明的是,1994年本案审理之时,我国尚未就信用证诈骗犯罪规定独立的罪名,涉及信用证诈骗犯罪均按诈骗罪定罪处罚。此案审理后不久,1995年6月《全国人民代表大会常务委员会关于惩治破坏金融秩序犯罪的决定》首次对信用证诈骗犯罪作出明确规定。1997 年修订《刑法》时吸收了该规定,《刑法》第一百九十五条规定了信用证诈骗罪,并明确信用证诈骗行为包括以下四种情形:“(一)使用伪造、变造的信用证或者附随的单据、文件的;(二)使用作废的信用证的;(三)骗取信用证的;(四)以其他方法进行信用证诈骗活动的。”本案中被告人的行为属于典型的骗取信用证的行为。

(二)诈骗罪的量刑

犯罪数额不仅是区分诈骗罪与非罪的标准,也是区分轻罪与重罪的重要标准之一。1979 年《刑法》第一百五十二条规定,惯窃、惯骗或者盗窃、诈骗、抢夺公私财物数额巨大的,处五年以上十年以下有期徒刑,情节特别严重的,处十年以上有期徒刑或者无期徒刑,可以并处没收财产。被告人梅直方和李卓明诈骗备用信用证 100 亿美元,属于情节特别严重。被告人的诈骗行为使我国的巨额资金处于极大的风险之中,但考虑由于我国采取了一系列措施,最终 100 亿美元备用信用证没有被兑现,法院以诈骗罪分别判处梅直方有期徒刑十五年,判处李卓明有期徒刑十年,量刑适当。

(三)关于外国人犯罪刑事责任的追究

1979 年《刑法》第三条第一款规定,凡在中华人民共和国领域内犯罪的,除法律有特别规定的以外,都适用本法。1979 年《刑法》第八条规定,享有外交特权和豁免权的外国人的刑事责任问题,通过外交途径解决。被告人梅直方、李卓明作为不享有外交特权和豁免权的美国公民,在我国进行诈骗和伪造公文印章犯罪活动,应当依照我国法律的规定追究刑事责任,接受我国法院的审判。

1979 年《刑法》第三十条规定,对于犯罪的外国人,可以独立适用或者附加适用驱逐出境。驱逐出境是强迫犯罪的外国人离开中国国(边)境的刑罚方法。它可以独立适用,也可以附加适用,通常根据犯罪的性质、情节和犯罪分子本人的情况而定。单独判处驱逐出境的,从判决确定之日起执行;附加判处驱逐出境的,从主刑执行完毕之日起执行。为确保国家和人民的利益不再受到被告人梅直方、李卓明的侵害,审理法院对身为美籍华人的两名被告人梅直方、李卓明适用驱逐出境的附加刑,是完全适当的。

【编后语】

本案是一起特大涉外金融诈骗案。被告人梅直方、李卓明打着引进外资的幌子,采用欺诈的手段,骗取衡水农行200份总金额为100亿美元的备用信用证,涉案金额几乎占当年我国外汇结存额的一半,其诈骗数额之巨大,是新中国成立直至案发时国内首例,国际上亦属罕见。此案发生后,我国司法机关和有关部门立即采取了一系列紧急措施,在有关国家的警方和金融机构的配合下,梅、李骗取的备用信用证在信用证注明的有效期内没有出现资金支付情况,但二被告人的诈骗行为严重侵害了中国农业银行的权益,干扰了我国正常的金融管理工作秩序,致使巨额资金面临极大风险,中国农业银行为此耗费大量的人力、物力、财力,金融信誉遭受到了严重损害。一审、二审法院综合考量案件全部因素,对被告人等依法定罪、量刑,既维护了我国的司法管辖权,也体现了我国司法制度的平等、公正原则。案件的审判对国际贸易中银行的风险与责任起到了警示作用,也对促进完善信用证诈骗犯罪立法产生了积极影响。

(撰稿:河北省高级人民法院刑二庭　董　武

审编:最高人民法院刑二庭　王晓东)

陈文建、张少棉、周汉濂等抢劫案

——东星号客轮被劫案

一、基本案情

被告人陈文建，男，1974年10月7日出生。1995年8月30日被逮捕。

被告人张少棉，男，1968年8月14日出生。1995年8月30日被逮捕。

被告人周汉濂，男，1973年5月11日出生。1995年8月30日被逮捕。

被告人汤赞华，男，1963年6月4日出生。1995年8月30日被逮捕。

被告人陈岳锦，女，1935年6月1日出生。1995年9月1日被逮捕。

被告人陈容妹，女，1947年9月13日出生。1995年8月30日被逮捕。

广东省中山市人民检察院指控被告人陈文建、张少棉、周汉濂、汤赞华、陈岳锦、陈容妹犯抢劫罪、非法购买、运输枪支罪、窝赃罪，向中山市中级人民法院提起公诉。

中山市中级人民法院经公开审理查明：

1994年8月至11月间，澳门司法警察胡树祥（另案处理）指使被告人汤赞华到大陆购买枪支，并向汤提供资金。被告人汤赞华通过黄兆雄（在逃）在珠海市非法购得手枪两支（其中一支为美国造航空曲手枪、子弹五发；一支为自制左轮手枪，子弹三发），后由汤赞华将该两支手枪及子弹偷运出澳门交给胡树祥。后胡树祥将该两支手枪提供给被告人陈文建等用于抢劫作案。

1995年3月间，胡树祥提出犯意，并伙同陈桂清（另案处理）和梁炳照（另案处理）多次密谋抢劫澳门至香港客船上的中国银行澳门分行定期押送的现金。商定由胡树祥提供枪支弹药、“中飞”快艇、手提电话等作案工具及确定作案的具体时间，由梁炳照物色人员参与作案。同年5月，梁炳照纠合本案被告人陈文建、张少棉、周汉濂共同参与作案，并于6月4日将上述三人偷运至澳门,再由陈桂清和钟建强(另案处理)安置好并交给上述三人伪造的澳门身份证,及由胡树祥向本案被告人汤赞华购买的手枪两支以及其本人提供的手枪一支、手提电话一部。同月13日上午,胡树祥向钟建强传递了押送现金的航班时间,钟建强即带领陈文建、张少棉、周汉濂登上当天11时30分由澳门开往香港的"东星"号客船。当客船离港约20分钟后,在岸上的钟建强用手提电话发出行动指令,张少棉接到指令后向陈文建、周汉濂转达,三人各拔出手枪实施抢劫,喝令三名押解现金的护卫员及所有乘客不准动,并诈称船上有炸弹,将护卫员及乘客赶往后排座位;由周汉濂看守;张少棉、陈文建即冲入驾驶室,向驾驶室门开枪射击,喝令船长将其带入驾驶室。进入驾驶室后,张少棉破坏了船上的通信设备,并与陈文建持枪胁迫船长等人将船开往珠海市淇澳岛水域。下午1时许,梁炳照、陈桂清驾驶"中飞"快艇前来接应,由陈桂清登船与三名被告人共同将护卫员押解的港币现钞1 000万元劫下快艇,然后逃离现场回到中山市横门镇梁炳照家中与已从澳门赶来的胡树祥、钟建强分赃;其中胡树祥分得400万元;三名被告人和钟建强、陈桂清、梁炳照各分得100万元。案发后,粤港澳警方通力合作,先后将梁炳照、胡树祥及被告人陈建文抓获;张少棉、周汉濂在家人的规劝下投案自首;并缴回赃款港元8 195 900元(中山市公安机关缴获4 685 900元;澳门警方缴获3 510 000元)及枪支、快艇等作案工具。

案发后,被告人陈岳锦为其子梁炳照窝藏作案用的手枪三支(其中美国造航空曲手枪两支、子弹十发;自制左轮手枪一支,子弹三发)及赃款港元979 800元。被告人陈容妹为其子陈文建窝藏赃款港币994 300元。

1995年11月12日,广东省中山市中级人民法院以(1995)中中刑初字第105号刑事判决,认定被告人陈文建犯抢劫罪,判处死刑,剥夺政治权利终身;被告人张少棉犯抢劫罪,判处死刑,缓期二年执行,实行劳动改造,以观后效,剥夺政治权利终身;被告人周汉濂犯抢劫罪,判处无期徒刑,剥夺政治权利终身;被告人汤赞华犯非法买卖枪支、弹药罪,判处有期徒刑十年,剥夺政治权利三年;被告人陈岳锦犯窝赃罪,判处有期徒刑三年,缓刑三年;被告人陈容妹犯窝赃罪,判处有期徒刑二年,缓刑三年。

法院审理期间,被告人陈文建及其辩护人以其是受同案人梁炳照胁迫作案,在作案中不是主犯为由,请求从轻处罚;被告人张少棉、周汉濂及其辩护人以该二人非主犯,受胁迫作案,投案自首、认罪等为由,请求从轻处罚;被告人汤赞华及其辩护人以其不知买枪用于抢劫为由,请求从轻处罚;被告人陈岳锦的辩护人以其不知收藏的是枪支、被告人陈容妹的辩护人以其犯罪情节较轻为由,请求对该二人从轻处罚。

广东省高级人民法院经审理,于1996年1月5日以(1995)粤高法刑终字第1084号刑事裁定,驳回上诉,维持原判,并根据最高人民法院依法授权高级人民法院核准部分死刑案件之规定,核准被告人陈文建死刑。

二、裁判理由

(一)抢劫罪适用死刑的政策把握

抢劫罪是一种严重危害社会治安的犯罪,历来属于严厉打击的犯罪类型。对抢劫罪的处理,要根据案件具体情况区别对待。例如,对于犯罪后具有自首或者立功情节的,一般要体现政策,对于同时具有自首和重大立功表现的,则应当依法减轻或者免除处罚;对于共同犯罪中的从犯,或者主犯中罪责相对较轻的,不能判处死刑立即执行;对于作案时刚成年、到案后认罪态度好、被害人有所谅解的,一般也不判处死刑立即执行。本案中,被告人陈文建、张少棉、周汉濂的行为已构成抢劫罪,且作案手段猖獗,抢劫数额特别巨大,造成恶劣的影响,犯罪情节特别严重,应从重惩处。陈文建、张少棉、周汉濂在抢劫共同犯罪中均起主要作用,是主犯。具备适用死刑的条件。

考虑被告人陈文建无任何从轻处罚情节,法院依法判处其死刑。鉴于被告人张少棉、周汉濂在家人的规劝下从广西回来投案自首,依法可从轻处罚。但在处刑上张少棉与周汉濂应有所不同,张少棉实际上是上船作案的三名被告人中的指挥者,故法院对张少棉判处死缓,对周汉濂判处无期徒刑。

(二)"亲亲相隐"情形如何量刑

1979年《刑法》规定了窝赃罪,即明知是犯罪所得的赃物而予以窝藏或者代为销售。而后1997年《刑法》及修正案将此条罪名修改为掩饰、隐瞒犯罪所得、犯罪所得收益罪,即明知是犯罪所得及其产生的收益而予以窝藏、转移、收购、代为销售或者以其他方法掩饰、隐瞒。无论是1979年《刑法》还是1997年《刑法》,均未将行为人的近亲属实施上述行为排除在外。因此,实践中行为人为近亲属掩饰、隐瞒犯罪所得,量刑时是否考虑其系亲情、人伦所为而予以从轻处罚,存在争议。有意见认为,近亲属为行为人掩饰、隐瞒犯罪所得,虽然基于亲情所为,但"亲情、人伦"并非法定或酌定从轻处罚情节,刑法规定的窝赃行为不少是发生在亲属之间,因此法律鼓励的是"大义灭亲"而非"亲亲相隐",故不能成为从轻处罚的理由。然而,笔者认为,本案中,被告人陈岳锦、陈容妹为其子窝藏赃物,系基于亲情所为,可以酌情从轻处罚。

"亲亲相隐"原则是我国春秋战国时期儒家提出的主张,后逐渐发展为古代刑律的一项原则,在我国刑法史上具有重要地位。虽然我国刑法没有关于"亲亲相隐"的规定,近亲属并未从窝藏、包庇罪的主体中排除出去,在理论和实践中都认为亲属实施的窝藏、包庇行为构成犯罪。但对近亲属之间的容隐行为在量刑上予以考虑,既兼顾了法理与情理,也是对实施该行为的被告人主观恶性、人身危险性的正确评价。在近些年的司法解释中也作出了与"亲亲相隐"精神相类似的规定。如2015年《最高人民法院关于审理掩饰、隐瞒犯罪所得、犯罪所得收益刑事案件适用法律若干问题的解释》第二条规定:"掩饰、隐瞒犯罪所得及其产生的收益行为符合本解释第一条的规定,认罪、悔罪并退赃、退赔,且具有下列情形之一的,可以认定为犯罪情节轻微,免予刑事处罚……(二)为近亲属掩饰、隐瞒犯罪所得及其产生的收益,且系初犯、偶犯的;"该规定进一步明确了司法实践中对亲缘关系的特殊处理,使司法更加人性化,有利于维护社会的基本伦理关系。虽然本案发生时还适用1979年《刑法》,当时没有相关司法解释,但法院在判决时考虑到陈岳锦、陈容妹系为其子窝赃,主观恶性较小,故对该二人从轻处罚,以窝赃罪分别判处陈岳锦、陈容妹有期徒刑三年、缓刑三年和有期徒刑二年、缓刑二年,符合法理人情。

(三)跨境犯罪的刑事司法管辖

本案涉案金额巨大,影响恶劣,当年震动粤港澳,并广为海内外关注。

本案发生在香港、澳门回归前，案发地和涉案人员涉及粤、港、澳三地，粤港澳警方紧密合作，迅速破案。有两名案犯分别在香港和澳门落网，未移送大陆司法机关。在此情况下，法院充分适用刑法属地管辖原则，认为本案案发地在我国境内的海域，所劫取的款项属中国银行澳门分行所有，因此，本案属于我国内地法院管辖，适用我国内地法律。法院在对被告人陈文建、张少棉、周汉濂定罪、量刑时，既不参考异地法律，也不受案外其他因素所影响，判决充分反映了不折不扣地执行属地管辖的原则。

【编后语】

随着我国改革开放的持续深入，内地与港澳台间的人员往来和经贸交流日益频繁紧密，在带来了内地与港澳台经济的持续繁荣的同时，也不可避免地衍生出越来越多的跨境犯罪，这给内地与港澳台社会稳定、经济繁荣带来了严重危害。一些犯罪分子利用内地与港澳台间人员往来和经贸交流的便利，相互勾结、沆瀣一气，疯狂实施跨境诈骗、抢劫、走私、贩毒等犯罪活动，并利用内地与港澳台之间社会制度和法律制度的差异，逃避执法机关的追捕、打击，妄图最终逃避法律制裁。本案的审理和判决充分显示了人民法院坚决打击严重暴力犯罪，铲除社会毒瘤的决心和能力。

（撰稿：广东省高级人民法院刑二庭　廖丽红
审编：最高人民法院刑二庭　韩维中）

张子强等非法买卖、运输爆炸物，抢劫，绑架，走私武器、弹药，非法买卖、运输枪支、弹药，私藏枪支、弹药，窝赃案

一、基本案情

被告人张子强，男，汉族，1955年4月7日出生。1998年7月22日被逮捕。

被告人陈智浩，男，汉族，1962年10月5日出生。1998年7月22日被逮捕。

被告人马尚忠，男，汉族，1965年6月18日出生，1997年11月因犯盗窃罪被判处有期徒刑十一年，剥夺政治权利三年。1998年6月23日被押回广州受审。

被告人梁辉，男，汉族，1966年3月28日出生。1998年7月22日被逮捕。

被告人钱汉寿，男，汉族，1956年10月10日出生。1998年7月22日被逮捕。

（其他被告人自然情况略）

广东省广州市人民检察院指控被告人张子强、陈智浩、马尚忠、梁辉、钱汉寿等人犯非法买卖、运输爆炸物罪，抢劫罪，绑架罪，走私武器、弹药罪，非法买卖、运输枪支、弹药罪，私藏枪支、弹药罪，窝赃罪，向广州市中级人民法院提起公诉。[①]

广州市中级人民法院经公开审理查明：

① 本案中共36名被告人，分别触犯上述罪名中的一项或几项，限于篇幅，此处不展开表述。

1997年10月,被告人张子强向被告人钱汉寿提出购买炸药,并指派被告人刘鼎勋与钱汉寿联系具体事宜并先后支付购买炸药款港币15万元。同年11月,钱汉寿回广东省汕尾市非法购买炸药818.483公斤,雷管2 000支,导火索750米,分装在40个泡沫箱内伪装成海鲜,并于1998年1月7日指使他人运到香港交给刘鼎勋。次日,张子强、刘鼎勋同他人一起将爆炸物藏好。同月17日,该批爆炸物被查获。

1994年年底至1995年年初,被告人陈智浩找到叶继欢(另案处理),共同参与被告人蔡智杰等人的密谋,准备劫持天津市物资综合贸易中心驻深圳办事处经理李某甲,以取得其在深圳的一批钢材提货单后提取钢材。1995年1月14日晚22时许,被告人马尚忠、梁辉和黄毅受叶继欢指使,驾驶一辆吉普车到深圳与陈智浩会合,在深圳市南方国际大酒店附近将李某甲劫持去广州。途中,黄毅开车,陈智浩、马尚忠、梁辉恐吓、殴打李某甲。梁辉卡李某甲脖子并用手铐反铐其双手,马尚忠则用封箱胶纸封住李某甲口、眼,后马、梁又用棉被、衣物捂住李某甲头部,几人共同致李某甲死亡后,搜去李某甲携带的办公室钥匙。马尚忠、梁辉、黄毅开车到城郊抛尸灭迹,陈智浩则将钥匙交给被告人余汉俊等人。同年16日,蔡智杰等人用从李某甲办公室搜得的提货单提走盘圆钢227.39吨(价值人民币721 214元),予以销赃。

1991年年初,被告人陈智浩、马尚忠、朱玉成、李运、黄华生和叶继欢、林铁(另案处理)先后在广州、深圳等地密谋到香港抢劫金行。马尚忠和被告人陈立新到云南省砚山县购得AK47自动步枪和五四式手枪各2支、手榴弹3枚。陈智浩则到湖南省衡阳市购得子弹350发,手榴弹3枚及部分手枪配件。同年6月,陈智浩安排马尚忠、朱玉成和叶继欢、林铁携带AK47自动步枪2支、手枪6支、手榴弹3枚、子弹350发及手枪配件从深圳偷渡到香港,与先期抵港的陈智浩、李运、黄华生会合。同月9日下午,陈智浩、马尚忠等7人持面具、螺丝刀、布袋、手套等作案工具,抢劫被害人余某的轻型货车,并驾车前往香港物华街,叶继欢、马尚忠持枪在街上把守接应,其他人分别冲入“周生生”“周大福”“东盛”等5间珠宝金行,采用持枪威胁等方法,抢得金器一批(共价值港元5 739 892元)。在香港警察围捕时,叶继欢、马尚忠开枪拒捕,7人共同乘车逃离现场。途中,几人又另劫被害人曾某的汽车换车继续逃跑。作案后,经叶继欢销赃,陈智浩分得赃款港元42万元,马尚忠分得赃款人民币10万元。

1992年年初,被告人陈智浩、朱玉成、李运、叶继欢、林铁等人先后在广州、深圳等地密谋再次到香港抢劫。同年3月10日下午,陈智浩等人在香港分别抢得被害人陈某某的出租车、钟某某的轻型货车后,朱玉成驾车,其他人携带枪支、丝袜、螺丝刀、布袋、手套等作案工具到香港大埔道,叶继欢持枪在街上把守,朱玉成在车上等候接应,其他冲入"周生生""谢瑞麟"两间珠宝金行,采用持枪威胁等方法,抢得金器一批,价值港元1 682 138元。在香港警察围捕时,陈智浩等人乘车逃离现场。作案后,经叶继欢销赃,陈智浩分得赃款港元12万元。

1995年年底至1996年年初,被告人张子强、柯贤庭、朱玉成、李运和叶继欢、郭志华(另案处理)等人多次在深圳市密谋绑架勒索被害人李某乙(香港人),为此又纠合被告人梁辉、罗志平、张焕群等人共同作案。张子强出资港元140万元用于购买枪支弹药、车辆等作案工具及租赁关押人质的房屋;陈智浩、朱玉成、柯贤庭、叶继欢负责具体准备枪支弹药、车辆等作案工具、租赁房屋和观察李某乙的行踪。在张子强、陈智浩等人的安排和接应下,1996年5月12日,叶继欢、梁辉将上述枪支弹药偷运至香港。同年5月23日,张子强接到被告人柯贤庭的电话后得知李某乙的行踪,即与陈智浩等人携带枪支、铁锤等作案工具,在香港深水湾道附近绑架了李某乙及其司机林某某。张子强、陈智浩到李家收取赎金港币10.38亿元后,释放被害人。张子强分得赃款港元3.62亿元,陈智浩分得赃款港元2.95亿元。

1997年年初,被告人张子强图谋绑架被害人郭某某(香港人),指使被告人张志烽观察郭的行踪。张志烽又将绑架图谋转告被告人胡济舒、陈树汉等人。此后,张子强等人先后在广州市、东莞市、深圳市等地密谋并作具体分工。其间,张子强、胡济舒分别出资港币200余万元、20万元为实施犯罪作准备,胡济舒还纠合被告人甘永强、邓礼显等参与绑架。同年9月29日18时许,张子强伙同甘永强、邓礼显等人在香港海滩道桥底附近绑架郭某某。张子强向郭家勒索收取赎金港元6亿元后释放被害人。作案后,张子强分得赃款港元3亿元。

1995 年 5 月至 8 月间，被告人陈智浩将非法取得的一批爆炸物藏匿在被告人罗月英在深圳的出租屋内。后陈智浩指使被告人韩法、陈辉光、罗月英将爆炸物分两次交他人运至香港。陈智浩收到这些爆炸物后，藏匿于香港薄扶林山上。破案后，缴获爆炸物 25.4 斤。

1995 年，被告人张子强将手枪子弹 13 发、猎枪子弹 4 发、雷管 10 支等物装入一茶叶罐内，藏匿在被告人罗月英在深圳一住处，后被查获。

1997 年年初，被告人陈智浩指使被告人韩法在深圳市购得五四式手枪 1 支，子弹 16 发，韩将该枪、弹交被告人陈辉光藏匿。同年 8 月至 9 月间，陈智浩又指使被告人罗志平购得雷鸣登猎枪 1 支及猎枪子弹 26 发。罗志平将枪、弹带到深圳交被告人罗月英藏匿。后陈智浩指使陈辉光到罗月英处提走猎枪及子弹藏匿于陈辉光住处。陈智浩被公安机关抓获后，被告人刘锦荣受陈辉光指使将上述枪支弹药转移至其在深圳的住处藏匿，后被缴获。

1998 年 10 月 30 日，广州市中级人民法院以（1998）穗中法刑初字第 468 号刑事判决，对张子强、陈智浩、马尚忠、梁辉、钱汉寿和李运、朱玉成、蔡智杰、余汉俊、刘鼎勋、黄华生、柯贤庭、胡济舒、叶心瑜、钱汉业、罗志平、甘永强、邓礼显、张焕群、陈立新、黄英德、何志昌、黄文雄、刘国华、余船、江荣长、张志烽、陈树汉、黄毅、韩法、江才古、罗月英、陈辉光、叶继聪、叶继钰、刘锦荣等 36 名被告人非法买卖、运输爆炸物，抢劫，绑架，走私武器、弹药，非法买卖、运输枪支、弹药，私藏枪支、弹药，窝赃一案作出一审判决如下：

1. 被告人张子强犯非法买卖爆炸物罪，判处死刑，剥夺政治权利终身；犯绑架罪，判处无期徒刑，剥夺政治权利终身，并处没收财产人民币六亿六千二百万元；犯走私武器、弹药罪，判处无期徒刑，剥夺政治权利终身，并处没收财产人民币十万元。决定执行死刑，剥夺政治权利终身，并处没收财产人民币六亿六千二百一十万元。

2. 被告人陈智浩犯抢劫罪，判处死刑，剥夺政治权利终身，并处没收财产人民币五十四万元；犯走私武器、弹药罪，判处死刑，缓期二年执行，剥夺政治权利终身，并处没收财产人民币十万元；犯绑架罪，判处无期徒刑，剥夺政治权利终身，并处没收财产人民币二亿九千五百万元；犯非法运输爆炸物罪，判处有期徒刑八年；犯非法买卖枪支、弹药罪，判处有期徒刑六年；犯私藏弹药罪,判处有期徒刑二年。决定执行死刑,剥夺政治权利终身,并处没收财产人民币二亿九千五百六十四万元。

3. 被告人马尚忠犯抢劫罪,判处死刑,剥夺政治权利终身,并处财产人民币十万元;犯走私武器、弹药罪,判处有期徒刑十五年,剥夺政治权利五年,并处没收财产人民币五万元;犯非法买卖枪支、弹药罪,判处有期徒刑十二年,剥夺政治权利四年;原判盗窃罪余刑九年五个月零五日,剥夺政治权利三年。决定执行死刑,剥夺政治权利终身,并处没收财产人民币十五万元。

4. 被告人梁辉犯抢劫罪,判处死刑,剥夺政治权利终身,并处没收财产人民币十万元;犯绑架罪,判处有期徒刑十三年,剥夺政治权利四年,并处没收财产人民币三百六十万元;犯走私武器、弹药罪,判处有期徒刑十二年,剥夺政治权利四年,并处没收财产人民币五万元。决定执行死刑,剥夺政治权利终身,并处没收财产人民币三百七十五万元。

5. 被告人钱汉寿犯非法买卖爆炸罪,判处死刑,剥夺政治权利终身。

本案另判处被告人朱玉成、李运死缓,判处其他29名被告人无期徒刑至一年有期徒刑不等的刑罚。(判决情况略)

一审宣判后,被告人张子强、陈智浩、马尚忠、梁辉、钱汉寿等29人不服,提出上诉。

被告人张子强及其辩护人辩称:本案犯罪实施地在香港,侵犯的客体是香港居民的人身权和财产权,应由香港法院管辖,一审法院管辖不当;张子强购买爆炸物只与被告人钱汉寿联系,不应对全案负责,原判非法买卖爆炸物的量刑过重;原判认定的绑架罪证据不足,申请调取被害人陈述、同案人供词及相关物证;走私武器弹药行为只是绑架罪的预备行为,不应单独定罪;张子强检举了他人偷越边境、抢劫香港金行、贩毒等多宗犯罪线索,具有立功表现,应当从轻处罚。

被告人陈智浩及其辩护人辩称:原判认定陈智浩是抢劫案中致李某甲死亡的凶手有误,量刑偏重;在公安机关尚未掌握其在香港二次抢劫事实的情况下首先交代犯罪,并供出同案人,应当认定为自首和重大立功,应当从轻处罚。

被告人马尚忠及其辩护人辩称:马尚忠在抢劫李某甲案中没有用封箱胶纸封口、眼,不是故意致被害人死亡;在所参与的两次抢劫中均不是主犯,要求二审从轻处罚。

被告人梁辉及其辩护人辩称:原判认定梁辉在抢劫李某甲中恐吓、殴打被害人,并卡被害人脖子不符合事实,认定梁辉行为致被害人死亡无直接证据;梁辉在该案中是从犯,被抓后坦白交代并供出同案人犯罪事实,应属自首和立功,请求二审从轻处罚。

被告人钱汉寿及其辩护人辩称:钱汉寿未出资、没有非法买卖爆炸物,只是受他人指使运输了爆炸物,情节较轻,是运输爆炸物罪的从犯;被抓后能坦白认罪,并揭发了同案人的多宗犯罪事实,应认定为立功;原判量刑过重,请求二审从轻处罚。

(其他被告人上诉情况略)

广东省高级人民法院经依法审理,认为原判认定事实清楚、证据确实、充分,定罪准确,适用法律正确,程序合法。除对被告人余汉俊、陈树汉的量刑及没收被告人钱汉业的渔船判决不当应予纠正外,对其余被告人的量刑均属适当。其他被告人及其辩护人所提出的认定事实、适用法律及量刑主张,经查均不能成立,应予驳回。

广东省高级人民法院于1998年12月4日作出(1998)粤高法刑终字第1139号刑事判决,维持一审对被告人张子强、陈智浩、马尚忠、梁辉、钱汉寿等的各项判决,改判对余汉俊、陈树汉的量刑并没收钱汉业用于犯罪的渔船,依照《最高人民法院关于授权高级人民法院核准部分死刑案件的通知》的规定,依法核准张子强、陈智浩、马尚忠、梁辉、钱汉寿死刑,剥夺政治权利终身的刑事判决。

二、裁判理由

(一)关于内地法院是否具有本案管辖权的问题

张子强案件是香港回归后,香港与内地刑事法律发生冲突的第一个刑事案件,该案的审理在粤港两地,受到全国及海外的广泛关注,其中对于刑事管辖权的问题争议最为激烈。本案中,张子强等人的犯罪集团跨越粤港两地实施了多种犯罪。既存在一种犯罪跨越两地的情况,也存在一人所犯的数罪分别存在于两地的情况。实施犯罪的被告人,既有在香港居住的,也有在内地居住的。

我国《刑法》第六条规定,凡在中华人民共和国领域内犯罪的,除法律有特别规定的以外,都适用本法。香港特别行政区是中国的一部分,根据"一国两制"的方针,香港的制度、法律、政策以《中华人民共和国香港特别行政区基本法》为依据,香港法院审理刑事案件适用香港刑事法律。但同时,我国《刑法》规定,犯罪的行为或者结果有一项发生在中华人民共和国领域内的,就认为是在中华人民共和国领域内犯罪。而犯罪行为的外延,既包括实施行为,也包括预备行为。本案中,抢劫、绑架的犯罪虽然发生在香港,但密谋、策划等预备行为发生在内地;爆炸物及主要的作案工具均是从内地非法购买后走私到香港,根据《刑法》规定,可以认为是在内地犯罪,适用《中华人民共和国刑法》。我国《刑事诉讼法》①规定,刑事案件由犯罪地的人民法院管辖。如果由被告人居住地的人民法院审判更为适宜的,可以由被告人居住地的人民法院管辖。因而,根据《刑法》《刑事诉讼法》的规定,内地司法机关对张子强案件拥有无可争议的管辖权。对于张子强案件,内地公安机关有权依法侦查,内地检察院有权依法提起公诉,内地法院也有权依法审判。

香港法律也认同犯罪发生地这一基本司法管辖原则,香港司法机关对张子强案件理所当然也拥有刑事管辖权。因而,内地法院和香港特区法院对本案都有管辖权。在管辖冲突的情况下,应当适用刑事诉讼法关于优先管辖的规定,即对于都有管辖权的案件,应由最初受理的法院进行审判。最初受理原则也是国际社会解决管辖冲突的通行办法,可以及时有效地惩罚犯罪。

本案被告人均在内地被抓获,大量赃款、赃物及其他证据亦在内地查获。内地法院先受理,所以内地法院具有优先管辖权。本案由广东省高级人民法院指定广州市中级人民法院审理符合法律规定。法院依法驳回部分被告人及辩护人提出本案应由香港法院管辖的主张是正确的。

① 案发时适用1996年修正的《中华人民共和国刑事诉讼法》。

(二)关于本案绑架犯罪的证据是否足以认定的问题

被告人张子强及其辩护人提出，张子强在香港的两宗绑架案，被害人没有报案，也没有向司法机关作证，因此，认定张子强等人犯绑架罪证据不足。法院经审理认为，《刑事诉讼法》关于证据有明确规定，证明案件真实情况的一切事实，都是证据。案发时适用的1996年《刑事诉讼法》对证据的种类和形式进行了列举，包括：1. 物证、书证；2. 证人证言；3. 被害人陈述；4. 犯罪嫌疑人、被告人供述和辩解；5. 鉴定结论；6. 勘验、检查笔录；7. 视听资料。被害人陈述只是其中一种证据，虽然本案绑架案的被害人没有陈述，但在案各被告人及同案人均供述绑架犯罪，指认、辨认绑架密谋地点、绑架现场、作案工具等，案卷中还有被害人家属为支付赎金向银行签发的银行本票、支票、授权书等证据，足以认定其犯罪事实。故法院依法驳回了相关辩护意见。

【编后语】

张子强等36人特大犯罪团伙案，是1997年香港回归后破获的跨越粤港两地的特大严重暴力刑事犯罪案件。此案的审理，引起了境内外社会各界的高度关注，被媒体称为“世纪大案”。人民法院对张子强特大犯罪团伙案的审判，是对跨越粤港两地犯罪活动的沉重打击，对两地的犯罪分子产生了极大的震慑作用，促进了香港和内地社会安定，成为在“一国两制”架构背景下处理好涉及两地刑事案件的重要范例。该案开创了内地与香港之间的区际刑事司法协作，为内地与香港携手打击跨法域刑事犯罪积累了宝贵的经验。

（撰稿：广东省高级人民法院　陈小飞　林　婷
审编：最高人民法院刑二庭　叶邵生）

靳如超、王玉顺、郝凤琴、胡晓洪爆炸，故意杀人，非法制造、买卖爆炸物案

——石家庄“3·16”特大爆炸案

一、基本案情

被告人靳如超，男，汉族，1960年12月7日出生。1989年6月9日因犯强奸罪被判处有期徒刑十年，剥夺政治权利三年，1997年8月19日刑满释放。2001年3月31日因本案被逮捕。

被告人王玉顺，男，汉族，1952年6月6日出生。2001年3月31日被逮捕。

被告人郝凤琴，女，汉族，1954年6月13日出生。2001年3月31日被逮捕。

被告人胡晓洪，男，汉族，1963年8月14日出生。2001年3月31日被逮捕。

河北省石家庄市人民检察院指控被告人靳如超犯爆炸罪、故意杀人罪，被告人王玉顺、郝凤琴犯非法制造、买卖爆炸物罪，被告人胡晓洪犯非法买卖爆炸物罪，向石家庄市中级人民法院提起公诉。

被告人靳如超辩解，其把炸药都放在了接近厕所和厨房的地方，只想吓唬与其有矛盾的人，并不想炸死他们；是韦某某先用柴刀砍其，其才夺过柴刀砍的她，属过失杀人。其辩护人提出，靳如超耳聋，系残疾人。对事物的认识有障碍，家庭和周围的环境使其心理扭曲导致犯罪。

被告人王玉顺辩解，其并不知道靳如超去搞爆炸。其辩护人提出，认定王玉顺非法制造、买卖爆炸物情节严重无法律依据，且王玉顺有立功情节，认罪态度好。

被告人郝凤琴辩解,其不知道靳如超去搞爆炸,不应与爆炸案同案审理,不属于情节严重。其辩护人提出,郝凤琴卖炸药和靳如超搞爆炸之间没有直接因果关系,其不应承担爆炸罪的责任,故不应认定郝凤琴之行为情节严重。郝凤琴能主动坦白交代犯罪事实,并有检举揭发他人犯罪之情节,且系从犯。

被告人胡晓洪辩解,当时卖雷管和导火索时不知是犯罪。其辩护人提出,胡晓洪无犯罪的主观恶意,具有坦白情节,系初犯,认罪态度好,且其卖雷管和导火索的数量不属于情节严重。

石家庄市中级人民法院经公开审理查明:

1. 被告人靳如超与被害人韦某某于2000年8月左右相识并开始同居生活,后二人因婚姻问题产生矛盾,韦某某便偷拿了靳如超600元钱于2000年11月14日跑回老家云南省马关县。2001年2月18日,靳如超携带6 000多元钱及韦某某与其写的结婚协议书找到韦某某的老家,因结婚问题遭到拒绝后,便产生了杀害韦某某的念头。2001年3月9日14时20分许,靳如超在韦某某父母外出时,又与韦某某发生争吵,并将韦拉至厨房内,用厨房内的砍柴刀砍韦某某左头顶部及后枕部数刀,致韦某某颅脑开放性损伤、脑组织破碎当场死亡。靳如超将韦某某的尸体拖至韦居住的房间藏于木床底下,将砍柴刀藏于草木灰中,用草木灰掩盖了地上的血迹,锁住韦某某家大门后逃离现场。

2. 被告人靳如超因怀疑邻居张某某夫妇等人挑拨其与继母苑某某的关系而怀恨在心,并因家庭琐事分别与苑某某、前妻尚某某、儿子靳某某、姐姐靳某1等人产生矛盾,欲采用爆炸的方法,以泄私愤。2000年5月、6月的一天,靳如超得知河北省鹿泉市有私制炸药的消息后,便找到鹿泉市北白砂村被告人王玉顺、郝凤琴,二被告人表示能做炸药,三人采用文字协议的方式协商了炸药的价格、使用方法等,应靳如超的要求,王玉顺向靳提供了炸药的样品及雷管、导火索,靳如超进行了试验。靳如超又到鹿泉市石井采石一厂,以人民币(以下币种同)33元向爆破员被告人胡晓洪购买了50枚雷管及20余根导火索,藏于石家庄市热电厂一暖气沟内。2001年3月9日,靳如超在云南杀死被害人韦某某后,回到石家庄市。

3. 2001年3月12日,被告人靳如超回石家庄市找到之前藏放的雷管及导火索,又到鹿泉市北白砂村找到被告人王玉顺、郝凤琴,与二人商定购买炸药。当晚,王玉顺、郝凤琴即为靳如超生产出600公斤硝铵炸药。次日,靳如超再次找到王玉顺、郝凤琴,以40元购买了25公斤炸药,并进行了爆炸试验。同月14日9时许,靳如超第三次到王玉顺、郝凤琴非法制造炸药的废弃水泥厂,以950元购买了575公斤炸药并分装成14袋。同月15日7时许,靳如超以运饲料为名,先后租用张军涛的客货车及刘学海、王向东的农用机动三轮车,将炸药运至事先选好的赵陵铺乡前太保村一废弃房内藏放,后又到平山县城等待时机继续作案。

4. 2001年3月15日19时30分许,被告人靳如超仍以运饲料为名,从平山县城租用了一辆带篷子的摩托三轮车到石家庄市赵陵铺乡前太保村藏放炸药处,分两次将575公斤炸药依次运至其前妻尚某某夫妇所住石家庄市电大街13号楼1单元门口2袋(100公斤)、其姐靳某1所售出的民进街12号院房子处1袋(50公斤)、其前妻父母和其子靳某某所住建设北大街石建一公司宿舍楼4袋(100公斤)、育才街棉三宿舍19号楼东侧便道花池处7袋(325公斤)。后靳如超又到石家庄市热电厂暖气沟处,将从被告人胡晓洪处购买的雷管和导火索连接成引爆装置。次日2时30分许,靳如超乘出租车先到建设北大街石建一公司宿舍楼旁将事先放置于此的100公斤炸药分别放在该楼3单元的二层、四层平台处,后又乘出租车到石家庄市火车站,以搬货为名租乘王新停驾驶的摩托三轮车到棉三宿舍19号楼便道花池藏放炸药处,分两次将325公斤炸药运至与其有矛盾的邻居张某某夫妇等人及其居住的16号楼2单元门口西侧,并将该炸药分放于16号楼1单元一楼楼道内100公斤、2单元一楼楼道内100公斤、2单元门口西侧100公斤、其继母苑某某居住的15号楼西侧25公斤,而后用随身携带的剪刀分别在炸药上扎洞插入引爆装置,按16号楼1单元、2单元、2单元门口西侧、15号楼西墙外侧的顺序依次用打火机将引爆装置点燃,之后,其又连续换乘出租车依次到建设北大街石建一公司宿舍、电大街13号市五金公司宿舍、民进街12号院,用同样的方法将事先放好的炸药一一引爆,后乘出租车逃离。3月16日4时16分,育才街棉三宿舍16号楼发生爆炸,致使16号楼整体坍塌;4时30分,建设北大街市石建一公司宿舍楼发生爆炸，致使该楼3单元坍塌；4时45分，电大街13号市五金公司宿舍楼发生爆炸，致使该楼1单元坍塌；5时，民进街12号院发生爆炸，致使该院部分房屋坍塌。共造成108人死亡，多人受伤，其中重伤5人，轻伤8人。3月23日8时许，靳如超在广西壮族自治区北海市被抓获归案。

5. 2000年5月，被告人王玉顺、郝凤琴曾与张贤增、张吉山合伙生产硝铵炸药，同年5月底张贤增、张吉山相继退股，后二被告人又在鹿泉北白砂村一废弃的厂院内继续非法制造硝铵炸药，并将上述生产的硝铵炸药以每吨1 300元到1 700元的价格分别卖给葛庆昌、高振庆、封国山、侯军法、孙明全、杜海庭、杜建龙等人，共计20 750公斤。

2001年4月18日，河北省石家庄市中级人民法院以（2001）石刑初字第67号刑事判决，认定被告人靳如超犯爆炸罪，判处死刑，剥夺政治权利终身；犯故意杀人罪，判处死刑，剥夺政治权利终身；决定执行死刑，剥夺政治权利终身。被告人王玉顺犯非法制造、买卖爆炸物罪，判处死刑，剥夺政治权利终身。被告人郝凤琴犯非法制造、买卖爆炸物罪，判处死刑，剥夺政治权利终身。被告人胡晓洪犯非法买卖爆炸物罪，判处死刑，剥夺政治权利终身。

一审宣判后，被告人靳如超提出上诉，称致死韦某某是过失行为，不是故意杀人；进行爆炸是想吓唬与其有矛盾的人，没想炸死人；量刑重。其辩护人提出，靳如超听力有障碍，对其爆炸行为造成的后果不十分清楚，要求对此情节予以考虑。

被告人王玉顺提出上诉，称其卖给靳如超炸药，并不知道靳如超会用于犯罪，不应对靳如超爆炸犯罪承担责任；揭发他人犯罪，有立功情节；量刑重。其辩护人提出，王玉顺犯罪行为不构成情节严重；王玉顺交代了张三海等五人非法制造炸药的事实，如查实应属立功；如实交代罪行，要求从轻处理。

被告人郝凤琴提出上诉，称其如实交代非法制造、销售爆炸物的犯罪；认定非法制造、买卖爆炸物"情节严重"，没有法律依据；量刑重。其辩护人提出，认定郝凤琴的行为构成情节严重缺乏法律依据；在与王玉顺的共同犯罪中系从犯；如实供述了购买其炸药的人，应属立功，要求从轻。

被告人胡晓洪提出上诉,称其卖给靳如超雷管、纸捻,并不知道靳如超会用于犯罪,不构成情节严重;量刑重。其辩护人提出,胡晓洪的犯罪不构成情节严重。

河北省高级人民法院经审理后认为,被告人靳如超因婚姻纠纷,持刀杀人;为泄私愤,又以极其凶残的手段,连续在四处居民楼内实施爆炸,造成人员重大伤亡和财产巨大损失,其行为已构成故意杀人罪、爆炸罪,情节和后果均特别严重,且在刑满释放五年内又故意犯罪,系累犯。被告人王玉顺、郝凤琴非法制造、买卖爆炸物,其行为均已构成非法制造、买卖爆炸物罪,且犯罪后果特别严重。被告人胡晓洪非法买卖爆炸物,其行为已构成非法买卖爆炸物罪,且犯罪后果特别严重。王玉顺、郝凤琴非法制造、买卖的炸药、胡晓洪非法买卖的雷管、导火索等爆炸物被靳如超用于犯罪,造成108人死亡,5人重伤、8人轻伤,并造成财产巨大损失,严重危害了公共安全;王玉顺、郝凤琴非法买卖炸药2 135吨、胡晓洪非法买卖雷管50枚、导火索20余根,非法买卖爆炸物数量多,足以认定王玉顺、郝凤琴、胡晓洪的犯罪属情节严重。靳如超、王玉顺、郝凤琴所犯罪行极其严重,社会危害极大,均应依法判处死刑。考虑到胡晓洪犯罪的具体情节,可以不立即执行死刑。一审判决认定事实清楚,适用法律正确,审判程序合法,对靳如超、王玉顺、郝凤琴量刑适当,对胡晓洪量刑不当。

2001年4月29日,河北省高级人民法院以(2001)冀刑一终字第408号刑事判决维持并核准被告人靳如超、王玉顺、郝凤琴死刑,改判被告人胡晓洪死缓。

二、裁判理由

(一)关于爆炸罪的认定

爆炸罪,是指故意引起爆炸物或其他设备、装置爆炸,危害公共安全的行为。引起爆炸物爆炸,主要是指引起炸弹、炸药包、手榴弹、雷管及各种易爆的固体、液体、气体物品爆炸。爆炸罪与以爆炸的方法实施的故意杀人罪的主要区别在于:一是侵犯的客体不同。爆炸罪侵犯的客体是公共安全,是不特定多数人的生命、健康和重大公私财产安全;而故意杀人罪侵犯的客体是他人的生命权利。二是在客观方面表现不同。爆炸罪是危险犯，行为人只要实施了爆炸行为，并足以危害公共安全，就构成犯罪既遂。而故意杀人罪是结果犯，只有发生了他人死亡的结果，才能成立犯罪既遂。三是行为对象不同。爆炸罪针对的是不特定的对象，而故意杀人罪必须是针对特定的人。

本案中，虽然被告人靳如超有着具体的杀人目标，但其从王玉顺、郝凤琴处购买600公斤硝铵炸药，从被告人胡晓洪处购买雷管50枚及导火索20余根，将其中575公斤炸药及部分雷管、导火索用于炸毁4处居民楼屋，致使108人死亡、5人重伤、8人轻伤，并造成财产巨大损失，严重危害了公共安全，对靳如超的犯罪行为构成爆炸罪应无争议。

需要说明的是，本案所判之时依据的是1997年《刑法》第一百一十五条第一款之规定："放火、决水、爆炸、投毒或者以其他危险方法致人重伤、死亡或者使公私财产遭受重大损失的，处十年以上有期徒刑、无期徒刑或者死刑。"本款经2001年12月29日《刑法修正案(三)》第二条修改后改为："放火、决水、爆炸以及投放毒害性、放射性、传染病病原体等物质或者以其他危险方法致人重伤、死亡或者使公私财产遭受重大损失的，处十年以上有期徒刑、无期徒刑或者死刑。"

(二)关于非法制造、买卖爆炸物罪及"情节严重"的认定

《刑法》第一百二十五条第一款以概括的形式规定了非法制造、买卖、运输、邮寄、储存枪支、弹药、爆炸物罪，由于枪支、弹药、爆炸物的杀伤力与破坏力大，制造、买卖、运输、邮寄、储存行为本身具有极大的危险性，对公共安全造成了极大的危害，故刑法将此类犯罪规定为抽象危险犯，只要行为人实施了非法制造、买卖、运输、邮寄、储存枪支、弹药、爆炸物的行为，法律就认定存在公共危险，而无须要求发生具体的危险状态故刑法将本罪以及其他有关枪支、弹药、爆炸物的犯罪，规定为危害公共安全的犯罪，并将本罪及其他重大涉枪爆犯罪规定为抽象的危险犯。本款中的爆炸物，是指具有较大爆破性或杀伤性的爆炸物，根据案发时法律法规，既包括军用的爆炸物，如地雷、炸弹、手榴弹，也包括1984年国务院发布的《中华人民共和国民用爆

炸物品管理条例》(2006年9月1日被《民用爆炸物品安全管理条例》[①]废止)所列的爆破器材民用爆炸物品,该条例第二条规定,爆破器材包括各类炸药、雷管、导火索、导爆索、非电导爆系统,起爆药和爆破剂。显然,王玉顺、郝凤琴所制造的硝铵炸药及胡晓洪所售雷管、导火索均属此范围。

关于本罪构罪标准和"情节严重"的标准,最高人民法院2001年5月15日公布并于2009年11月16日修正后的《关于审理非法制造、买卖、运输枪支、弹药、爆炸物等刑事案件具体应用法律若干问题的解释》[②](以下简称《解释》)对此有明确规定,非法制造、买卖、运输、邮寄、储存炸药、发射药、黑火药一千克以上或者烟火药三千克以上、雷管三十枚以上或者导火索、导爆索三十米以上的,以非法制造、买卖、运输、邮寄、储存枪支、弹药、爆炸物罪定罪处罚:非法制造、买卖、运输、邮寄、储存枪支、弹药、爆炸物的数量达到上述数量标准五倍以上的,属于《刑法》第一百二十五条第一款规定的"情节严重"。《解释》同时规定了兜底条款,即未达到上述构罪的最低数量标准,但具有造成严重后果等其他恶劣情节的,亦应当认定构成本罪;达到构罪的最低数量标准,并具有造成严重后果等其他恶劣情节的,亦应当认定"情节严重"。但此解释公布于靳如超爆炸案之后,在此之前并未有相关法律及解释对《刑法》第一百二十五条第一款的构罪标准和"情节严重"作出释明。

本案中,被告人王玉顺、郝凤琴多次制造、售卖硝铵炸药,仅卖给靳如超就多达600公斤,胡晓洪售卖雷管50枚及导火索20余根,且造成百余人伤亡之惨案,即使当年未有此司法解释时,该三人的行为构成犯罪也毋庸置疑。虽然《最高人民法院关于审理非法制造、买卖、运输枪支、弹药、爆炸物等刑事案件具体应用法律若干问题的解释》第二条对《刑法》第一百二十五条第一款规定的"情节严重"作了较详细的规定,但此解释公布于靳如超爆炸案之后,在此之前并未有相关法律及解释对《刑法》第一百二十五条第一款的"情节严重"作出释明,故当年在对王玉顺、郝凤琴、胡晓洪三人适用量刑时颇费周章,如何将严格司法、公正司法与法律效果、政治效果、社会效果

---

① 根据2006年《民用爆炸物品安全管理条例》,本案中涉案炸药、雷管、导火索等亦属于爆炸物。

② 修正前后关于构罪和"情节严重"的数量标准没有变动。

和谐统一成为本案重中之重。被告人王玉顺、郝凤琴、胡晓洪及其辩护人均也在辩护意见中提及“情节严重”的法律适用问题。法院综合考虑案件的事实、情节和危害后果，认为王玉顺、郝凤琴、胡晓洪三被告人之制、售爆炸物的犯罪行为与爆炸惨案后果具有直接的因果关系，应系情节严重，依法可以适用死刑。因而在具体适用刑罚时，河北省高级人民法院严格依法裁判，根据胡晓洪的具体犯罪事实，认为其犯罪情节要略轻于王玉顺、郝凤琴，因此对其改判死缓，体现了人民法院公正司法的要求。

【编后语】

石家庄“3·16”特大爆炸案以其死亡人数之众、损失之大、影响之坏，成为新中国成立以来最大的爆炸案件，震惊中外。那些失去丈夫、失去妻子、失去父母、失去儿女的无辜平民，背负了难以抹平的巨大创伤。

党中央、国务院对处置“3·16”爆炸案高度关注，要求善后工作做到“死者有所安、伤者有所治、损者有所助、鳏者有所养”。

我国对于爆炸物品实行的是严格的许可证制度。当时施行的《民用爆炸物品管理条例》中就规定，生产爆炸物品，必须有《爆炸物品安全生产许可证》；储存，必须有《爆炸物品储存许可证》；运输，必须有《爆炸物品运输证》；销售，必须有《爆炸物品销售许可证》；购买，必须有《爆炸物品购买证》；使用，必须有《爆破员作业证》。对不按规定，非法制造、买卖、运输、储存爆炸物品的，按刑法规定追究刑事责任。河北以本案为反思，在案发后长期坚持打击涉爆违法犯罪活动，坚决杜绝类似案件再次发生。人民法院对本案的审理，亦是坚持在严格证据标准的原则下从严惩处，对四名被告人的裁判展现了公正司法的要求，以慰逝者，以安群众。

（撰稿：河北省高级人民法院　邢　朔
审编：最高人民法院刑二庭　韩维中）

陈其富等拐卖儿童案

一、基本案情

被告人陈其富，男，汉族，1963年9月8日出生。2000年1月12日被逮捕。

被告人尹祖成，女，汉族，1968年2月16日出生。2000年1月26日被逮捕。

被告人戚登英，女，汉族，1964年4月20日出生。2000年1月26日被逮捕。

被告人张昌湖，男，汉族，1963年4月6日出生。2000年2月1日被逮捕。

被告人杨辉明，男，汉族，1963年10月10日出生。2000年1月12日被逮捕。

被告人王忠明，男，汉族，1954年11月27日出生。2000年1月12日被逮捕。

被告人王思美，女，汉族，1974年6月9日出生。2000年2月1日被逮捕。

被告人陈宝梅，女，汉族，时年44岁。2000年2月1日被逮捕。

被告人罗荣鸿，男，汉族，1958年7月14日出生。2000年12月18日被逮捕。

被告人林惜卿，女，汉族，1970年8月15日出生。2000年2月1日被逮捕。

被告人黄少忠，男，汉族，1968年2月17日出生。2000年5月26日被逮捕。

被告人蔡芳，女，汉族，1953年7月9日出生。2000年1月14日被逮捕。

被告人余天琴,女,汉族,1965年5月28日出生。2000年2月1日被逮捕。

被告人何积清,男,汉族,1936年9月20日出生。2000年1月12日被逮捕。

被告人潘大英,女,汉族,1963年2月27日出生。2000年1月13日被逮捕。

被告人陈子南,男,汉族,1950年10月14日出生。2000年5月24日被逮捕。

被告人陈其受,男,汉族,1967年7月18日出生。2000年1月12日被逮捕。

被告人李永会,女,汉族,1959年1月1日出生。2000年4月29日被逮捕。

被告人蔡俊勇,男,汉族,1945年4月14日出生。2000年2月1日被逮捕。

被告人吴沛华,男,汉族,1935年10月7日出生。2000年2月1日被逮捕。

被告人付志尧,男,汉族,1969年1月12日出生。2000年1月14日被逮捕。

被告人林奕锐,男,汉族,1952年5月26日出生。2000年5月26日被逮捕。

被告人陈婵娥,女,汉族,1955年8月2日出生。2000年1月12日被逮捕。

被告人陈其勇,男,汉族,1975年8月31日出生。2000年1月12日被逮捕。

贵州省贵阳市人民检察院指控被告人陈其富等23人犯拐卖儿童罪,被告人陈其勇犯包庇罪,向贵阳市中级人民法院提起公诉。

被告人陈其富对公诉机关指控的大部分犯罪事实不持异议;被告人尹祖成辩解没有拐卖19名儿童,仅拐卖了8名或9名儿童;被告人戚登英辩解不知道儿童是拐卖来的；被告人张昌湖辩解其是受到欺骗并协助公安人员解救了被拐儿童；被告人杨辉明辩解其受到欺骗以及未参与部分犯罪；被告人王忠明辩解没有参与犯罪；被告人王思美辩解只参与3起犯罪；被告人陈宝梅辩解其协助公安人员解救回被拐儿童，请求对其从轻处罚；被告人林惜卿辩解未参与部分犯罪事实；被告人陈子南辩解其没有直接带小孩去交易；被告人陈其受辩解其仅参与拐卖1名儿童；被告人蔡俊勇辩解不是其将儿童卖出；被告人潘大英、陈婵娥以"受到尹祖成欺骗"为由进行辩解；被告人吴沛华、付志尧、林奕锐以"不知道是拐卖儿童"为由进行辩解；被告人罗荣鸿、黄少忠、蔡芳、余天琴、何积清、李永会均以"不知道小孩系被骗来的"为由进行辩解。

贵阳市中级人民法院经公开审理查明：被告人陈其富、尹祖成、戚登英、张昌湖、杨辉明、王思美、王忠明、林惜卿、陈宝梅、罗荣鸿、黄少忠、蔡芳、余天琴、何积清、潘大英、陈子南、陈其受、李永会、蔡俊勇、吴沛华、付志尧、林奕锐、陈婵娥以出卖为目的，牟取非法利益，三年之中单独或伙同他人作案，形成了拐骗、收买、贩卖、接送、中转"一条龙"的犯罪网络，先后拐卖儿童41名。其中，陈其富拐卖儿童17名，尹祖成贩卖儿童19名，戚登英贩卖儿童9名，张昌湖贩卖儿童10名，杨辉明、王忠明、王思美、林惜卿参与贩卖儿童4名，罗荣鸿、陈宝梅、黄少忠参与贩卖儿童3名，陈其受、蔡芳、余天琴、何积清、潘大英、陈子南参与贩卖儿童2名，蔡俊勇、李永会、吴沛华、付志尧、林奕锐、陈婵娥参与贩卖儿童1名。[①]

2001年5月18日，贵州省贵阳市中级人民法院以(2001)筑刑一初字第55号刑事判决，认定被告人陈其富、尹成祖、戚登英、张昌湖、杨辉明、王忠明、王思美、林惜卿犯拐卖儿童罪，判处死刑，剥夺政治权利终身，并处没收个人全部财产；被告人罗荣鸿、陈宝梅等犯拐卖儿童罪，判处无期徒刑至有期徒刑六年不等的刑罚；被告人陈其勇犯包庇罪，判处有期徒刑二年。

一审宣判后，被告人陈其富、尹祖成、戚登英、张昌湖、杨辉明、王忠明、王思美、林惜卿、陈宝梅、陈其受、余天琴、何积清、潘大英、蔡俊勇、李永会、

---

① 具体拐卖及被告人陈其勇的包庇事实略。

吴沛华、付志尧、陈婵娥提出上诉。

被告人陈其富上诉提出，一审认定的部分事实有出入，其有重大立功表现。其辩护人提出，陈其富有重大立功表现，量刑过重。

被告人尹祖成上诉提出，一审认定的事实不清。其辩护人提出，尹祖成有重大立功表现，未造成严重后果。

被告人戚登英上诉提出，一审认定的事实不清，量刑过重。其辩护人提出，戚登英不是主犯，有悔罪表现，主观恶性较轻。

被告人张昌湖上诉提出，其是受蒙蔽的，不是主犯，量刑过重。其辩护人提出，张昌湖不是主犯，有立功表现，受蒙蔽犯罪，一贯表现良好。

被告人杨辉明上诉提出，一审认定的事实不清，证据不足。其辩护人提出，杨辉明不是主犯，受人欺骗参与犯罪，认罪态度较好。

被告人王忠明上诉提出，一审认定的事实不清。其辩护人提出，一审认定的事实不清，量刑过重。

被告人王思美上诉提出，一审认定的事实有误，系从犯，有立功表现。其辩护人提出，王思美系从犯，认罪态度好，有悔罪表现，量刑过重。

被告人林惜卿上诉提出，一审认定的事实不清，量刑过重。其辩护人提出，一审认定的部分事实不清，林惜卿系从犯，应从轻或减轻处罚。

被告人陈宝梅上诉提出，其是受欺骗犯罪，有立功表现。其辩护人提出，陈宝梅系从犯，应当从轻或减轻处罚。

被告人陈其受、余天琴、何积清、潘大英、蔡俊勇、李永会、吴沛华、付志尧、陈婵娥均以量刑过重为由提出上诉。

贵州省高级人民法院经审理认为，本案系以被告人陈其富为首的拐卖儿童犯罪团伙，形成了分工明确的犯罪网络。1997 年至 1999 年，该犯罪团伙成员单独或结伙拐卖儿童 41 名，被告人陈其富等 23 人的行为均已构成拐卖儿童罪；被告人陈其勇的行为已构成包庇罪。原判认定事实清楚，证据确实充分，定罪准确，审判程序合法，对被告人陈其富、尹祖成、戚登英、张昌湖、陈其受、余天琴、何积清、潘大英、蔡俊勇、李永会、吴沛华、付志尧、陈婵娥、蔡芳、陈子南、林奕锐、陈其勇的量刑适当。对被告人杨辉明、王忠明、王思美、林惜卿、陈宝梅、罗荣鸿、黄少忠量刑过重。

2001年8月5日，贵州省高级人民法院作出(2001)黔高刑一终字第299号刑事判决，维持一审对被告人陈其富、尹祖成、戚登英、张昌湖的量刑；对被告人杨辉明、王忠明、王思美、林惜卿以拐卖儿童罪改判无期徒刑，剥夺政治权利终身，并处没收个人全部财产；对被告人陈宝梅、罗荣鸿、黄少忠的量刑予以调整；其余被告人刑罚不变。

二、裁判理由

(一)拐卖儿童罪的认定

根据《刑法》第二百四十条的规定，拐卖儿童罪是指以出卖为目的，拐骗、绑架、收买、贩卖、接送、中转儿童的行为。本罪侵犯的客体是他人的人身自由权利。犯罪对象是儿童，即不满14周岁的未成年人。其中，“拐骗”是指以出卖为目的，采用欺骗、利诱等手段，将儿童置于行为人支配之下的行为；“绑架”是指以暴力、胁迫或者麻醉的方法劫持儿童的行为；“收买”是指为了再转手出卖而从拐卖、绑架儿童的犯罪分子手中买来被害儿童的行为；“贩卖”是指将被拐卖的儿童卖给他人的行为；“接送”和“中转”是指以出卖为目的，为被拐卖的儿童迎来送往、中转接待的行为。行为人只要实施上述六种行为之一，就构成本罪。具有两种或者两种以上行为的，仍定一罪，不实行数罪并罚。本案中，陈其富等23人在1997年至1999年，单独或结伙多次实施拐骗、接送、中转、贩卖儿童的行为，拐卖儿童41名，其行为符合拐卖儿童罪的犯罪构成，均已构成拐卖儿童罪。

(二)共同犯罪中各被告人罪责的认定

拐卖妇女、儿童犯罪往往涉及多人、多个环节，应当综合考虑犯罪分子在共同犯罪中的地位、作用及人身危险性的大小，依法准确量刑。对于拐卖儿童共同犯罪，要注意区分各共同犯罪人罪责的大小。对于拐卖儿童犯罪集团的首要分子、情节严重的主犯以及具有拐卖儿童多人多次等其他严重情节的犯罪人，要依法从重处罚，情节特别严重的，依法判处死刑。对具有从犯、自首、立功等法定从宽处罚情节的，依法从轻、减轻处罚。同时具有从严和从宽处罚情节的，要在综合考察拐卖儿童的手段、拐卖儿童的人次、危害后果以及被告人的主观恶性、人身危险性等因素的基础上，结合当地此类犯罪发案情况和社会治安状况，决定对被告人总体从严或者从宽处罚。

本案是一个以被告人陈其富为首的拐卖儿童犯罪团伙，拐骗、收买、贩卖、接送、中转等环节分工明确，其作案时间长，牵涉人数广，拐卖儿童多，社会危害极大。在共同犯罪中，陈其富、尹祖成、戚登英、张昌湖、杨辉明、王忠明、王思美、林惜卿等8人积极实施拐骗、接送、中转、贩卖儿童等行为，拐卖儿童数量多，地位作用突出，均属于情节严重的主犯，应当按各自参与的全部犯罪处罚；陈宝梅等其余被告人参与拐卖儿童次数少，在共同犯罪中起次要作用，系从犯，可以依法从轻处罚。

（三）拐卖儿童罪死刑的适用

死刑作为最严厉的刑罚，只适用于罪行极其严重的犯罪分子。拐卖妇女儿童犯罪，严重影响人民群众的安全感，历来都是从严惩处的重点。对于犯罪集团的首要分子、组织策划者、多次参与者、拐卖多人者或者具有累犯等从严、从重处罚情节的，必须重点打击，坚决依法严惩。对于罪行严重，依法应当判处重刑乃至死刑的，坚决依法判处。

结合本案案情来看，被告人陈其富拐卖儿童27名、尹祖成拐卖儿童19名、戚登英拐卖儿童9名、张昌湖拐卖儿童10名，其拐卖儿童人数多，主观恶性深、社会危害性大，罪行极其严重，依法可适用死刑。虽然陈其富、尹祖成、张昌湖具有重大立功表现，属于同时具有从严和从宽处罚情节的情况，考虑到3名被告人实施拐卖儿童犯罪次数多、在共同犯罪中作用地位突出、罪行极其严重等情况，虽有重大立功表现，但并不足以对其从轻处罚，应当对陈其富、尹祖成、张昌湖等3名被告人从严惩处，故法院依法判处3人死刑。被告人杨辉明、王忠明、王思美、林惜卿行为积极主动，分别参与贩卖儿童4名，系主犯，罪行严重，但上述4人在共同犯罪中并不属于罪行最为严重的主犯，从严格控制、慎重适用死刑的角度考虑，依法可不判处死刑。二审法院基于此，对杨辉明等4名被告人依法改判为无期徒刑，体现了罪责刑相适应原则。

【编后语】

拐卖儿童犯罪严重侵犯被拐卖儿童的人身自由权利，摧残儿童的身心健康,致使许多家庭骨肉分离,甚至家破人亡,并由此引发一系列社会问题,严重危害社会和谐稳定。本案案发前后,一些地方拐卖儿童犯罪活动猖獗并呈发展蔓延之势,犯罪团伙组织严密,盗抢儿童的案件突出,危害日益严重。

为加大对妇女、儿童合法权益的司法保护力度,2000年3月20日,最高人民法院联合最高人民检察院、公安部、民政部、司法部、全国妇联下发了《关于打击拐卖妇女儿童犯罪有关问题的通知》,通知指出,开展"打拐"专项斗争,是贯彻全心全意为人民服务的宗旨,保护公民合法权益,解除人民群众疾苦的一项"民心工程""爱心工程"。做好这项工作,有利于提高党和政府在人民群众中的威信,树立良好的形象。本案侦破后,被媒体称为2000年"打拐"第一案。法院依法审理本案,准确适用刑法,使各被告人罚当其罪,对陈其富等4名罪行极其严重的被告人依法适用死刑立即执行,有力地打击了犯罪分子的嚣张气焰,取得了良好的法律效果和社会效果,切实回应了人民群众的关切和需求,保护了人民群众的切身利益,践行了司法为民的宗旨。

(撰稿:贵州省高级人民法院刑一庭　朱　兴　范鹏飞

审编:最高人民法院刑二庭　叶邵生)

刘云芳、王进东、薛红军、刘秀芹故意杀人案

——“法轮功”邪教练习者天安门广场自焚案

一、基本案情

被告人刘云芳,男,1944年6月9日出生。2001年2月24日被逮捕。

被告人王进东,男,1951年1月8日出生。2001年7月13日被逮捕。

被告人薛红军,男,1952年3月21日出生。2000年2月因参加“法轮功”邪教组织的非法活动被行政拘留15日。因本案于2001年2月24日被逮捕。

被告人刘秀芹,女,1966年9月13日出生。2001年2月24日被逮捕。

北京市人民检察院第一分院指控被告人刘云芳、王进东、刘秀芹犯利用邪教组织致人死亡罪,被告人薛红军犯利用邪教组织破坏法律实施罪,向北京市第一中级人民法院提起公诉。

对于公诉机关指控的犯罪事实,被告人刘云芳辩称,自焚行为不是邪教活动。被告人王进东辩称,其未对他人进行过宣传煽动,自焚行为是个人行为。二人的辩护人提出,刘云芳、王进东的行为不构成利用邪教组织致人死亡罪,公诉机关指控罪名不当。被告人薛红军辩称,其送郝惠君去车站纯属偶然,是受郝惠君的欺骗才去的,事先并不知道他们要去天安门广场自焚。其辩护人提出,薛红军没有参与到天安门广场自焚的预谋,公诉机关指控薛红军在河南省开封市御街聚宝斋、晋安路华霞油漆行等地向“法轮功”练习者宣扬“法轮功”邪教与事实不符,薛红军只是作为一般“法轮功”练习者而参与上述活动。被告人刘秀芹辩称,其行为未触犯国家法律。其辩护人提出,刘秀芹未参与组织、策划天安门广场自焚,在本案中只是起到提供方便的帮助作用。

北京市第一中级人民法院经审理查明:被告人刘云芳、王进东等人痴迷

于“法轮功”邪教,为达到“圆满”,遂预谋到天安门广场集体自焚。为此,刘云芳、王进东及被告人薛红军等人在河南省开封市御街聚宝斋、晋安路华霞油漆行等地,向“法轮功”练习者宣扬以自焚的方式实现“圆满”的邪说。刘云芳将此邪说制成《圆满》一文,并伙同王进东向“法轮功”练习者散发。2000年11月,刘云芳、王进东为了自焚,专程从河南到北京察看天安门广场的情况。返回后,刘云芳、王进东等人积极策划,组织“法轮功”练习者到天安门广场自焚。2001年1月16日晚,被告人刘云芳、王进东伙同刘葆荣(另案处理)以及“法轮功”练习者郝惠君(女,47岁)、刘春玲(女,殁年36岁)、刘思影(女,殁年12岁)乘火车从河南到北京。在车站送别时,薛红军与刘葆荣相约“天上见”。

被告人刘云芳、王进东等人到京后,为实施自焚,先后购买了汽油和用于灌装汽油的塑料桶、塑料袋等物品。被告人刘秀芹在得知刘云芳等人要到天安门广场自焚后,主动提供自己的住所作为灌装汽油的地点,帮助自焚者购买灌装汽油用的饮料瓶。2001年1月23日,被告人刘云芳、王进东及刘葆荣、郝惠君、刘春玲、刘思影、“法轮功”练习者陈果(女,19岁)商定自焚时间后,携带灌有汽油的饮料瓶、打火机、刀片等进入天安门广场。王进东、郝惠君、刘春玲、陈果、刘思影先后将自己身上的汽油点燃自焚,刘云芳、刘葆荣准备自焚时被当场抓获。刘春玲因自焚死亡,刘思影因烧伤引起病变及心脏病变,经抢救无效死亡;王进东、郝惠君、陈果三人被烧致重伤。

2001年8月17日,北京市第一中级人民法院以(2001)年一中刑初字第01022号刑事判决,认定被告人刘云芳犯故意杀人罪,判处无期徒刑,剥夺政治权利终身;被告人王进东犯故意杀人罪,判处有期徒刑十五年,剥夺政治权利三年;被告人薛红军犯故意杀人罪,判处有期徒刑十年,剥夺政治权利二年;被告人刘秀芹犯故意杀人罪,判处有期徒刑七年,剥夺政治权利一年。

一审宣判后,四名被告人均提出上诉。刘云芳、王进东上诉均提出,不是故意杀人,原判定性不准,适用法律不当。二人的辩护人提出,二人不构成故意杀人罪,一审认定事实不清,证据不足。薛红军上诉提出,其不是故意杀人,原判定性不准,量刑过重。其辩护人提出,薛红军在自焚事件中所处的地位是从属的,所起的作用仅仅是帮助,有悔罪表现,请求对其从轻处罚。刘秀芹上诉提出,认为天安门自焚事件,既然是自焚,就不是他人的行为,所以故意杀人罪名就不成立。其辩护人孙耀刚提出,刘秀芹未参与组织、策划,在本案中只是起到提供方便的帮助作用;刘秀芹能主动坦白交代,陈述事实真相;刘秀芹也是法轮功邪教组织的受害者,恳请对其减轻处罚。

北京市高级人民法院受理后依法组成合议庭,经过阅卷并讯问4名上诉人,听取4名上诉人的辩护人的意见,认为事实清楚,决定不开庭审理。2001年10月8日,北京市高级人民法院以(2001)高刑终字第544号刑事裁定,裁定驳回上诉,维持原判。

二、裁判理由

(一)关于罪名的认定

本案中,北京市人民检察院第一分院指控被告人刘云芳、王进东、刘秀芹犯利用邪教组织致人死亡罪,指控被告人薛红军犯利用邪教组织破坏法律实施罪。

《刑法》第三百条第一款规定了组织、利用会道门、邪教组织、利用迷信破坏法律实施罪,第二款规定了组织、利用会道门、邪教组织、利用迷信致人重伤、死亡罪。但是第二款中仅规定了组织、利用会道门、邪教组织或利用迷信蒙骗他人,致人重伤、死亡的法律后果。1999年《最高人民法院、最高人民检察院关于办理组织和利用邪教组织犯罪案件具体应用法律若干问题的解释》(已失效,以下简称《解释一》)第三条明确规定,利用邪教组织致人死亡,是指组织和利用邪教组织制造、散布迷信邪说,蒙骗其成员或者其他人实施绝食、自残、自虐等行为,或者阻止病人进行正常治疗,致人死亡的情形。在本案当中,四名被告人实施的是自焚和怂恿他人自焚的行为,显然不符合此规定。

《解释一》第四条规定,组织和利用邪教组织制造、散布迷信邪说,指使、胁迫其成员或者其他人实施自杀、自伤行为的,分别依照《刑法》第二百三十二条、第二百三十四条的规定,以故意杀人罪或者故意伤害罪定罪处罚。2001年6月11日,《最高人民法院、最高人民检察院关于办理组织和利用邪教组织犯罪案件具体应用法律若干问题的解释(二)》(已失效,以下简称《解释二》)开始施行。其第九条规定,组织、策划、煽动、教唆、帮助邪教组织人员自杀、自残的,依照《刑法》第二百三十二条、第二百三十四条的规定,以故意杀人罪、故意伤害罪定罪处罚。在本案当中,被告人刘云芳、王进东、薛红军三人向练习者宣传,煽动他们到天安门广场自焚。刘云芳伙同王进东共同组织策划、积极准备天安门广场自焚事件。被告人薛红军积极参与煽动自焚活动。刘秀芹积极为刘云芳等人提供帮助。在他们的组织策划和帮助下,有多名"法轮功"练习者到北京天安门广场实施自焚,致二人死亡,三人重伤。四人的行为符合组织、策划、煽动、教唆、帮助邪教组织人员自杀、自残的规定,他们明知这些行为会造成他人死亡结果的发生,仍希望这种结果的发生,是一种非法剥夺他人生命的故意,因此应以故意杀人罪定罪处罚。

需要说明的是,2017年1月25日,最高人民法院、最高人民检察院颁布了《关于办理组织、利用邪教组织破坏法律实施等刑事案件适用法律若干问题的解释》,同时废止了上文提到的两个解释。其第十一条规定了组织、利用邪教组织,制造、散布迷信邪说,组织、策划、煽动、胁迫、教唆、帮助其成员或者他人实施自杀、自伤的,依照《刑法》第二百三十二条、第二百三十四条的规定,以故意杀人罪或者故意伤害罪定罪处罚。第十二条规定了邪教组织人员以自焚、自爆或者其他危险方法危害公共安全的,依照《刑法》第一百一十四条、第一百一十五条的规定,以放火罪、爆炸罪、以危险方法危害公共安全罪等定罪处罚。如果依照现有的司法解释,四名被告人的行为也应当被认定犯故意杀人罪。

(二)关于四名被告人地位、作用的认定

《刑法》第二十六条规定,组织、领导犯罪集团进行犯罪活动的或者在共同犯罪中起主要作用的,是主犯。第二十七条规定,在共同犯罪中起次要或辅助作用的,是从犯。对于第二十六条第三款规定以外的主犯应当按照其所参与的或者组织、指挥的全部犯罪处罚。对于从犯,应当从轻、减轻处罚或者免予处罚。本案当中四名被告人在共同犯罪中的地位与作用,应根据他们的具体行为区分主犯与从犯。

被告人刘云芳首先散布关于在天安门广场自焚以达到圆满的邪说,后刘云芳、王进东、薛红军三人利用"法轮功"练习者切磋、交流所谓"大法"的时机，向练习者宣传邪说，煽动他们到天安门广场进行自焚。刘云芳还制作宣传品，伙同王进东向他人散发，并共同组织策划、积极准备天安门广场自焚事件。被告人薛红军积极参与煽动自焚活动，并在明知刘云芳、王进东等人去天安门广场自焚后，仍将参与自焚者送至车站，并与他们相约"天上见"，怂恿他们自焚。三人在共同犯罪中起着组织、策划、煽动的作用，是主犯，应当对此案件的发生负全部责任。刘秀芹积极为刘云芳等人提供准备自焚工具的场所，帮助购买自焚工具，为自焚者提供信息，这些行为都是在为自焚做帮助。刘秀芹在共同犯罪中起了辅助的作用，是从犯，依法可以对其从轻、减轻或者免予处罚。

（三）量刑理由

《刑法》第二百三十二条规定，故意杀人的，处死刑、无期徒刑或者十年以上有期徒刑；情节较轻的，处三年以上十年以下有期徒刑。本案中，四名被告人的行为造成了两人死亡，三人重伤的严重后果。但是，本案的特殊之处在于，各被告人是在"法轮功"邪教的蛊惑、欺骗、精神控制下实施的犯罪，可酌情予以考虑。在共同犯罪当中，刘云芳首先散布到天安门广场自焚以达"圆满"的邪说，且在之后的活动中积极组织、策划、煽动、帮助，因此对其判处无期徒刑，剥夺政治权利终身；王进东在犯意的提起方面责任比刘云芳的作用小，且其本身也是自焚者，故对其从轻处罚，判处有期徒刑十五年，剥夺政治权利三年；薛红军参与煽动自焚，但其没有同刘云芳、王进东到达天安门广场，故对其从轻处罚，判处有期徒刑十年，剥夺政治权利二年；刘秀芹是从犯，依法对其减轻处罚，判处有期徒刑七年，剥夺政治权利一年。

【编后语】

天安门广场自焚事件震惊中外。"法轮功"人员自焚也并非仅此一次，此案前后还发生过多起自焚惨案。1999 年 7 月 25 日，山西屯留县退休工人李进忠和山西煤炭管理干部学院学生常旭驰因练习"法轮功"自焚身亡；2000 年 4 月 4 日，吉林九台市的阎继刚为追求"圆满"，在山村野地里举火自焚；2000 年 4 月 7 日，河南省息县曹丽带着 1 岁的儿子在家中一起自焚身亡……直至今天，所有的伤痛与悔恨并没有被时间抹平，没有因时光的流逝被世人遗忘。它们不断地提醒人们，邪教的罪恶和沉迷于邪教的危害。本案中虽然对四名被告人认定故意杀人罪，但是他们的行为与邪教的蛊惑是分不开的。对邪教的严厉打击和对反邪教思想的宣传教育必须得到重视。

在本案发生前，"法轮功"这一危害巨大的邪教组织早已被揭露，第九届全国人大常委会第十二次会议于1999年10月30日通过了《关于取缔邪教组织、防范和惩治邪教活动的决定》，该决定明确指出，要"坚决依法取缔邪教组织，严厉惩治邪教组织的各种犯罪活动。邪教组织冒用宗教、气功或者其他名义，采用各种手段扰乱社会秩序，危害人民群众生命财产安全和经济发展，必须依法取缔，坚决惩治。""对组织和利用邪教组织破坏国家法律、行政法规实施，聚众闹事，扰乱社会秩序，以迷信邪说蒙骗他人，致人死亡，或者奸淫妇女、诈骗财物等犯罪活动，依法予以严惩。"上述提到的《解释一》，对组织和利用邪教组织进行的各种犯罪行为的法律适用及有关法律界限等问题作了明确规定，为办理邪教组织犯罪案件提供了准确的法律依据。在本案审理过程中，最高人民法院、最高人民检察院再次制定了《解释二》，为本案被告人行为性质的认定提供了参考。2002年5月20日，最高人民法院、最高人民检察院联合印发了《关于办理组织和利用邪教组织犯罪案件具体应用法律若干问题的解答》（已失效）。2017年1月25日最高人民法院、最高人民检察院颁布了《关于办理组织、利用邪教组织破坏法律实施等刑事案件适用法律若干问题的解释》，同时废止了《解释一》《解释二》，进一步明确了对涉案的行为应当以故意杀人罪、故意伤害罪、放火罪、爆炸罪、以危险方法危害公共安全罪等罪名定罪处罚。从上述司法解释的出台也可以看出，国家高度重视邪教造成的危害，全力保护人民群众的生命财产安全。这些法律文件在强调依法打击"法轮功"等邪教组织的同时，提出了坚持"依法打击极少数，团结教育大多数"的根本方针和"打防并举、标本兼治、突出思想教育，重在治本"的指导思想。从当前来看，自焚等较为重大、恶劣的邪教相关案件数量不断减少，但是与邪教相关的犯罪仍时有发生，顽固分子与别有用心之人一直在窥伺、等待时机。我们绝不应当放松警惕，绝不能降低对利用邪教实施犯罪的打击力度，应充分运用法治的力量，坚决维护社会稳定，保障人民群众的生命财产安全。

（撰稿：北京市第一中级人民法院　刘　阳
审编：最高人民法院刑二庭　韩维中）

蒋英库等组织、领导、参加黑社会性质组织，故意杀人，抢劫，故意伤害，私藏枪支，介绍贿赂，包庇黑社会性质组织案

一、基本案情

被告人蒋英库，男，1956 年 5 月 21 日出生。2001 年 2 月 13 日被逮捕。

被告人蒋英权，男，1963 年 6 月 13 日出生。2001 年 2 月 13 日被逮捕。

被告人万忠，男，1969 年 6 月 13 日出生。2001 年 2 月 13 日被逮捕。

被告人刘一东，男，1969 年 3 月 9 日出生。2001 年 2 月 13 日被逮捕。

被告人刘一刊，男，1965 年 7 月 1 日出生。2001 年 2 月 13 日被逮捕。

被告人李国辉，男，1956 年 7 月 5 日出生。2001 年 2 月 27 日被逮捕。

黑龙江省哈尔滨市人民检察院指控被告人蒋英库犯组织、领导黑社会性质组织罪、故意杀人罪、抢劫罪、私藏枪支罪、介绍贿赂罪，被告人蒋英权犯参加黑社会性质组织罪、故意杀人罪、抢劫罪、故意伤害罪，被告人万忠犯参加黑社会性质组织罪、故意杀人罪、抢劫罪，被告人刘一东、刘一刊犯参加黑社会性质组织罪、故意杀人罪，被告人李国辉犯窝藏罪，向哈尔滨市中级人民法院提起公诉。

被告人蒋英库、蒋英权、万忠、李国辉对公诉机关指控的犯罪事实基本供认，被告人刘一东、刘一刊辩解其没有参加黑社会性质组织犯罪及实施故意杀人犯罪。各辩护人分别提出蒋英库的部分犯罪事实不清，证据不足，且有立功情节；蒋英权参加黑社会性质组织犯罪的证据不足，且部分犯罪被害人存在过错；万忠不构成参加黑社会性质组织罪，在故意杀人犯罪中系从犯，有自首情节；指控被告人刘一东、刘一刊参加黑社会性质组织犯罪的证据不足；李国辉认罪态度较好。

哈尔滨市中级人民法院经公开审理查明：被告人蒋英库于1990年8月被调入黑龙江省肇东市人民检察院工作，1998年7月因无正当事由不上班，被肇东市人民检察院予以清调。1992年12月，蒋英库同贾勇（因病死亡）等人在肇东市开办了陶瓷公司，通过招纳“小弟”、聘用员工、纠集同道等途径，逐步建立起以蒋英库为组织者、领导者，以被告人蒋英权、万忠、刘一东、刘一刊及贾勇、蒋树渊（自杀身亡），蒋树海（被杀灭口）、刘德（被杀灭口）、王英利（被杀灭口），沈显贵（在逃）等人为骨干成员的黑社会性质组织。蒋英库为控制组织成员，对组织成员非打即骂，甚至为防止组织实施的犯罪败露而将骨干成员蒋树海、刘德、王英利杀死灭口，使组织其他成员对蒋英库产生畏惧心理，从而形成了严格的组织纪律。自1993年至2000年间，该组织先后在肇东市和哈尔滨市，采用枪击、刀刺、绳勒等手段，大肆进行杀人、抢劫、伤害等犯罪，致21人死亡、1人重伤，在一定的区域内严重破坏了社会经济、生活秩序。

该组织实施的具体犯罪事实如下：

（一）故意杀人事实

1993年1月，被告人蒋英库经被害人张国臣（肇东市纺织工业供销处第一经销站经理）和被害人李海（肇东市恒益五金交化商场业主）同意，以经销站名义申请贷款60万元，并以李海经营的商场作担保。为占有此款，蒋英库产生杀死李海、张国臣之念。同月14日，蒋英库纠集蒋树海，以帮李海办贷款为由，将李海骗至肇东市正阳南三道街陶瓷公司。蒋英库假意让李海填写贷款审批表时，示意蒋树海动手杀人，蒋树海持尖刀捅刺李海背部数刀，致李死亡。后蒋英库、蒋树海把李海尸体抬至公司食堂，将尸体肢解，塞进炉灶内焚烧灭迹。同年2月8日，蒋英库纠集被告人蒋英权和蒋树海，将张国臣骗至肇东市七道街一平房内。蒋树海持斧子朝张国臣头部猛砍数下，将张杀死，后用刀将尸体肢解，在该房屋炉灶内焚烧灭迹。

1993年4月，被告人蒋英库为防止杀害张国臣、李海的罪行败露，产生杀死蒋树海灭口之念。同月中旬的一天，蒋英库指使被告人蒋英权将蒋树海带至陶瓷公司。当日20时许，蒋英库趁蒋树海在陶瓷公司业务室熟睡之机，持东风三型口径手枪朝蒋树海头部射击一枪，将其打死。后蒋英库把尸体拽至公司食堂,用刀将尸体肢解,放入炉灶内焚烧灭迹。

1993年11月至1994年10月,因被告人蒋英库以肇东市陶瓷公司名义建造陶瓷大厦住宅楼,拖欠被害人吕宝珠价值3万余元的建筑钢材款,拖欠被害人宋立国价值17万余元的建筑材料款,拖欠被害人孟宪明(系公司施工队工长)所在的肇东市安阳建筑工程公司100万余元工程款,产生杀人灭债之念,分别纠集沈显贵、贾勇、刘德,将吕宝珠、宋立国、孟宪明开枪杀死,并将尸体肢解后焚烧灭迹。

1995年10月,被告人蒋英库为防止与其共同实施抢劫犯罪的王英利暴露罪行,产生杀人灭口之念。蒋英库纠集被告人蒋英权、万忠及蒋树渊,由蒋英权、万忠将王英利骗至哈尔滨市太平区新滨街蒋树渊经营的饭店内开枪杀死,并将尸体肢解后焚烧灭迹。

1997年1月,被告人蒋英库欲将借给其情妇、被害人刘某某使用的陶瓷大厦住宅楼一套门市房收回,产生杀死刘某某之念。蒋英库纠集被告人刘一东、刘一刊及贾勇、刘德、蒋树渊,由贾勇、刘德将刘某某骗至陶瓷公司仓库。蒋英库、刘一东、刘一刊分别持锤子、斧子将刘某某杀死,贾勇、刘德用刀将尸体肢解后焚烧灭迹。

1997年2月,被告人蒋英库因怀恨其姘妇张某甲的姐姐被害人张某乙给张某甲介绍过异性朋友,而产生杀死张某乙之念。蒋英库乘为张某乙买感冒药之机,将2粒康泰克胶囊内的药物倒掉,放入安眠药,骗张某乙吃下。待张某乙昏睡后,蒋英库持尖刀将其杀死,并将尸体肢解后焚烧灭迹。

1998年11月,被告人蒋英库为防止其以刘德名义向肇东市公安局原副局长张照伟之妻马晓光索要5万元的事情暴露,产生杀死刘德灭口之念。蒋英库同蒋树渊预谋后,由蒋树渊将被害人姚淑华、刘德骗至肇东市北十街龙燃公司院内北侧蒋英库所租的房屋内,并骗二被害人喝下掺有安眠药的酒水。待二人昏睡后,蒋英库持尖刀将刘德、姚淑华杀死,并将二人尸体肢解后焚烧灭迹。

2000年3月,被告人蒋英库因其朋友袁成(黑龙江省人民检察院干部)与被害人潘淑珍发生口角,在劝说潘时与潘产生矛盾,蒋英库遂产生杀死潘淑珍之念。袁成走后,蒋英库同蒋树渊预谋并乘潘淑珍不备,用尼龙绳共同猛勒潘颈部,将潘勒死。后蒋英库指使蒋树渊将潘淑珍尸体肢解,并焚烧灭迹。

2000 年 11 月,被告人蒋英库为防止被害人袁成将其杀害潘淑珍的罪行败露,产生杀人灭口之念。蒋英库纠集被告人蒋英权及蒋树渊,由蒋英库将袁成和被害人果冬梅(黑龙江省人民检察院助理检察员)骗至蒋树渊租住处,诱骗袁、果将掺有安眠药的酒水喝下。待袁成、果冬梅昏睡后,蒋英库指使蒋英权、蒋树渊用尼龙绳将袁成、果冬梅勒死,并将二人尸体肢解,焚烧灭迹。

(二)抢劫事实

1994 年 11 月,被告人蒋英库欲抢劫拆迁户被害人宋金仲、孙淑芹 2 万元进户费,纠集被告人蒋英权及王英利,由蒋英库将二被害人骗到肇东市陶瓷公司杀死,共抢得现金 2 万元及金饰品。蒋英库得赃款 4 000 元,蒋英权分得金饰品,王英利得赃款 16 000 元。后蒋英库把二被害人尸体肢解,并焚烧灭迹。

1995 年 8 月,被告人蒋英库从被告人蒋英权及王英利处得知被害人刘绍备家有钱,遂产生抢劫之念。蒋英库纠集蒋英权、被告人万忠及王英利、刘德,由蒋英权将刘绍备骗至陶瓷公司车库杀死。后蒋英库又指使蒋英权、万忠、王英利去刘绍备家抢劫钱财。蒋英权、万忠、王英利进入刘绍备家中,将刘绍备的妻子朱晓琴、儿子刘汉隆、女儿刘汉蟒杀死,共抢得现金 1 100 元及价值 820 元的三星 S20 型单放机 1 台,白金戒指 1 枚。后蒋英库等人将四被害人尸体肢解后焚烧灭迹。蒋英库分得白金戒指 1 枚,万忠分得单放机 1 台,赃款被蒋英库等人分掉挥霍。

1998 年 8 月,被告人蒋英库因发现被害人邵明琴喜好佩戴金饰品,产生抢劫之念。蒋英库将邵明琴骗至肇东市一房屋内杀死,并将尸体肢解后焚烧灭迹。蒋英库抢得金项链 1 条、金手镯 1 个、金脚链 1 条、金戒指 5 枚,销赃后得款 6 000 余元,用于挥霍。

(三)私藏枪支、介绍贿赂、故意伤害、包庇黑社会性质组织事实

1993 年 4 月,被告人蒋英库以 5 000 元的价格从其亲属张兴华(另案处理)处购得东风三型口径手枪 1 支藏匿,后用此枪作为杀人、抢劫作案工具。

1997年7月,肇东市公安局原副局长张照伟因涉嫌受贿被肇东市人民检察院立案侦查。被告人蒋英库受张妻马晓光之托,通过刘永祥向办案人员陈枫、常万罡(均已判刑)共计行贿42 000元。

2000年10月,被告人蒋英权酒后与被害人杨大兵因琐事发生厮打,蒋英权将杨大兵的左耳咬掉。经法医鉴定,杨大兵损伤为重伤。

2000年11月,被告人李国辉(原系肇东市人民检察院反贪局助理检察员)明知被告人蒋英库杀害袁成、果冬梅犯罪事实,仍帮助蒋英库藏匿作案工具,向其亲属通风报信,并帮助蒋英库租车逃匿。

2001年12月13日,黑龙江省哈尔滨市中级人民法院以(2001)哈刑初字第458号刑事判决,认定被告人蒋英库犯组织、领导黑社会性质组织罪,判处有期徒刑十年,剥夺政治权利二年;犯故意杀人罪,判处死刑,剥夺政治权利终身;犯抢劫罪,判处死刑,剥夺政治权利终身,并处没收个人全部财产;犯介绍贿赂罪,判处有期徒刑三年;犯私藏枪支罪,处有期徒刑二年;决定执行死刑,剥夺政治权利终身,并处没收个人全部财产。被告人蒋英权犯参加黑社会性质组织罪,判处有期徒刑十年,剥夺政治权利二年;犯故意杀人罪,判处死刑,剥夺政治权利终身;犯抢劫罪,判处死刑,剥夺政治权利终身,并处没收个人全部财产;犯故意伤害罪,判处有期徒刑十年,剥夺政治权利二年;决定执行死刑,剥夺政治权利终身,并处没收个人全部财产。被告人万忠犯参加黑社会性质组织罪,判处有期徒刑七年;犯故意杀人罪,判处死刑,剥夺政治权利终身;犯抢劫罪,判处死刑,剥夺政治权利终身,并处没收个人全部财产;决定执行死刑,剥夺政治权利终身,并处没收个人全部财产。被告人刘一东犯参加黑社会性质组织罪,判处有期徒刑五年;犯故意杀人罪,判处死刑,剥夺政治权利终身;决定执行死刑,剥夺政治权利终身。被告人刘一刊犯参加黑社会性质组织罪,判处有期徒刑五年;犯故意杀人罪,判处死刑,剥夺政治权利终身;决定执行死刑,剥夺政治权利终身。被告人李国辉犯包庇黑社会性质组织罪,判处有期徒刑十年。

一审宣判后,被告人蒋英库、蒋英权、万忠、刘一东、刘一刊、李国辉均不服,提出上诉。上诉理由与一审辩解、辩护意见基本相同。

黑龙江省高级人民法院经依法审理,于2001年12月20日以(2001)黑刑一终字第399号刑事裁定，驳回上诉，维持原判，并核准对蒋英库、蒋英权、万忠、刘一东、刘一刊的死刑判决。

二、裁判理由

（一）黑社会性质组织的认定

《刑法》第二百九十四条对组织、领导、参加黑社会性质组织犯罪采用了简单罪状的规定，仅对构成要件作了简单描述，并未具体规定“黑社会性质组织”的概念及特征。2000年，最高人民法院印发《关于审理黑社会性质组织犯罪的案件具体应用法律若干问题的解释》（以下简称《司法解释》），首次提出认定黑社会性质组织应具备“四个特征”。2002年，全国人大常委会通过《关于〈中华人民共和国刑法〉第二百九十四条第一款的解释》（以下简称《立法解释》），进一步将“四个特征”明确为“组织特征、经济特征、行为特征和非法控制特征”。2011年，“四个特征”的规定被纳入《刑法修正案（八）》。为进一步明确“四个特征”的认定标准，更好地指导司法实践，“最高人民法院、最高人民检察院、公安部”、最高人民法院、“最高人民法院、最高人民检察院、公安部、司法部”先后于2009年、2015年、2018年以会议纪要和指导意见的形式对“四个特征”作了详细阐释。本案发生于《司法解释》实行期间，被告人蒋英库先后纠集被告人蒋英权、万忠等11人形成以蒋英库为组织者、领导者，其他成员为骨干成员的黑社会性质组织，该组织的结构比较紧密，人员较多，且有严格的组织纪律；该组织通过实施杀害李海、张国臣而将他人贷款60万元据为己有，为组织奠定了初步的经济基础，又在杀害吕宝珠、宋立国、孟宪明后侵吞100余万元的工程款和材料款，使该组织具备了一定的经济实力；为积极寻求国家工作人员为组织提供非法保护，蒋英库结交了肇东市公安局原副局长张照伟，并结拜为兄弟，且蒋英库多次利用其黑龙江省肇东市人民检察院工作人员的身份，对抗侦查；该组织先后在黑龙江省肇东市和哈尔滨市疯狂实施10余起暴力犯罪，致21人死亡、1人重伤，在一定的区域内严重破坏了社会经济、生活秩序，符合《司法解释》规定的黑社会性质组织特征，应当认定为黑社会性质组织。

（二）黑社会性质组织成员地位的认定

我国刑法采用行为与地位、作用相结合的划分标准，将黑社会性质组织的成员分为组织者、领导者、积极参加者、其他参加者(又称"一般参加者")等不同类型,并规定了不同的刑罚。本案被告人蒋英库先开办陶瓷公司、招揽员工,后又纠集、组织实施了12起故意杀人犯罪、3起抢劫犯罪,既是组织的发起者、创建者,又是具体犯罪的协调者、决策者,故认定被告人蒋英库黑社会性质组织的组织者、领导者的地位是准确的。黑社会性质组织的骨干成员也是成员在黑社会性质组织中地位的一种表示方式,最早出现在《司法解释》中,该解释规定,"黑社会性质组织"一般应具备以下组织特征:"组织结构比较紧密,人数较多,有比较明确的组织者、领导者,骨干成员基本固定,有较为严格的组织纪律。"后《立法解释》和《刑法修正案(八)》均吸收和沿用了"骨干成员"这一称谓。本案中被告人蒋英权、万忠、刘一东、刘一刊直接听命于蒋英库并积极参与实施了该组织的暴力犯罪,其中蒋英权实施故意杀人犯罪3起、抢劫犯罪2起,共致10人死亡;万忠实施故意杀人犯罪1起、抢劫犯罪1起,共致5人死亡;刘一东、刘一刊各实施故意杀人犯罪1起,杀死1人。上述4名被告人系黑社会性质组织的积极参加者,且系直接听命于组织者、领导者的积极参加者,故人民法院认定其为黑社会性质组织的骨干成员。

(三)黑社会性质组织的组织者、领导者对具体犯罪的罪责承担

关于组织者、领导者对具体犯罪承担责任的范围,《司法解释》第三条规定,对于黑社会性质组织的组织者、领导者,应当按照其所组织、领导的黑社会性质组织所犯的全部罪行处罚,即组织者、领导者应对黑社会性质组织所犯的全部罪行承担刑事责任。本案被告人蒋英库应对其亲自组织实施的12起故意杀人犯罪、3起抢劫犯罪承担刑事责任自无异议,但其是否需要对被告人蒋英权实施的故意伤害犯罪承担刑事责任曾有不同观点。我们认为,主要应看蒋英权实施的故意伤害犯罪是黑社会性质组织犯罪还是其个人犯罪。本案中蒋英权酒后与被害人杨大兵因琐事发生厮打,蒋英权将杨大兵的左耳咬掉,该犯罪既不是蒋英库组织策划的,也与维护和扩大该组织势力、实力、影响等无任何关联,更不是按照组织惯例、纪律、活动规约实施的,应作为蒋英权个人的犯罪行为处理。故法院认定蒋英库不对蒋英权个人实施的故意伤害犯罪行为承担刑事责任。

【编后语】

蒋英库等6人黑社会性质组织案，是一起检察干警组织、领导，影响极其恶劣的黑社会性质组织犯罪。此起新中国成立以来罕见的案件引起了中央和黑龙江省委、省政府的高度重视，被列为公安部第6号特大杀人案，2000年黑龙江省打黑除恶1号案件，系公安部、最高人民法院挂牌督办的黑龙江省头号涉黑犯罪案件。

黑社会性质组织犯罪是社会的“毒瘤”，是有组织犯罪最为典型的一种形式，其进行杀人、绑架等各种犯罪活动，聚敛巨额财富，社会危害性极为严重，与普通的集团犯罪相比危害更大。本案以蒋英库为首的黑社会性质组织实施的犯罪行为性质极其恶劣，均是杀人、抢劫等严重威胁人民群众生命财产安全的暴力性犯罪；犯罪动机极其卑劣，不是杀人灭债，即是杀人灭口，无论是生意伙伴还是同事朋友，甚至是组织成员，稍有不慎即遭杀身之祸；犯罪后果极其严重，共致21人死亡；犯罪手段极其残忍，每一名被害人尸体均被肢解焚烧灭迹；社会危害性极其严重，严重破坏了社会经济秩序，严重危害了人民群众的人身、财产安全，必须坚决予以打击。人民法院对5名犯罪分子依法处以极刑，并对其中3名犯罪分子并处没收个人全部财产，取得了良好的法律效果和社会效果。

（撰稿：黑龙江高级人民法院刑一庭　李岫岩　李景辉　范海涛
审编：最高人民法院刑二庭　叶邵生）

黄群威编造、故意传播虚假恐怖信息案

一、基本案情

被告人黄群威,男,汉族,1978 年 4 月 3 日出生。2003 年 5 月 16 日被逮捕。

北京市人民检察院第一分院指控被告人黄群威犯编造虚假恐怖信息罪,向北京市第一中级人民法院提起公诉。

被告人黄群威对公诉机关指控的犯罪事实无异议。其辩护人提出,公诉机关指控黄群威编写的"如此保安,借非典趁机赚钱"一文,不应认定为虚假恐怖信息;黄群威被羁押后能够主动、彻底坦白全部犯罪事实,有悔罪表现。

北京市第一中级人民法院经公开审理查明:被告人黄群威于 2003 年 4 月 25 日至 4 月 27 日,在北京市海淀区清华园家中,借当时北京市非典型性肺炎疫情高发期易引起人们心理恐慌之机,在无任何事实依据的情况下,编造题为"绝对可靠消息,上海隐瞒了大量非典病例""中国已因非典而正式进入了经济危机"的文章,使用家中电脑,通过其住宅电话以拨号方式登录互联网,在搜狐网新闻评论网页和西路网的"海阔天空"等论坛中多次传播,谎称上海市已因非典型性肺炎死亡数百人、全国死亡 3 000 多人,鼓动尽快储备物品,制造恐怖气氛,严重扰乱了社会秩序。

2003 年 6 月 11 日,北京市第一中级人民法院以(2003)一中刑初字第 01499 号刑事判决,认定被告人黄群威犯编造、故意传播虚假恐怖信息罪,判处有期徒刑三年,在案扣押被告人黄群威供犯罪所用的电脑主机一台,予以没收。

一审宣判后,黄群威未提起上诉。判决已经发生法律效力。

二、裁判理由

(一)虚假恐怖信息的认定

2001年12月29日通过的《中华人民共和国刑法修正案(三)》增设《刑法》第二百九十一条之一编造、故意传播虚假恐怖信息罪,对编造和故意传播的对象——恐怖信息以不完全列举的方式进行说明,主要包括爆炸威胁、生化威胁、放射威胁等恐怖信息。2003年5月15日施行的《最高人民法院、最高人民检察院关于办理妨害预防、控制突发传染病疫情等灾害的刑事案件具体应用法律若干问题的解释》(以下简称《关于传染病疫情案件的解释》)第十条第一款规定,编造与突发传染病疫情等灾害有关的恐怖信息,或者明知是编造的此类恐怖信息而故意传播,严重扰乱社会秩序的,依照《刑法》第二百九十一条之一的规定,以编造、故意传播虚假恐怖信息罪定罪处罚。本案案发时《关于传染病疫情案件的解释》尚未公布,根据2001年《最高人民法院、最高人民检察院关于适用刑事司法解释时间效力问题的规定》第二条的规定,对于司法解释实施前发生的行为,行为时没有相关司法解释,司法解释施行后尚未处理或者正在处理的案件,依照司法解释的规定办理,本案应当适用《关于传染病疫情案件的解释》。

被告人黄群威在无任何事实依据的情况下,编造题为"绝对可靠消息,上海隐瞒了大量非典病例""中国已因非典而正式进入了经济危机"的文章,谎称上海市已因非典型性肺炎死亡数百人、全国死亡3 000多人,鼓动人们尽快储备物品,并在互联网上多次传播。上述两篇文章的内容并无事实依据,纯属捏造。时值北京市非典型性肺炎疫情高发期,黄群威编造、传播的信息内容与突发传染病疫情有关,制造恐怖氛围,引起社会恐慌,扰乱社会秩序,符合《关于传染病疫情案件的解释》规定的与突发传染病疫情等灾害有关的恐怖信息的特征,应当认定为虚假恐怖信息。

除上述两篇文章外,黄群威还编写了"如此保安,借非典趁机赚钱"一文,主要内容为:地质大学东门的保安对没有地质大学通行证的人,只要给钱就让其进入地质大学。该文章亦为虚构,但不属于虚假恐怖信息。公诉机关指控内容亦包含此篇文章,法院认为,虚假恐怖信息应具有严重威胁公共安全的特征,即信息包含危及不特定多数人生命、财产安全的内容,能够使社会公众产生恐慌心理。"给钱就能通行地质大学"的信息内容不具有与爆炸威胁、生化威胁、放射威胁等恐怖信息同等程度的恐怖性,属于一般的虚假信息,不应以编造、故意传播虚假恐怖信息罪追究行为人的刑事责任。

(二)量刑幅度的确定

刑法规定了编造、故意传播虚假恐怖信息罪两档量刑幅度:严重扰乱社会秩序的,处五年以下有期徒刑、拘役或者管制;造成严重后果的,处五年以上有期徒刑。"严重扰乱社会秩序"的情形,一般是指引起公众严重恐慌,致使工作、生产、营业和教学、科研无法正常进行,导致公安机关等花费大量社会资源排除虚假危险物质或者消除影响等。"造成严重后果"的情形,司法实践中一般是指由于编造的恐怖信息或者明知是编造的恐怖信息而故意在公共场所传播,引起秩序大乱,造成人员踩踏死伤,或者在社会上引起极度恐慌,致使工作、生产、营业和教学、科研无法正常进行,造成重大损失等情形。

本案中,被告人黄群威利用家中电脑,上网发布、传播虚假疫情信息,"绝对可靠内部消息,上海隐瞒了大量非典病例"一文被删除时,点击数为945次;"中国已因非典而真正进入了经济危机"一文被删除时,点击数为386次。在北京市非典型性肺炎疫情高发期,该两篇文章已在一定程度上造成了负面的社会影响,制造恐怖氛围,引起社会恐慌,严重扰乱社会秩序,但尚未造成严重后果,由此对黄群威应在五年以下有期徒刑、拘役或者管制的量刑幅度内予以量刑。法院判处其三年有期徒刑,量刑适当。

【编后语】

真实有效的信息是人类社会正常运行的关键要素,真实信息作为一种社会资源,对不同的个体或者群体具有不同的价值,影响着人们的思维方式和行为选择。被告人黄群威在非典型性肺炎疫情发展的特殊时期,编造虚假疫情信息,并故意在互联网上发布、传播,引起社会恐慌,干扰了人民群众正常的工作、生产、生活等社会秩序,造成了社会危害。时值北京市非典型性肺炎疫情高发期,社会舆论高度重视案件的处理,一致要求依法惩处犯罪分子,坚决打击编造、故意传播虚假恐怖信息的行为,维护社会秩序,维护人民群众生命、财产安全。人民法院依法审理了这起严重扰乱社会秩序的案件,审判过程中注重社会效果与公平正义的统一,一方面依法惩处了犯罪分子,另一方面通过司法审判引导公民的行为,维护社会秩序,为依法打击编造、故意传播虚假恐怖信息的行为提供了司法范本,具有重要的法律和现实意义。

《刑法修正案(三)》新增编造、故意传播虚假恐怖信息罪,是依法打击编造、故意传播虚假恐怖信息犯罪的现实需要,是保护人民群众生命、财产安全,维护社会正常秩序的需要,也是维护信息网络健康、有序发展的需要。本案判决生效后,2013 年 9 月 18 日,最高人民法院公布了《关于审理编造、故意传播虚假恐怖信息刑事案件适用法律若干问题的解释》(以下简称《解释》),该解释从六个方面对犯罪的认定和处罚进行规定:一是对编造、故意传播虚假恐怖信息罪的行为特征进行界定,以便于司法实践中区分此罪与彼罪,正确确定罪名。二是明确了编造、故意传播虚假恐怖信息罪的入罪标准,即如何认定"严重扰乱社会秩序"。三是在定罪标准的基础上规定了应当酌情从重处罚的标准。四是明确了加重处罚标准,即如何认定"造成严重后果"。五是对编造、故意传播虚假恐怖信息罪的想象竞合犯、牵连犯进行原则性规定。六是对"虚假恐怖信息"进行了界定。根据该解释,虚假恐怖信息包括以发生重大灾情、重大疫情等严重威胁公共安全的事件为内容,可能引起社会恐慌或者公共安全危机的不真实信息。同时,《解释》规定,编造恐怖信息,传播或者放任传播该虚假恐怖信息,严重扰乱社会秩序的,应认定为编造虚假恐怖信息罪,即"自编自传""既编又传"的行为以编造虚假恐怖信息罪论处。而明知是他人编造的恐怖信息而故意传播,严重扰乱社会秩序的,以故意传播虚假恐怖信息罪论处。因而,在该解释出台后,类似的行为应以编造虚假恐怖信息罪论处。

2015 年 8 月 29 日第十二届全国人民代表大会常务委员会通过的《刑法修正案(九)》在《刑法》第二百九十一条之一中增加一款作为第二款,该款规定:"编造虚假的险情、疫情、灾情、警情,在信息网络或者其他媒体上传播,或者明知是上述虚假信息,故意在信息网络或者其他媒体上传播,严重扰乱社会秩序的,处三年以下有期徒刑、拘役或者管制;造成严重后果的,处三年以上七年以下有期徒刑。"根据该款规定,与本案类似的编造灾情、疫情等行为在该修正案生效之后应以编造、故意传播虚假信息罪论处,不再认定为编造、故意传播虚假恐怖信息罪。

本案的判决及后续法律、司法解释的规定体现了立法、司法实践对此类案件的处理正在不断完善,也体现了刑法对于虚假网络信息的规制正在不断加强。

(撰稿:北京市第一中级人民法院刑一庭　吴炜佳
审编:最高人民法院刑二庭　叶邵生)

李俊、王磊、张顺、雷磊破坏计算机信息系统案

——“熊猫烧香”病毒案

一、基本案情

被告人李俊,男,汉族,1982 年 9 月 5 日出生。2007 年 3 月 14 日被逮捕。

被告人王磊,男,汉族,1985 年 11 月 30 日出生。2007 年 3 月 14 日被逮捕。

被告人张顺,男,汉族,1984 年 3 月 10 日出生。2007 年 3 月 14 日被逮捕。

被告人雷磊,男,汉族,1982 年 8 月 31 日出生。2007 年 3 月 14 日被逮捕。

湖北省仙桃市人民检察院指控被告人李俊、王磊、张顺、雷磊犯破坏计算机信息系统罪,向仙桃市人民法院提起公诉。

被告人李俊、王磊、张顺、雷磊对起诉指控的事实和罪名无异议。李俊辩称其行为是犯罪中止,雷磊辩称其行为是系犯罪未遂。李俊的辩护人提出李俊有自首和立功情节。王磊、张顺、雷磊的辩护人均提出三人在共同犯罪中起次要作用,是从犯。

仙桃市人民法院经公开审理查明:被告人李俊于 2006 年 10 月开始制作计算机病毒“熊猫烧香”,于 11 月上旬制作完成后,以赠送给网友的方式将该病毒在互联网上传播。之后,李俊请被告人雷磊对该病毒提出修改建议。雷磊认为该病毒存在两个问题:一是改变被感染文件的图标,二是没有隐藏病毒进程,这样很容易被发现,建议李俊从这两方面对“熊猫烧香”病毒进行修改,但没有告诉其具体的修改方法。2006 年 11 月中旬,李俊在互联网上贩卖该病毒,同时也请被告人王磊及其他网友帮助出售该病毒。王磊帮李

俊卖出了三个“熊猫烧香”病毒，先后三次合计汇给李俊1 450元。随着病毒的出售和赠送给网友，“熊猫烧香”病毒迅速在互联网上传播，导致自动链接李俊个人网站 www.krvkr.com 的流量大幅上升。王磊得知此情形后，主动提出为李俊卖“流量”，并联系被告人张顺购买李俊网站的“流量”，所得收入由王磊和李俊平分。为了提高访问李俊网站的速度，减少网络拥堵，王磊和李俊商量后，由王磊化名董磊为李俊的网站在南昌锋讯网络科技有限公司租用了一个2G内存、百兆独享线路的服务器，租金由李俊、王磊每月各负担800元。张顺购买李俊网站的流量后，先后将九个游戏木马挂在李俊的网站上，盗取自动链接李俊网站游戏玩家的“游戏信封”，并将盗取的“游戏信封”进行拆封、转卖，从而获取利益。

2006年12月初，被告人李俊按照被告人雷磊的建议修改“熊猫烧香”病毒，由于技术方面的原因，修改后的病毒使别人的图标变花，隐藏病毒进程问题也没解决。虽然没有完全解决雷磊提出的两个问题，但李俊仍将修改后的病毒挂在其个人网站上传播。

2007年1月下旬，被告人雷磊、李俊一起在武汉市京都宾馆住宿时，雷磊亲自对李俊修改后的“熊猫烧香”病毒再进行修改，也没能解决图标变花及隐藏病毒进程问题。

从2006年12月至2007年2月，通过“熊猫烧香”病毒的传播，李俊获利145 149元，王磊获利80 000元，张顺获利12 000元。“熊猫烧香”病毒的传播感染，影响了北京、上海、天津、山西、河北、辽宁、广东、湖北等省市众多单位和个人的计算机的正常运行。2007年2月2日，李俊将其网站关闭，之后再未开启该网站。

被告人李俊归案后，向公安机关提供线索抓获了其他同案人。案发后，被告人李俊、王磊、张顺退出了所得的全部赃款。被告人李俊交出了“熊猫烧香”病毒专杀工具。

仙桃市人民法院认为，被告人李俊、雷磊故意制作计算机病毒，李俊、王磊、张顺故意传播计算机病毒，影响了众多计算机系统的正常运行，后果严重，其行为均已构成破坏计算机信息系统罪，应负刑事责任。李俊制作、传播计算机病毒的犯罪结果已经发生，不构成犯罪中止。李俊是在公安机关掌握了其涉嫌犯破坏计算机信息系统罪的相关证据后被抓获的，不能构成自首。李俊在共同犯罪中起主要作用，是主犯，应当对其参与的全部犯罪处罚。李俊协助公安机关抓获了本案其他同案人，依法应认定为有立功表现，可以从轻处罚。王磊、张顺在共同犯罪中起次要作用，是从犯，依法应当从轻处罚。雷磊向李俊提出的修改建议对李俊修改"熊猫烧香"病毒起到了一定的作用，且李俊将修改后的病毒挂在其个人网站上传播，已经造成了犯罪结果的发生，因此，雷磊的行为不属于犯罪未遂。雷磊在共同犯罪中起次要作用，是从犯，依法应当从轻处罚。李俊主动交出"熊猫烧香"病毒专杀工具，可以酌情从轻处罚。李俊、王磊、张顺能积极退赃，可酌情从轻处罚。李俊、王磊、张顺、雷磊认罪态度好，有悔罪表现，亦可酌情从轻处罚。

2007 年 9 月 29 日，仙桃市人民法院以(2007)仙刑初字第 350 号刑事判决，认定被告人李俊犯破坏计算机信息系统罪，判处有期徒刑四年；被告人王磊犯破坏计算机信息系统罪，判处有期徒刑二年六个月；被告人张顺犯破坏计算机信息系统罪，判处有期徒刑二年；被告人雷磊犯破坏计算机信息系统罪，判处有期徒刑一年。

一审宣判后，被告人李俊、王磊、张顺、雷磊均未提出上诉。判决已经发生法律效力。

二、裁判理由

(一)关于破坏计算机信息系统罪的认定

《刑法》第二百八十六条规定了破坏计算机信息系统罪，其中第一款规定，违反国家规定，对计算机信息系统功能进行删除、修改、增加、干扰，造成计算机信息系统不能正常运行，后果严重的，处五年以下有期徒刑或者拘役；后果特别严重的，处五年以上有期徒刑。该条第三款规定，故意制作、传播计算机病毒等破坏性程序，影响计算机系统正常运行，后果严重的，依照第一款的规定处罚。

案件审理期间，刑法学界和司法实务部门对本案的定罪存在不同观点。一种观点认为，对于制作和传播计算机病毒并从中谋利的行为，刑法中并未单独规定罪名，只能根据破坏计算机信息系统罪中所规定的"故意制作、传播计算机病毒等破坏性程序,影响计算机系统正常运行,后果严重”的情节来认定其构成破坏计算机信息系统罪,但刑法及相关司法解释并未对“后果严重”作出明确的界定和说明,被告人李俊制作传播病毒的行为虽然给网络和大量计算机造成了感染和破坏,但由于网络的虚拟性、计算机用户分布的广泛性及损失的难以估量性,在法律没有明确规定的情况下对李俊以破坏计算机信息系统罪定罪处刑,存在法律上的障碍。另一种观点认为,李俊所制作和传播的“熊猫烧香”病毒已使上百万个人用户、网吧及企业局域网用户遭受感染和破坏,已经造成了严重的后果,应当以破坏计算机信息系统罪定罪量刑。

我们认为,被告人李俊制作、传播病毒的行为符合“故意制作、传播计算机病毒等破坏性程序,影响计算机系统正常运行”的规定并无争议,关键在于认定其造成的后果是否达到严重的程度。破坏计算机信息系统罪是结果犯,结果犯是以法定的犯罪结果发生为犯罪构成要件。虽然《刑法》第二百八十六条对“后果严重”“后果特别严重”没有作出明文规定,立法、司法机关亦未对此作出明确解释,但根据查明的事实,被告人李俊等人从2006年12月至2007年2月,通过“熊猫烧香”病毒的传播从中非法牟利,病毒感染影响了北京、上海、天津、山西、河北、辽宁、广东、湖北等省市众多单位和个人的计算机的正常运行,受感染电脑出现蓝屏、频繁重启等状况,同时该病毒还具有盗取用户游戏账号、QQ账号等功能。该病毒传播速度快,危害范围广,造成社会影响恶劣,显然已经达到“后果严重”的程度。故法院依法认定被告人李俊等构成破坏计算机信息系统罪。

(二)关于利用计算机盗窃虚拟财产行为的定性

被告人李俊、张顺等人通过改写和传播“熊猫烧香”病毒盗取网络游戏账号非法牟利的行为在当时是新型的网络犯罪方式,对利用计算机盗窃虚拟财产的行为如何定性存在不同的观点。一种观点认为,盗窃虚拟财产应当按照盗窃罪定罪处刑,理由是虚拟财产在现实中具备财物的性质,具有财产价值,如网络游戏玩家和QQ使用人花费了大量的时间、精力和金钱来拥有和提高网络游戏和QQ级别,网络游戏账号和QQ账号的交易也越来越普遍。虽然网络游戏账号和QQ账号由游戏运营商和腾讯公司统一管理,但是使用者拥有其所有权和转让权，这种虚拟财产的交易和现实中的财产交易性质相同，只不过是无形交易和有形交易的区别而已，盗窃罪的犯罪对象应当包括网络虚拟财产。《刑法》第二百八十七条也规定，利用计算机实施金融诈骗、盗窃、贪污、挪用公款、窃取国家秘密或者其他犯罪的，依照本法有关规定定罪处罚。故应当认定为盗窃罪。另一种观点认为，刑法及其解释并没有明确将网络虚拟财产规定为盗窃罪的对象，因此不能对盗窃网络游戏账号和QQ账号的行为以盗窃罪定罪量刑，只能以破坏计算机信息系统罪或者侵犯通信自由罪进行处罚。而且如果以盗窃罪处罚也无法具体认定盗窃数额，因为现实中衡量虚拟财产数额和价值的标准多种多样，有的是玩家私下确定的交易价格，有的是根据电信和游戏运营商制定的交易价格，还有的是根据网络游戏账号和QQ账号的市场交易情况确定的价格进行交易等。

我们赞同第二种观点。理由如下：首先，将网络游戏账号、QQ账号等虚拟财产纳入刑法上的财物范畴依据不足。虚拟财产的本质是电子数据，法律属性是计算机信息系统数据。对此，一些部门规章已有明确规定，例如，2010年6月文化部公布的《网络游戏管理暂行办法》（已失效）就明确，网络游戏虚拟货币是指由网络游戏经营单位发行，网络游戏用户使用法定货币按一定比例直接或者间接购买，存在于游戏程序之外，以电磁记录方式存储于服务器内，并以特定数字单位表现的虚拟兑换工具。这就对网络游戏虚拟货币的本质作出界定，作为电磁记录（电子数据），它不具有财物的法律属性，而《刑法》第二百六十四条明确规定"盗窃公私财物的"才构成盗窃罪，因此盗窃虚拟财产的行为不构成盗窃罪。其次，虚拟财产价值的现实认定存在困难。正因为虚拟财产不具有财物的交换属性，因而虚拟财产没有，也不可能有一个能够被普遍接受的价值计算方式，这也是对盗窃网络虚拟财产的行为适用盗窃罪中难以克服的现实障碍。最后，立法对此已有明确规定。2009年《刑法修正案（七）》增加了非法获取计算机系统数据罪，对盗窃网络游戏虚拟货币的行为适用本罪符合罪责刑相适应原则。最高人民法院、最高人民检察院于2011年公布了《关于办理危害计算机信息系统安全刑事案件应用法律若干问题的解释》，该解释对具体的定罪、量刑作出进一步规定。然而，由于案发时尚未有相关法律规定施行，故法院依法认定被告人李俊等构成破坏计算机信息系统罪,并根据各人在共同犯罪的地位、作用及其他量刑情节进行量刑是正确的。

【编后语】

2006年年底,我国互联网上大规模爆发“熊猫烧香”病毒及其变种,该病毒通过多种方式进行传播,并将感染的所有程序文件改成熊猫举着三根香的模样,使受感染电脑出现蓝屏、频繁重启等状况。同时该病毒还具有盗取用户游戏账号、QQ账号等功能。2006年11月至2007年3月,通过国家计算机病毒应急处理中心监测及反病毒应急小组成员上报,发现北京、上海、广东等多个省市的计算机用户遭受感染,数百万台电脑被病毒破坏。该病毒传播速度快,危害范围广,引起社会各界高度关注。《瑞星2006安全报告》将“熊猫烧香”病毒列为2007年十大病毒之首,在《2006年度中国大陆地区电脑病毒疫情和互联网安全报告》的十大病毒排行中,“熊猫烧香”一举成为“毒王”。2007年2月12日,警方一举侦破了制作传播“熊猫烧香”病毒案。这是中国警方破获首例计算机病毒大案,也是我国首例利用网络病毒盗号牟利的案件。

“熊猫烧香”案件的发生,反映了当时社会病毒制作者低龄化、病毒使用商业化的趋势。病毒制作者往往出于利益或炫耀等目的制作计算机病毒,而社会上计算机木马病毒的产业链也已逐渐形成,给网络安全带来了威胁,也对网民的财产安全造成了风险。人民法院依法审理“熊猫烧香”案并运用刑罚惩戒行为人,引起了广大熟悉计算机程序的年轻人的重视,避免了一些青少年重蹈覆辙,有效地保护了群众的网络信息安全。

（撰稿:湖北省高级人民法院刑二庭　康　江
审编:最高人民法院刑二庭　叶邵生）

许霆盗窃案

一、基本案情

被告人许霆，男，汉族，1983 年 2 月 7 日出生。2007 年 7 月 11 日被逮捕。

广东省广州市人民检察院指控被告人许霆犯盗窃罪，于 2007 年 10 月 15 日向广州市中级人民法院提起公诉。

广州市中级人民法院于 2007 年 11 月 20 日作出判决，认定被告人许霆犯盗窃罪，判处无期徒刑，剥夺政治权利终身，并处没收个人全部财产。许霆不服，提出上诉。

广东省高级人民法院于 2008 年 1 月 9 日裁定撤销原判，发回重审。

被告人许霆对公诉机关指控的事实无异议，但提出：其发现自动柜员机出现异常后，为了保护银行财产而把款项全部取出，准备交给单位领导；自动柜员机出现故障，银行也有责任。

广州市中级人民法院经重新公开审理查明：2006 年 4 月 21 日晚 21 时 50 分许，被告人许霆持其本人在广州市商业银行开户的银行借记卡，去到广州市天河区一处广州市商业银行离行式自动柜员机（ATM）上取款，其同伴郭安山（另案处理）在附近等候。许霆所持银行借记卡不具备透支功能，账户余额为 176.97 元。当晚 21 时 56 分，许霆将银行卡插入柜员机，输入密码并查询账户余额后准备取款 100 元，但由于操作不当无意中输入了取款 1 000 元的指令，柜员机随即出钞 1 000 元。许霆立即查询该卡账户余额，发现余额几乎没有变化，便意识到该自动柜员机出现了异常，能够超出账户余额取款且不能如实扣账。于是，许霆从当晚 21 时 57 分至 22 时 19 分，连续操作 54 次，每次指令取款 1 000 元，共计取款 54 000 元。此时，郭安山亦来到该自动柜员机旁找许，二人回到许霆宿舍，许霆将该柜员机出现异常的情况告诉了郭安山。尔后,二人又返回该柜员机处,许霆于当晚23时13分至19分又持上述银行卡连续取款16次,每次亦取款1 000元,共计取款16 000元。郭安山亦用自己的农业银行借记卡取款3 000元。随即二人回到许霆宿舍,许霆拿了一个塑料袋和郭安山再次来到该柜员机处,郭安山先取款5 000元后,许霆又于次日零时26分至1时06分仍采取上述方法取款100次,其中指令取款1 000元操作96次,指令取款2 000元操作4次,共计取款104 000元。综上所述,许霆累计取款171次,取款金额175 000元,而其银行账户只被扣款175元。同月24日下午,许霆携款逃匿。2007年5月22日,许霆在陕西省宝鸡市火车站被抓获归案,至今未退还赃款。

另查明,涉案的广州市商业银行自动柜员机于2006年4月21日16时许由运营商广州某公司进行完系统升级维护,并将原有软件系统对金额的表示方式改成国际货币通用的带千分符的表示方式,如将1 000改为1,000。升级维护完成后,广州市商业银行对该柜员机加钞人民币20万元。同月22日、23日是双休日,同月24日(星期一)上午,广州市商业银行对全行离行式自动柜员机进行例行检查时,发现该机出现异常,即通知运营商派员一起到现场开机查验。经核查,发现该自动柜员机在系统升级后出现异常,1 000元以下(不含1 000元)取款交易正常;1 000元以上的取款交易,用户输入1 000元,柜员机系统错误地将"1 000"转换为"1"形成交易报文向银行主机报送,而银行主机也仅按照1元的交易金额接纳该笔交易并从用户账上扣款,而柜员机则仍按照1 000元的金额吐款。即持卡人输入取款1 000元的指令,自动柜员机出钞1 000元,但持卡人账户实际扣款1元。造成这种情况的原因是操作人员在对柜员机软件升级时操作失误,导致柜员机的数字字符处理出错。

2008年3月31日,广州市中级人民法院以(2008)穗中法刑二重字第2号刑事判决,认定被告人许霆犯盗窃罪,判处有期徒刑五年,并处罚金人民币二万元。

一审宣判后,被告人许霆提出上诉。辩称其实施的是交易行为,不是"秘密窃取",不符合盗窃罪的客观构成要件。故不构成盗窃罪,原判定性错误。

广东省高级人民法院经依法公开开庭审理，于 2008 年 5 月 23 日作出(2008)粤高法刑一终字第 170 号刑事裁定，驳回上诉，维持原判，并报请最高人民法院核准维持对许霆在法定刑以下量刑的裁定。

最高人民法院经复核认为，被告人许霆持不具有透支功能的银行借记卡在银行的自动柜员机取款时，发现自动柜员机发生故障，在明知自己的银行卡内只有 170 多元的情况下，乘银行工作人员尚未发现之机，非法取款 17 万余元，并携款潜逃的行为，已构成盗窃罪。许霆盗窃金融机构数额特别巨大，依法本应判处无期徒刑以上刑罚。但考虑许霆是在发现自动柜员机发生故障的情况下临时起意盗窃，其行为具有一定的偶然性，与有预谋、有准备盗窃金融机构的犯罪相比，主观恶性相对较小；许霆是趁自动柜员机发生故障之机，采用输入指令取款的方法窃取款项，与采取破坏手段盗取钱财相比，犯罪情节相对较轻，对许霆可以适用《刑法》第六十三条第二款的规定，在法定刑以下判处刑罚。第一审判决、第二审裁定认定的事实清楚，证据确实、充分，定罪准确，量刑适当。审判程序合法。2008 年 8 月 20 日，最高人民法院以(2008)刑核字第 18 号刑事裁定，核准广东省高级人民法院维持第一审以盗窃罪在法定刑以下判处被告人许霆有期徒刑五年，并处罚金人民币二万元的刑事裁定。

二、裁判理由

(一)对被告人许霆恶意取款行为的定性分析

被告人许霆的取款行为可以分为两个阶段：第一阶段是第一次取款时无意中误输入 1 000 元取款金额而导致多占有银行 999 元；第二阶段是通过第一次无意的多取款并查询余额后，明知柜员机出现了异常，连续取款 170 次，取款金额达 174 000 元，非法占有银行财产 173 826 元，而后又携款潜逃。

被告人许霆第一阶段的行为不属于盗窃行为，许霆既不是故意要超余额取款，也不可能预见银行柜员机出错会出现取 1 000 元只从账上扣款 1 元的情况，故其主观上没有非法占有银行财产的故意。许霆占有银行 999 元的利益没有法律上的依据，属于民法上的不当得利，应当由民事法律来调整。

被告人许霆第二阶段的行为属于盗窃行为，具体理由如下：

1. 主观上,被告人许霆具有非法占有银行财产的故意。许霆在明知柜员机出现上述异常后,竟然在3个多小时内连续170次恶意取款。相对于第一阶段无意多取款的行为来说,第二阶段的行为发生了本质的变化,许霆从没有犯罪意图到产生了非法占有银行资金的故意。首先,从认知上分析,许霆在第一次取款并通过查询银行卡余额后,已经明知柜员机出现了异常,能够超出余额取款且不能如实扣账,每次取款都能非法占有银行资金。其次,许霆利用柜员机的异常,主动多次实施取款行为,积极追求非法占有银行财产的目的。最后,许霆在取款后为逃避法律责任,又携款潜逃,最终实现非法占有银行财产的目的。上述事实充分说明了许霆具有非法占有银行财产的主观故意,其辩称为了保护银行财产而取款的辩解意见不能成立。

2. 客观上,被告人许霆实施的非法取款行为具备"秘密窃取"的特征。盗窃罪的核心特征是"秘密窃取"。"秘密"指的是行为人采取了不被财物所有人或保管人当场发觉的方法,也就是说,盗窃罪的行为是一种隐藏性的行为,行为人是在财物的所有人或保管人不在场,或者虽在场,但未注意、觉察或防备的情况下进行的。"秘密"通常具有主观性、相对性、时间性的特点。主观性指的是行为人主观上自认为其行为未被发觉,至于实际是否被发觉并不影响秘密性的成立;相对性指的是行为的秘密性只是相对于财物所有人或保管人而言,至于是否会被其他第三人或财物所有人、保管人设置的工具发觉不受影响;时间性指的是"秘密"只相对于行为实行的当时而言,至于行为事后是否会被发觉亦不影响秘密性的成立。本案中,许霆利用银行柜员机出现的故障,趁银行工作人员尚未及时发觉柜员机的故障并对该柜员机采取有效保护措施之机,连续170次恶意取款。许霆取款时不仅明知柜员机出现了故障,而且通过第一次取款的成功,知道银行工作人员不会当场察觉其恶意取款行为,且事实上银行也是直到许霆作案后第三天才发觉。上述事实足以说明许霆主观上产生了非法占有银行财产不会被银行工作人员当场发觉的侥幸心理;同时,虽然许霆持有的是本人的银行卡,柜员机旁亦有监控录像,银行事后能够查明许霆的身份,但当场不能发觉并制止许霆的恶意取款行为,所以许霆的行为具有"秘密"的特征。

"窃取"通常包含两个层面的含义:一是行为人的行为违背了财物所有

人、保管人的意志;二是手段的非暴力性。第一,被告人许霆持不具备透支功能的银行借记卡超余额取款,且每次取款银行卡账上都不能如实扣款,其恶意取款的行为之所以能够实现,是因为柜员机出现了异常,柜员机只是银行用于经营、保管资金的智能工具,当柜员机出现故障时,已不能正确执行和代表银行的意志,违背了银行的真实意思,故许霆非法占有银行资金的行为显然违背了银行的意志。第二,虽然从表面看,许霆插卡、输密码、取款的行为都是正当的,但从实质分析,许霆是基于非法占有银行资金这一犯罪目的进行取款,其操作取款行为只是许霆非法占有银行财产的一种手段,密码是否正确并不影响对其行为性质的认定,仅能说明其行为具有非暴力性。因而,许霆的恶意取款行为完全符合"秘密窃取"的法律特征。

3. 被告人许霆的行为属于盗窃金融机构,且数额特别巨大。《最高人民法院关于审理盗窃案件具体应用法律若干问题的解释》(已失效)第八条规定:"刑法第二百六十四条规定的'盗窃金融机构',是指盗窃金融机构的经营资金、有价证券和客户的资金等,如储户的存款、债券、其他款物,企业的结算资金、股票,不包括盗窃金融机构的办公用品、交通工具等财物的行为。"本案中,自动柜员机是银行对外提供客户自助金融服务的设备,机内储存的资金是金融机构的经营资金,许霆盗窃自动柜员机中资金的行为依法属于"盗窃金融机构"。许霆共计取款成功 171 次,首次取款的 1 000 元不计为盗窃金额;其后 170 次共计取款 174 000 元,扣款 174 元后实际非法占有银行资金 173 826 元,依法属于数额特别巨大。许霆恶意取款的行为不仅严重侵犯了公共财产的所有权,给国家财产造成了巨大损失,还危害了国家金融机构正常的金融秩序,损害了金融安全,具有严重的社会危害性。

(二)本案的量刑

本案的量刑也是争议的焦点之一。第一次判处被告人许霆无期徒刑的一审判决之所以在社会引起热议,争议主要不是认为判处许霆有罪错误,而是认为对其处罚太过严厉。许霆没有法定减轻处罚情节,如仅适用刑法分则关于盗窃罪的规定,属于盗窃金融机构,数额特别巨大,应当判处无期徒刑以上刑罚。但是,许霆的犯罪对象、犯罪手段、犯罪条件等具有特殊性:第一,许霆取款的柜员机出了故障,已非正常的"金融机构"。许霆本无犯罪预谋,是偶然发现了柜员机的异常情况才临时产生犯意。随着许霆不停地恶意取款,柜员机的故障亦助使其得逞,导致许霆的主观恶性越来越大,社会危害性越来越严重。如果没有柜员机故障的诱惑,案件几乎不会发生。第二,许霆的行为虽然构成了盗窃罪,但其采取的犯罪手段在形式上合乎柜员机取款的要求,与采取破坏柜员机或进入金融机构营业场所内部盗窃等手段相比,社会危害性较小。第三,许霆的犯罪极具偶然性,是在柜员机出现故障这样极为罕见和特殊的情形下诱发的犯罪,类似情况难以复制和模仿,对许霆科以适度的刑罚就能够达到刑罚的预防目的,没有必要对其判处无期徒刑以上刑罚。根据《刑法》第六十三条的规定,许霆虽然不具有刑法规定的减轻处罚情节,但是根据案件的特殊情况,经最高人民法院核准,也可以在法定刑以下判处刑罚。对其在法定刑以下量刑既符合刑法关于罪责刑相适应的原则,又充分体现了法律效果与社会效果的统一。

【编后语】

许霆盗窃案是一个普通公民触犯常见罪名的案件,却引发了社会的广泛关注,特别是广州市中级人民法院首次判处许霆无期徒刑后,围绕许霆行为的罪与非罪、此罪与彼罪以及如何量刑等问题引起了社会各界尤其是法律界的极大关注和争论。这其中既有法理的争论,也夹杂着复杂的人文情怀。作为中国法治建设领域的一个典型案件,许霆案的影响是长期而深远的。

许霆案的处理不是简单的法律适用或者刑事审判技术问题,而是法理、情理、民意和司法多方演绎的结果。一方面,我国是适用成文法的国家,成文法始终存在一定的滞后性,无法包罗所有的犯罪现象和犯罪特征,很多酌定从严、从宽的量刑情节无法在法律中体现。一审第一次所作无期徒刑判决引起的网络舆情,也反映了民意对于机械适用成文法的不认同。因而,法院对被告人量刑既要考虑法定情节,又要考虑酌定情节及个案的特殊情况,只有将二者结合起来,综观全案,妥善处理,才能最大限度地发挥条文法的优越性,弥补条文法的滞后性,充分体现法律效果与社会效果的统一。另一方面,正确处理司法与媒体的关系,是人民法院必须应对的重要课题。司法必须正视媒体的积极作用，准确把握媒体信息所体现的正确民意，避免就案办案、机械执法，防止裁判结果违背常识常情常理；又要严格坚守司法底线，依法、理性审理案件，避免人云亦云、进退失据，防止裁判结果屈从于一时的非理性民意而经不起历史检验。

总的来说，在许霆首次被判处无期徒刑时，舆论批评的多，支持法院判决的少；广州市中级人民法院重审改判许霆五年有期徒刑后，舆论支持法院判决的逐渐增多，一批知名法学家发表署名文章明确表示支持法院判决结果。二审审判时，在程序上尽可能地透明和公开，对裁判理由进行了详尽的说理，许霆在二审庭审时当庭表示认罪和忏悔，社会公众纷纷对法院判决表示支持和满意，争论基本归于平息，取得了良好的法律效果和社会效果。

（撰稿：广东省高级人民法院刑一庭　刘锦平
审编：最高人民法院刑二庭　王晓东）

落牙、刚组、达瓦桑布放火案

——西藏“3·14”事件

一、基本案情

被告人落牙,男,藏族,1985 年 3 月 13 日出生。2008 年 3 月 24 日被逮捕。

被告人刚组,男,藏族,1989 年 7 月 8 日出生。2008 年 3 月 24 日被逮捕。

被告人达瓦桑布,男,藏族,1973 年 8 月 1 日出生。2008 年 4 月 1 日被逮捕。

西藏自治区拉萨市人民检察院指控被告人落牙、刚组、达瓦桑布犯放火罪,向拉萨市中级人民法院提起公诉。

被告人落牙辩称,其没有参与砸店门,没有实施放火和助燃行为,也没有让刚组放火,原判认定事实不清,量刑过重。落牙的辩护人提出,落牙放火时没有预见到会造成五人死亡的严重后果,其系初犯,认罪态度好,请求对其从轻处罚。

被告人刚组辩称,其没有拿过打火机,也没到过摩托车店二楼;原判量刑过重。刚组的辩护人提出,刚组刚满 19 岁,系初犯、偶犯,认罪态度好。请求对其从轻处罚。

被告人达瓦桑布辩称,其没有用斧头砸店门,也没有为刚组放火提供打火机。达瓦桑布的辩护人提出,达瓦桑布在共同犯罪中起次要作用,系从犯,且认罪态度较好。请求对其从轻处罚。

西藏自治区拉萨市中级人民法院经公开审理查明:2008 年 3 月 15 日晚,西藏自治区拉萨市达孜县发生打砸抢烧严重暴力事件。位于达孜县德庆镇 318 国道德庆村路段北侧的“五羊本田、嘉陵摩托车专卖店”店主梁某甲(被害人,男,殁年32岁)及其妻吴某某(被害人,殁年30岁)、儿子梁某乙(被害人,殁年不满周岁)一家三口和员工茹某某(被害人,男,殁年18岁)、张某某(被害人,男,殁年16岁)将店门反锁后躲在二楼。当日22时许,被告人落牙、刚组、达瓦桑布等人来到店外。达瓦桑布用斧头砸坏店门,并与落牙、刚组等人一起将卷帘门撕开。刚组、落牙等人先后进入店内,落牙将店内的电视机、电瓶充电机扔到店外,刚组用扳手砸店内的摩托车并用达瓦桑布提供的打火机点燃装有易燃物清洗剂的铁罐,引燃摩托车店内的胶垫等物。落牙将店内装有衣物的编织袋、伞、拖把等易燃物堆放到一起,让刚组放火点燃,并将燃烧的胶垫等物扔到该店通往二楼的楼梯处,向火堆喷洒清洗剂助燃。当火势蔓延时,落牙又从达瓦桑布砸开的"溢香馒头、压面店"搬来两个煤气罐扔进火堆中助燃,致使"五羊本田、嘉陵摩托车专卖店"被完全焚毁,梁某甲、吴某某、梁某乙、茹某某、张某某五人被烧死。

2009年4月8日,拉萨市中级人民法院以(2008)拉刑一初字第98号刑事判决,认定被告人落牙犯放火罪,判处死刑,剥夺政治权利终身;被告人刚组犯放火罪,判处死刑,缓期二年执行,剥夺政治权利终身;被告人达瓦桑布犯放火罪,判处无期徒刑,剥夺政治权利终身。

一审宣判后,被告人落牙、刚组、达瓦桑布不服,提出上诉。上诉理由与二审辩护人的辩解意见与一审相同。

西藏自治区高级人民法院经依法开庭审理,于2009年5月12日以(2009)藏法刑三终字第4号刑事裁定,驳回上诉,维持原判,并依法报请最高人民法院核准被告人落牙死刑。

最高人民法院复核认为,第一审判决、第二审裁定认定的事实清楚,证据确实、充分,定罪准确,量刑适当。审判程序合法。

2009年6月2日,最高人民法院作出(2009)刑五复57033871号刑事裁定,以故意杀人罪核准被告人落牙死刑。

二、裁判理由

2008年3月中旬,西藏自治区拉萨市发生严重打砸抢烧暴力事件(以下简称"3·14"事件)。有充分证据表明,这场打砸抢烧暴力事件是由境内外

"藏独"分裂势力蓄意制造的,是达赖集团有组织、有预谋、精心策划和煽动的,企图搞乱人心、搞乱社会,破坏我国安定团结的社会政治局面,妄图把西藏从祖国分裂出去。"3·14"事件不仅严重破坏了社会秩序和社会稳定,还严重危害了国家、集体财产安全,并给人民群众生命财产安全造成了极大损害。

在"3·14"事件中,一些"藏独"分裂分子一方面带头实施破坏活动,另一方面蛊惑、煽动他人大肆打砸、放火焚烧商铺、民宅、机关、学校等,围攻无辜群众和执行公务的人员,聚众冲击国家机关,严重危害公共安全和社会秩序。被告人落牙、刚组、达瓦桑布放火案,是"3·14"事件中危害后果最为严重的案件之一,犯罪分子犯罪手段残忍,犯罪情节恶劣,犯罪后果严重,罪行令人发指。

我国《刑法》第五条规定,刑罚的轻重,应当与犯罪分子所犯罪行和承担的刑事责任相适应。《最高人民法院关于贯彻宽严相济刑事政策的若干意见》规定,贯彻宽严相济刑事政策,要根据犯罪的具体情况,实行区别对待,做到该宽则宽,当严则严,宽严相济,罚当其罪,打击和孤立极少数,教育、感化和挽救大多数,最大限度地减少社会对立面,促进社会和谐稳定,维护国家长治久安。贯彻宽严相济刑事政策,必须坚持严格依法办案,切实贯彻落实罪刑法定原则、罪刑相适应原则和法律面前人人平等原则,依照法律规定准确定罪量刑。从宽和从严都必须依照法律规定进行,做到宽严有据,罚当其罪。

本案中,被告人落牙、刚组、达瓦桑布共同故意纵火烧毁摩托车专卖店,造成重大财产损失及5人被当场烧死的严重后果,其行为均已构成放火罪。落牙、刚组积极实施放火行为,达瓦桑布砸开店门,并为落牙、刚组放火提供打火机,3名被告人在共同犯罪中均系主犯,应按照其所参与的全部犯罪处罚。落牙直接实施放火行为,在放火过程中将燃烧的胶垫扔到该店通往二楼的楼梯处,又搬来煤气罐助燃,致火势加大,其行为与被害人死亡结果之间存在更为直接的联系,在共同犯罪中的作用更为突出。刚组、达瓦桑布在导致被害人被烧死的作用上相对小于落牙。落牙、刚组、达瓦桑布等人放火烧毁摩托车专卖店,造成店主一家三口和两名员工被活活烧死,其中有一个小孩还不满周岁,犯罪情节特别恶劣,后果特别严重,社会危害极大,均应依法惩处。法院根据犯罪的事实、性质、情节和对社会的危害程度,充分考虑各被告人在共同犯罪中的地位和作用,依法判处罪责最严重的主犯落牙死刑,同时对罪责相对较轻的主犯刚组、达瓦桑布予以从宽处罚,分别判处死缓、无期徒刑,坚持了宽严相济的刑事政策,体现了罪责刑相适应的刑法原则。

【编后语】

不法分子打砸抢烧的暴力犯罪事件,是对人民群众生命财产安全的公然侵犯,是对社会秩序的悍然挑衅,任何一个文明社会都不会迁就容忍,任何一个负责任的政府都不会坐视不管。依法严惩暴力犯罪,是法律的要求、政策的体现、人民的呼声。当严不严,不通过依法严惩有效遏制严重暴力犯罪,就不能有效保护人民利益、保障社会稳定、维护国家安全,一切就无从谈起。

人民法院承担着惩罚犯罪、保护人民的重要职责,肩负着维护国家安全和社会稳定的重大责任。依法严惩暴力犯罪,确保人民安居乐业、社会安定有序、国家长治久安是宪法和法律赋予人民法院的神圣使命,也是人民群众对于司法工作的殷切希望。进入新时代,踏上新征程,人民法院将牢牢把握新时代赋予的新使命,充分发挥审判职能作用,依法严惩民族分裂犯罪活动,全力服务保障国家安全、社会稳定、人民幸福。

(撰稿:最高人民法院刑二庭　陈新军
审编:最高人民法院刑二庭　王晓东)

阿不来提·赛买提等故意杀人案

——新疆"7·5"事件

一、基本案情

被告人阿不来提·赛买提,男,维吾尔族,1974年6月16日出生。2009年8月27日被逮捕。

被告人萨吾尔·麦麦提、依玛木山·阿不都拉、库都斯·麦合木提、艾沙·木旦力甫、阿巴拜克热·依明、雪克来提·亚森、伊卜拉伊木·阿卜拉、塔依勒·吐洪、阿比迪热合曼江·巴热提、艾山江·艾买尔、艾萨·阿卜杜克热木等基本情况略。①

新疆维吾尔自治区乌鲁木齐市人民检察院指控被告人阿不来提·赛买提等犯故意杀人罪,向乌鲁木齐市中级人民法院提起公诉。

被告人阿不来提·赛买提对指控其殴打致死陈某某的事实无异议,但辩称没有持水泥墩子击打王某。其辩护人提出,对指控被告人的犯罪事实和定性无异议;关于量刑,认为各被害人的死伤系多人共同造成的,希望法庭全面考虑案件情况,公正量刑。

新疆维吾尔自治区乌鲁木齐市中级人民法院经公开审理查明:2009年7月5日22时许,被告人依玛木山·阿不都拉等暴徒在新疆维吾尔自治区乌鲁木齐市天山区团结路北三巷持石头、砖块打砸拦停被害人陈某某(殁年55岁)驾驶的新AF6157号尼桑轿车,并追打弃车逃生的陈某某。当陈某某跑至团结路塔吉餐厅附近时,被告人阿不来提·赛买提、萨吾尔·麦麦提、依玛木山·阿不都拉、塔依勒·吐洪、阿比迪热合曼江·巴热提等5名被告人

---

① 本案被告人众多,囿于篇幅,对同案人的自然情况、指控情况、认定事实及判刑情况不再一一列举。

一起对陈某某拳打脚踢。阿不来提·赛买提又持木板击打已倒地的陈某某头部数下,致陈某某颅脑损伤死亡。经鉴定,车辆受损价值人民币11 080元。随后,阿不来提·赛买提、萨吾尔·麦麦提、依玛木山·阿不都拉、库都斯·麦合木提、艾沙·木旦力甫、阿巴拜克热·依明、雪克来提·亚森、伊卜拉伊木·阿卜拉、阿比迪热合曼江·巴热提、艾山江·艾买尔等10名被告人伙同其他暴徒,殴打途经团结路北二巷路口徕再特快餐店的被害人王某(女,殁年25岁),致王某倒地,艾萨·阿卜杜克热木也参与殴打。阿不来提·赛买提搬起路边插太阳伞用的水泥墩,扔砸王某头部,致王某颅脑损伤死亡。

之后,被告人阿不来提·赛买提、萨吾尔·麦麦提、依玛木山·阿不都拉、库都斯·麦合木提、艾沙·木旦力甫、阿巴拜克热·依明、雪克来提·亚森、伊卜拉伊木·阿卜拉、塔依勒·吐洪、艾山江·艾买尔等10名被告人伙同其他暴徒,对途经团结路北二巷路口徕再特快餐店前的被害人张某某(时年41岁)拳打脚踢,致张某某全身多处软组织损伤,蛛网膜下腔出血,左颞部硬膜外血肿,经鉴定属重伤。

乌鲁木齐市中级人民法院认为,被告人阿不来提·赛买提积极参加乌鲁木齐"7·5"打砸抢烧严重暴力犯罪三起,参与殴打三名无辜群众,系造成二人死亡的主要责任者,并致重伤一人,其行为构成故意杀人罪。其犯罪性质、情节极其恶劣,后果特别严重,社会危害性极大,应依法严惩。

2009年12月22日,乌鲁木齐市中级人民法院作出(2009)乌中刑一初字第202号刑事判决,认定被告人阿不来提·赛买提犯故意杀人罪,判处死刑,剥夺政治权利终身。同案被告人以故意杀人罪分别被判处死缓至有期徒刑不等的刑罚。

一审宣判后,被告人阿不来提·赛买提等不服,提出上诉。上诉理由与辩护人辩解意见与一审理由相同。

新疆维吾尔自治区高级人民法院经依法开庭审理,于2010年1月7日以(2010)新刑一终字第7号刑事裁定,驳回上诉,维持原判,并依法报请最高人民法院核准被告人阿不来提·赛买提死刑。

最高人民法院复核认为,第一审判决、第二审裁定认定的事实清楚,证据确实、充分,定罪准确,量刑适当。审判程序合法。以(2010)刑四复58661542号刑事裁定,以故意杀人罪核准被告人阿不来提·赛买提死刑。

二、裁判理由

2009年7月5日,境内外分裂势力里应外合,组织、策划、实施了震惊中外的乌鲁木齐市打砸抢烧严重暴力犯罪事件(以下简称乌鲁木齐"7·5"事件),数千名恐怖分子在市区多处同时行动,疯狂杀害群众,袭击政府机关、公安民警、居民住所、商店、公共交通设施等,共造成197人死亡、1 700多人受伤、331个店铺和1 325辆汽车被砸烧,众多市政公共设施损毁[①]。因而,乌鲁木齐"7·5"事件是一起由境外分裂势力策划指挥煽动,境内分裂分子组织实施,有预谋、有组织的打砸抢烧严重暴力犯罪活动。

《最高人民法院关于贯彻宽严相济刑事政策的若干意见》规定,贯彻宽严相济刑事政策,必须毫不动摇地坚持依法严惩严重刑事犯罪的方针。暴力恐怖犯罪严重危害广大人民群众的生命财产安全,严重危害社会和谐稳定。对暴力恐怖犯罪活动,必须坚持严打方针不动摇,以有效震慑犯罪分子,达到有效遏制犯罪、预防犯罪的目的。本案是乌鲁木齐"7·5"事件中发生的一起严重暴力犯罪案件,犯罪分子以不特定人为侵害对象,手段残忍,后果严重。一、二审以故意杀人罪分别判处1名被告人死刑、3名被告人死缓、5名被告人无期徒刑、2名被告人有期徒刑十五年,1名被告人有期徒刑十二年,总体上坚持了严惩,体现了依法从"严"的政策要求。

宽严相济刑事司法政策的核心是区别对待。宽严相济刑事政策中的"相济",主要是指在对各类犯罪依法处罚时,要善于综合运用宽和严两种手段,对不同的犯罪和犯罪分子区别对待,做到严中有宽、宽以济严;宽中有严、严以济宽。本案一、二审在总体上坚持严惩的同时,充分考虑了各被告人在共同犯罪中的地位和作用、犯罪后果、被告人的主观恶性和人身危险性等情况,根据各被告人的罪责,分别判处死刑、死缓、无期徒刑、有期徒刑,体现了"宽严相济"的政策要求。

---

① 数据来源于国务院新闻办公室《新疆的反恐、去极端化斗争与人权保障》白皮书。

【编后语】

一段时间以来,我国新疆地区深受“三股势力”(民族分裂势力、宗教极端势力、暴力恐怖势力)的叠加影响,暴力恐怖事件多发频发,对国家安全、社会稳定、经济发展、民族团结和人民群众生命财产安全造成极大危害。国务院新闻办公室《新疆的反恐、去极端化斗争与人权保障》白皮书披露,据不完全统计,自1990年至2016年年底,“三股势力”在新疆等地共制造了数千起暴力恐怖案(事)件,造成大量无辜群众被害,数百名公安民警殉职,财产损失无法估算。乌鲁木齐“7·5”事件是近年来新疆“三股势力”破坏活动的典型,充分暴露了“三股势力”反人类、反文明、反社会的本质。

恐怖主义是国际公害、人类公敌,恐怖分子通过暴力、破坏、恐吓等手段,侵犯人身财产、制造社会恐慌、危害公共安全。极端主义以歪曲宗教教义或者其他方法煽动仇恨、制造歧视、鼓吹暴力,极易催生暴力恐怖行为,是恐怖主义的重要思想基础。分裂主义打着民族、宗教的幌子,夸大民族间的文化差异,煽动民族隔阂与仇恨,鼓吹宗教极端,制造宗教狂热,蛊惑煽动群众,挑起暴力骚乱,是恐怖主义、极端主义产生的温床。乌鲁木齐“7·5”事件充分暴露了新疆“三股势力”三位一体,意图把新疆从中国分裂出去的险恶用心。

反对民族分裂,维护国家统一,是国家最高利益所在,也是各族人民根本利益所在。近年来,各级人民法院认真贯彻落实中央决策部署,切实履行刑事审判职责,依法坚决打击分裂破坏活动,为维护国家统一安全、确保社会和谐稳定、保障人民安居乐业提供了坚强有力的司法保障。面对错综复杂的反分裂斗争形势和“三股势力”的分裂破坏活动,人民法院将牢记职责使命,忠诚履职尽责,以实际行动捍卫国家统一。

(撰稿:最高人民法院刑四庭　王军强
最高人民法院刑二庭　陈新军
审编:最高人民法院刑二庭　王晓东)

高晓松危险驾驶案

一、基本案情

被告人高晓松,男,汉族,1969 年 11 月 14 日出生。

北京市东城区人民检察院指控被告人高晓松犯危险驾驶罪,向北京市东城区人民法院提起公诉。

被告人高晓松对公诉机关指控其犯危险驾驶罪的事实及罪名均不持异议。辩护人提出,高晓松认罪、悔罪,积极赔偿被害人损失;高晓松是公众人物,请求法庭依法作出公正判决,建议法庭对其从轻处罚,并宣告缓刑。

北京市东城区人民法院经公开审理查明:2011 年 5 月 9 日 22 时许,被告人高晓松醉酒后驾驶英菲尼迪牌小型越野客车,行驶至本市东城区东直门外大街十字坡路口东 50 米处时发生交通事故,致四车追尾、三人受伤。他人报警后,被告人高晓松在案发现场等候处理,后民警赶至现场将其查获。经司法鉴定,高晓松血液内酒精含量为 243.04mg/100ml。

北京市东城区人民法院认为,被告人高晓松违反法律规定,在道路上醉酒驾驶机动车,致四车追尾、三人受伤,其行为危害了公共安全,已构成危险驾驶罪。应当根据被告人犯罪的事实、性质、情节和对于社会的危害程度进行量刑。

2011 年 5 月 17 日,北京市东城区人民法院以(2011)东刑初字第 296 号刑事判决,认定被告人高晓松犯危险驾驶罪,判处拘役六个月,并处罚金人民币四千元。

一审宣判后,公诉机关未提出抗诉,被告人高晓松未上诉。判决已经发生法律效力。

二、裁判理由

危险驾驶罪是《中华人民共和国刑法修正案(八)》(以下简称《刑法修

正案(八)》,自2011年5月1日起施行)第二十二条所增设的罪名。该条规定:“在道路上驾驶机动车追逐竞驶,情节恶劣的,或者在道路上醉酒驾驶机动车的,处拘役,并处罚金。有前款行为,同时构成其他犯罪的,依照处罚较重的规定定罪处罚。”①

《刑法修正案(八)》对于追逐竞驶型危险驾驶行为,规定了“情节恶劣的”应判处刑罚,而对于醉驾型危险驾驶行为,并未规定任何限定条件,直接明确规定了刑罚为“处拘役,并处罚金”。拘役的期限为一个月以上六个月以下,故对于犯危险驾驶罪的被告人,应在该量刑幅度内量刑。

作为刑法中唯一的仅将拘役规定为主刑的轻罪,危险驾驶罪的法定刑虽轻,但其刑罚适用也应当坚持罪刑相适应的基本原则,体现“轻罪轻刑”,而不能一味强调严惩,甚至当从宽处理的而不依法从宽。对于醉酒驾驶机动车情节较轻、情节轻微或者显著轻微的情形,可以适用刑法总则的规定,依法宣告缓刑、免予刑事处罚或者不作为犯罪处理。同时,对于具有从重处罚情节的行为人,也应当依法从重处罚,做到宽严相济,罚当其罪。在实践中,通常根据醉驾行为的社会危害程度以及行为人的人身危险大小,来作为对行为人从重或者从轻处罚的重要参考因素。具体包括:

行为方面,主要有以下几种情节:(1)醉驾的时空环境,即时间、路段、距离,具体包括:醉驾的时间是深夜车辆较少时还是白天车流高峰期,醉驾持续的时间长短,饮酒与驾驶之间间隔的时间长短;醉驾的路段是繁华闹市还是人迹稀少的区域,是普通道路还是城市快速路、高速公路;被查获时醉驾的距离,离目的地的剩余距离。(2)醉驾的机动车车况,具体包括:是“铁包肉”的汽车还是“肉包铁”的普通摩托车;是私家车还是正在营运的客车;是符合安全技术条件的机动车还是改装车、报废车;是独自醉驾还是载有亲友醉驾。(3)是否还有其他违反道路交通安全法的行为,具体包括:是否存在无证驾驶或者准驾车型不符,严重超速、超载、超员,违反交通信号,吸毒后驾驶,伪造、变造、遮挡号牌等情形。(4)醉驾的后果,即是否发生交通事故以及造成后果的严重程度。

① 《中华人民共和国刑法修正案(九)》又对该条进行了修正,在第一款中增加两项危险驾驶行为,新增第二款规定,将原第二款修改为第三款。

行为人方面,主要有以下几种情节:(1)醉酒程度,即行为人的血液酒精含量是刚超过认定醉酒驾驶80mg/100ml的标准,还是超出很多。(2)犯罪态度,具体包括:是否有主动停止醉驾,自首、坦白、立功、积极赔偿等法定或者酌定从宽处罚情节;是否有拒不配合检查、弃车逃匿,甚至殴打、驾车冲撞执法人员、冲卡等恶劣行为。(3)犯罪动机或者对醉驾行为本身的认识,具体包括:是否有违法性认识,如误以为休息数小时或者隔夜之后会醒酒而醉驾;是忽视醉驾对公共安全造成的危险而执意醉驾,还是出于救助他人而不得已醉驾;是否采取避免措施等。(4)行为人的一贯表现,如是否有醉驾、酒驾以及其他前科劣迹。

本案中,被告人高晓松在北京市区繁华地段醉酒驾驶,虽然当时已是22时许,但路上车辆、行人不断,高晓松因醉驾发生交通事故,致四车追尾、三人受伤,当时其血液内酒精含量经鉴定为243.04mg/100ml,已达到醉酒认定标准的3倍以上。其行为不属于可以宣告缓刑、免予刑事处罚或者不作为犯罪处理的范围。虽然案发后,高晓松认罪态度较好,且赔偿部分被害人经济损失,但其醉酒驾驶的行为情节恶劣,实际危害后果严重,应从重处罚。故人民法院综合案件情节,以危险驾驶罪判处高晓松拘役六个月,并处罚金人民币4 000元。

需要说明的是,2013年12月18日,最高人民法院、最高人民检察院、公安部发布了《关于办理醉酒驾驶机动车刑事案件适用法律若干问题的意见》,对于醉驾型危险驾驶行为的量刑作出了进一步规定,其中第二条明确,对于血液酒精含量达到200mg/100ml以上的醉酒驾驶机动车行为,从重处罚。虽然本案审理时上述规定尚未实施,但人民法院在判决时考虑高晓松造成交通事故且血液酒精含量达到醉酒认定标准的3倍以上等情节,对其从重处罚符合刑法增设该罪名的价值追求和内在精神,是较全面、客观的结论。

【编后语】

醉驾入刑是民生刑法的典型范例,是刑法适应社会发展变化的必然要求,也是法律完善、社会进步的表现。作为一项轻罪,危险驾驶罪既和每位司机的切身利益相关,也和每个人道路安全相关。被告人高晓松是著名音乐人,本案又发生在醉驾入刑之初,故案件审理过程备受社会关注。法院通过对高晓松的审判,也同时进行了一场对全社会的普法教育。高晓松本人也认罪悔罪,公开道歉,并表示"酒令智昏,以我为戒",社会公众普遍认可、支持法院判决,案件审理取得良好的法律效果与社会效果。

(撰稿:北京市东城区人民法院刑二庭　林梅梅

审编:最高人民法院刑二庭　韩维中)

糯康犯罪集团故意杀人、运输毒品、劫持船只、绑架案

一、基本案情

被告人糯康(音译),男,缅甸联邦共和国国籍,掸族,1969年11月8日出生。2012年5月10日被逮捕。

被告人桑康·乍萨(音译),男,泰王国国籍,掸族,1951年出生。2012年7月19日被逮捕。

被告人依莱(音译),男,国籍不明,泰伪族,1957年10月21日出生。2012年7月19日被逮捕。

被告人扎西卡(音译),男,国籍不明,拉祜族,28岁。2012年7月19日被逮捕。

被告人扎波(音译),又名扎波古、扎波怪,男,国籍不明,拉祜族,35岁。2012年7月19日被逮捕。

被告人扎拖波(音译),男,国籍不明,拉祜族,30岁。2012年7月19日被逮捕。

云南省昆明市人民检察院指控被告人糯康、桑康·乍萨、依莱犯故意杀人罪、运输毒品罪、绑架罪、劫持船只罪,被告人扎西卡、扎波犯故意杀人罪、绑架罪、劫持船只罪,被告人扎拖波犯劫持船只罪,向昆明市中级人民法院提起公诉。

昆明市中级人民法院经公开审理查明:

(一)2011年9月底至10月初,长期盘踞在湄公河流域"散布岛"一带的糯康犯罪集团,为报复中国船只被缅甸军队征用清剿该组织,同时为获取泰国不法军人的支持,被告人糯康先后与被告人桑康·乍萨、依莱、翁蔑(另案处理)、弄罗(另案处理)策划劫持中国船只、杀害中国船员,并在船上放置毒

品栽赃陷害船员。按照糯康的安排，依莱在湄公河沿岸布置眼线、选定停船杀人地点，并和弄罗与泰国不法军人具体策划栽赃查船等事宜。

2011 年 10 月 5 日早，根据糯康的授意，在桑康·乍萨的指挥下，翁蔑带领温那、碗香、岩湍、岩梭等人（均另案处理），携带枪支驾乘快艇，在湄公河“梭崩”与“散布岛”之间的“弄要”附近，劫持了中国船只“玉兴 8 号”“华平号”，捆绑控制了船员，并将事先准备的毒品分别放置在两艘船上。被告人扎西卡、扎波、扎拖波接到翁蔑等人通知后赶到“弄要”参与武装劫船。两船被劫至泰王国清莱府清盛县央区清盛—湄赛路 1 组湄公河岸边一鸡素果树处停靠，翁蔑、扎西卡、扎波等人在船上迅即向中国船员开枪射击后驾乘快艇逃离。按照与依莱、弄罗的约定，在岸边等候的泰国不法军人随即向两艘中国船只开枪射击，而后登船继续射击，并将中国船员尸体抛入湄公河。此案即是当年的“10·5”惨案。

案发当天经现场勘查，在“玉兴 8 号”驾驶室发现被害人杨某甲尸体，在“玉兴 8 号”“华平号”上共查获 919 600 粒毒品可疑物。2011 年 10 月 7 日至 11 日，在泰王国清盛港附近陆续打捞出被蒙眼、蒙嘴、捆绑双手的被害人黄某、王某甲、邱某某、蔡某某、杨某乙、李某、杨某丙、文某某、王某乙、曾某某、何某某、陈某某等 12 具中国船员尸体。经鉴定，被害的 13 名中国船员均为枪弹伤导致死亡，查获的毒品可疑物系甲基苯丙胺，净重 84 516.01 克。

（二）糯康犯罪集团长期在湄公河流域非法拦截、检查来往船只、强取财物。2011 年 4 月 2 日，被告人桑康·乍萨、扎西卡、扎波及犯罪嫌疑人翁蔑等人，在湄公河“挡石栏”滩头，将中国货船“渝西 3 号”船长冉某某和老挝金木棉公司客船“金木棉 3 号”船长罗某某劫持为人质。4 月 3 日，又在“孟巴里奥”附近水域将中国货船“正鑫 1 号”“中油 1 号”“渝西 3 号”劫持至“三颗石”附近，并将张某等 15 名中国船员扣押为人质。之后，“正鑫 1 号”船长钟某某被强行带走并与罗某某、冉某某一同关押。罗某某、冉某某在被关押期间，遭到捆绑、殴打，被迫与老挝金木棉公司和“正鑫 1 号”出资人于某某联系交钱赎人。经于某某与被告人糯康的代表弄罗谈判，4 月 6 日下午，弄罗将收到的赎金 2 500 万泰铢交付给被告人依莱后，罗某某、冉某某、钟某某获释。三艘中国货船及船员被缅甸政府解救。

2012年11月6日,云南省昆明市中级人民法院作出(2012)昆刑一初字第162号刑事判决,依法判决:被告人糯康犯故意杀人罪,判处死刑;犯运输毒品罪,判处死刑,并处没收个人全部财产;犯绑架罪,判处无期徒刑,并处没收个人全部财产;犯劫持船只罪,判处无期徒刑;决定执行死刑,并处没收个人全部财产。被告人桑康·乍萨犯故意杀人罪,判处死刑;犯运输毒品罪,判处死刑,缓期二年执行,并处没收个人全部财产;犯绑架罪,判处无期徒刑,并处没收个人全部财产;犯劫持船只罪,判处无期徒刑;决定执行死刑,并处没收个人全部财产。被告人依莱犯故意杀人罪,判处死刑;犯运输毒品罪,判处死刑,缓期二年执行,并处没收个人全部财产;犯绑架罪,判处无期徒刑,并处没收个人全部财产;犯劫持船只罪,判处无期徒刑;决定执行死刑,并处没收个人全部财产。被告人扎西卡犯故意杀人罪,判处死刑;犯绑架罪,判处有期徒刑十五年,并处罚金人民币500 000元;犯劫持船只罪,判处有期徒刑十五年;决定执行死刑,并处罚金人民币500 000元。被告人扎波犯故意杀人罪,判处死刑,缓期二年执行;犯绑架罪,判处有期徒刑十五年,并处罚金人民币500 000元;犯劫持船只罪,判处有期徒刑十五年;决定执行死刑,缓期二年执行,并处罚金人民币500 000元。被告人扎拖波犯劫持船只罪,判处有期徒刑八年。

一审判决宣判后,被告人糯康、桑康·乍萨、依莱、扎西卡、扎波、扎拖波均以一审判决量刑过重,请求从轻处罚为由提出上诉。

云南省高级人民法院经依法公开开庭审理,于2012年12月26日以(2012)云高刑终字第1765号刑事附带民事裁定书驳回上诉,维持原判。并将对被告人糯康、桑康·乍萨、依莱、扎西卡的死刑判决,依法报请最高人民法院核准。

最高人民法院复核认为,被告人糯康、桑康·乍萨、依莱为报复中国船只、陷害中国船员,与泰国不法军人共谋策划,组织、指挥犯罪集团成员武装劫持"玉兴8号"和"华平号"货船并故意放置、押运毒品甲基苯丙胺,后将捆绑控制的船员予以杀害。此外,糯康、桑康·乍萨、依莱还曾策划、组织武装劫持中国船只"正鑫1号"、"中油1号"和"渝西3号",绑架中国公民作为人质勒索赎金,且数额特别巨大,上述三被告人的行为均已构成故意杀人罪、运输毒品罪、绑架罪、劫持船只罪。被告人扎西卡积极参与武装劫持船只、绑架人质勒索赎金,并枪杀中国船员,其行为已构成故意杀人罪、绑架罪、劫持船只罪。糯康、桑康·乍萨、依莱系犯罪集团首要分子,应当按照集团所犯全部罪行处罚;扎西卡作为犯罪集团成员,在其所参与的共同犯罪中起主要作用,系主犯。上述四被告人犯罪手段特别残忍,犯罪情节特别恶劣,犯罪后果特别严重,且均无法定从轻或减轻处罚情节,应依法惩处。第一审判决、第二审裁定认定的事实清楚,证据确实、充分,定罪准确,量刑适当。审判程序合法。

2013 年 1 月 29 日最高人民法院作出(2013)刑二复 72350274 号刑事裁定,依法核准糯康、桑康·乍萨、依莱、扎西卡四人死刑。

二、裁判理由

(一)关于本案管辖权的确定

1. 属地管辖原则的补充

我国《刑法》第六条规定,凡在中华人民共和国领域内犯罪的,除法律有特别规定的以外,都适用本法。此即为我国刑法中的属地管辖原则,该条还同时规定,凡在中华人民共和国船舶或者航空器内犯罪的,也适用本法。但对"中华人民共和国船舶"如何理解,我国目前尚无相关法律、法规及司法解释对此作出具体规定,通行观点包括船籍国主义和旗国主义,前者是指船舶的船籍国为我国,后者是指船舶悬挂了我国国旗。

一般而言,在国际私法中多采用船籍国主义,如在海商事案件中,特别是海损等纠纷中涉及赔偿主体时多与船籍和船东有关;而在国际公法中则多采用旗国主义。这是因为:一是船舶在公海上航行悬挂一国国旗往往表示接受该国的保护并愿意遵守该国相关法律,因此,在此船舶上的犯罪也往往被认为是针对旗帜国的侵犯,旗帜国理所当然对这些犯罪享有管辖权;二是旗国主义是通行的国际惯例,不仅得到了国际法的承认,而且被许多国家规定在其刑法典中。例如,1988 年 12 月 19 日在联合国第 6 次全会上通过的《禁止非法贩运麻醉药品和精神药物公约》(以下简称《公约》)第 4 条规定,犯罪发生在犯罪时悬挂其国旗的船只或按其法律注册的飞行器上时,各缔约国应确立本国的管辖权。在一些国家的国内法中也是如此,例如,《德国刑法典》第4条规定,在悬挂德意志联邦共和国国旗或国徽的船舶、航空器内发生的犯罪行为,无论行为地法律如何规定,均适用德国刑法。《法国刑法典》第113-3条也规定,在悬挂法国国旗的船只上实行的犯罪,或者无论其处于何地,针对此种船只实行的犯罪,适用法国刑法。通常认为,挂有本国国旗的船舶与航空器,属于本国领土,这是属地管辖原则的补充,不管其航行或停放在何处,对在船舶与航空器内的犯罪,都应适用旗国的刑法。本案无论是"华平号"还是"玉兴8号"悬挂的都是中华人民共和国国旗,因此,我国享有刑事管辖权。

2.保护管辖原则

即使不从属地管辖原则出发,也能确定我国对本案的刑事管辖权。《刑法》第八条规定,外国人在中华人民共和国领域外对中华人民共和国国家或者公民犯罪,而按本法规定的最低刑为三年以上有期徒刑的,可以适用本法,但是按照犯罪地的法律不受处罚的除外。本案中,涉案被害人都是中国人,无论是劫持船只罪、故意杀人罪还是绑架罪,在我国刑法中都是法定最低刑为三年以上有期徒刑的严重犯罪。糯康犯罪集团长期在湄公河流域实施劫船、绑架等行为,严重危害该流域的航行自由与安全,沿岸各国都公认是严重犯罪,并视之为严厉打击对象,这些犯罪行为依犯罪地法律也均应受到处罚。因此,依据保护管辖原则,我国对该案享有刑事管辖权。

3.国际条约的规定

我国已经签署加入了《公约》,依据《公约》第4条的规定,犯罪发生在犯罪时悬挂其国旗的船只或按其法律注册的飞行器上,该国具有管辖权,我国法院亦对本案中的涉毒犯罪具有管辖权。因而,我国对本案享有无可辩驳的刑事管辖权,法律和法理依据充分。

(二)本案的证据运用

本案由于犯罪地在国外,境外执法主体已先期进行了一部分证据的提取、收集、制作工作,因此,在我国法庭审判中必然面临这些证据的转换问题。

基于国家主权方面的原因,一国执法主体提取、收集、制作的证据并不能在另一国法庭上直接作为证据使用,但这些证据有时又会异常重要不能弃之不顾。因此,为了维护国家主权和诉讼便利,国际惯例通常采取刑事司法协助进行证据交换。我国《刑事诉讼法》第十七条规定,根据中华人民共和国缔结或者参加的国际条约,或者按照互惠原则,我国司法机关和外国司法机关可以相互请求刑事司法协助。本案中,根据《中华人民共和国和泰王国关于刑事司法协助的条约》和《中华人民共和国和老挝人民民主共和国关于民事和刑事司法协助的条约》,涉及泰王国和老挝的证据,经过政府间交换,可以在我国的法庭上直接作为证据进行使用,而且在庭审中不再对证据资格进行质证,但该证据是否具有证明力及是否作为定案之证据则由我国的法庭依照我国相关法律进行最终确认。中缅之间尚无刑事司法协助的条约,因此不能直接在政府层面上进行互换,而只能通过外交途径进行协商。

需要注意的是,并非所有的证据都需要转化为国内证据,对于被告人供述、被害人陈述和证人证言这些言词类证据就可以在国内重新进行提取、收集和制作,例如,可以在国内对被告人进行询问,可以要求被害人和证人前往他国法庭出庭进行陈述。

本案的证据体系具有以下鲜明特征:一是证据体系得以建立,主要依赖我国司法机关依法收集的证据,与外国司法机关依法移交的证据相互支撑、融为整体,形成完整、一致的证明力;二是我国司法机关收集在案的证据,特别是本案七被告人供认犯罪事实的言词证据,与外方移交的现场勘验检查记录、尸体检验记录等客观证据相互印证、结论排他,确定无疑地证明了犯罪事实;二是依照中老、中缅、中泰各方达成的刑事司法合作协议及建立的双边、多边警务合作机制,各方本着尊重主权及平等互利的原则,成功地实现跨国证据调查,保证了各国及时、高效地追诉糯康犯罪集团成员的各项犯罪;四是在此次法庭审理中,由我国司法机关提出申请,经外方有权机关批准,外方证人及物证鉴定专家出席法庭作证,直接、客观、公正地证明了本案七被告人所实施的犯罪事实。

(三)本案罪数的认定

在第一起指控事实中,糯康犯罪集团成员犯劫持船只罪、运输毒品罪、故意杀人罪,多名被告人及辩护人提出属于牵连犯应择一重处的辩解、辩护意见。法院经审理认为,糯康犯罪集团为报复中国船只,也为获取不法泰国军人支持,实施劫持船只、运输毒品、杀害船员的行为,是数犯意、数实行行为、造成数法益侵害的情形,分别触犯不同罪名,构成三个独立的犯罪,应分别评价,数罪并罚。理由如下:首先,糯康集团采用武装暴力劫持正在航行的中国船只,直接对船员人身财产安全及船舶航行安全造成侵害,构成劫持船只罪;同时,被告人等明知是毒品,仍将毒品从散布岛运到我国船舶上再运至泰国清盛港附近,构成运输毒品罪;另外,糯康集团预谋杀害中国船员,并枪击致13名船员死亡,构成故意杀人罪。糯康犯罪集团实施的各项犯罪都具有严重的法益侵害性,都是重罪,只有数罪并罚才能全面、完整评价,才能真正体现罪责相适应原则、罪刑相当原则。其次,虽然几名被告人实施的故意杀人和运输毒品犯罪行为与劫持船只的犯罪行为之间的确存在一定的客观联系,但这种联系并不是牵连关系,被告人实施劫持船只行为在先,行为已经完成,结果已经发生,构成既遂,之后又实施杀人的行为,其劫持船只和故意杀人两个行为具有明显的阶段性和独立性,犯意无直接关联,不成立牵连犯。最后,即使本案各犯罪行为之间存在牵连关系,也应当数罪并罚。牵连犯本质上是数罪,处罚原则也是在不断发展变化的,传统刑法理论认为牵连犯是实质的数罪、处断的一罪;现行刑法规定中对牵连犯既有适用从一重处断,又有适用数罪并罚的,从一罪重处并不是牵连犯处断的唯一原则。当择一重处罚与罪责相适应、罪刑相当原则冲突时,仅依手段行为一罪处断不能反映案件本质性质,作一罪处罚明显评价不足的情况下,就应数罪并罚。本案无论定任何一个罪名对本案都是评价不足的,无法真正体现罪责相适应原则,只有数罪并罚才能完整评价糯康犯罪集团所实施犯罪的社会危害性、行为的严重法益侵害性。

在第二起指控事实中,糯康集团以勒索财物为目的,武装劫持两名中国船长,并将两名人质扣押。2011年4月2日的绑架行为与4月3日劫持中国船只船员的行为属于各自完全独立的犯罪行为,并不存在刑法意义上的手段与目的、原因与结果的牵连关系。首先,4月3日发生的劫持船只和扣押船员犯罪行为,在形式上虽具有时空联系,但实质上并不具有目的行为与手段行为的依附、从属关系,也没有原因行为与结果行为的引起和被引起的合乎逻辑的必然联系。即劫持船只行为与绑架行为之间并不是彼此类型化的行为,劫持船只行为不是绑架罪的必要行为,绑架行为也不是劫持船只罪的必然结果,二者没有牵连关系,不成立牵连犯。其次,劫持船只罪属于我国《刑法》第二章规定的危害公共安全犯罪,绑架罪属于我国《刑法》第四章规定的侵犯公民人身权利犯罪,都属性质严重的犯罪,如果仅认定一罪,无论是绑架罪还是劫持船只罪,都不能客观反映案件全貌,也不足以对本案被告人犯罪行为的社会危害性作出全面评价,从而导致刑罚评价不充分、不全面。

因而,法院最终认定被告人糯康等构成数罪并予以并罚是正确的。

【编后语】

在"10·5"惨案发生后,中、老、缅、泰四方迅速达成共识,发表了《关于湄公河流域执法安全合作的联合声明》,正式建立湄公河流域执法安全合作机制,在最短的时间内恢复流域航行安全秩序。在本案的刑事司法追诉过程中,从老挝人民民主共和国向我国移交糯康犯罪集团的首犯糯康开始,中、老、缅、泰四方积极而富有成效地开展全方位的双边、多边司法合作,充分展现了四方共同打击跨国有组织犯罪的信心与能力,为全球化背景下各国展开警务协作、司法合作,打击跨国犯罪提供了典型范例。我国法院客观、公正、透明的审理本案,不仅打击了国际刑事犯罪,慰藉了案件中的受害人及家属,同时也向国际社会展现了我国法治的良好形象。

(撰稿:云南省高级人民法院　黄为华　后　锋　周岸崇
审编:最高人民法院刑二庭　韩维中)

于英生故意杀人案

一、基本案情

原审被告人于英生,男,汉族,1962 年 3 月 27 日出生,原系蚌埠市原东区(现龙子湖区)区长助理。1996 年 12 月 22 日被逮捕。

1997 年,安徽省蚌埠市人民检察院指控被告人于英生犯故意杀人罪,向蚌埠市中级人民法院提起公诉。

于英生辩称其与韩某夫妻关系一直很好,没有杀害妻子韩某的动机,希望能抓到真凶;在公安机关作的有罪供述是公安人员逼供、诱供所致。

蚌埠市中级人民法院一审查明:被告人于英生怀疑妻子韩某与他人关系不正常,因此双方感情不和。1996 年 12 月 1 日,韩某让于英生将 2 800 元钱存入银行,于英生问钱是哪来的,韩某不愿说。12 月 2 日 7 时 20 分,于英生骑自行车送 8 岁的儿子于某上学后于 7 时 23 分返回家中,再次问韩某钱的来源,并挖苦韩某,为此双方发生争吵厮打。于英生从厨房拿出一根塑料绳,将韩某双手拧到背后捆住,并用被子捂住韩某的口鼻。于英生见韩某倒在床上不动,心里害怕,即逃离现场后上班。同日 9 时 50 分,于英生从市政府办完事再次返回家中,用菜刀在韩某颈部割了数刀,解掉韩某手上的塑料绳,并把棉被盖在韩某的尸体上。之后,于英生又将梳妆台和床头柜的抽屉拉开,翻出衣柜里的衣物,割断电话线,用毛巾擦高低柜等处留下的痕迹,又将厨房的液化气钢瓶拎到卧室,打开阀门,点燃蜡烛,企图毁灭现场,后骑车离开现场去上班。当日 11 时 40 分,韩某父亲韩玉书接外孙于某回到于英生家,及时关闭液化气,熄灭蜡烛。经鉴定,韩某系口鼻腔在暴力作用下,致机械性窒息死亡。

1998 年 4 月 7 日,蚌埠市中级人民法院作出(1998)蚌刑初字第 5 号刑事判决,认定被告人于英生犯故意杀人罪,判处死刑,缓期二年执行,剥夺政治权利终身。

一审宣判后，被告人于英生以没有杀害妻子韩某为由，提出上诉。

1998 年 9 月 14 日，安徽省高级人民法院作出（1998）皖刑终字第 241 号刑事裁定，以事实不清、证据不足为由，撤销原判，发回重审。

1999 年 9 月 16 日，蚌埠市中级人民法院重审后作出（1999）蚌刑初字第 53 号刑事附带民事判决，再次认定被告人于英生犯故意杀人罪，判处死刑，缓期二年执行，剥夺政治权利终身。

宣判后，被告人于英生仍以没有杀害妻子韩某为由，提出上诉。

2000 年 5 月 15 日，安徽省高级人民法院作出（1999）皖刑终字第 567 号刑事附带民事裁定，再次以事实不清、证据不足为由，撤销原判，发回重审。

2000 年 10 月 25 日，蚌埠市中级人民法院重审后作出（2000）蚌刑初字第 59 号刑事附带民事判决，认定被告人于英生犯故意杀人罪，判处无期徒刑，剥夺政治权利终身。

宣判后，被告人再次以之前的上诉理由提出上诉。

2002 年 7 月 1 日，安徽省高级人民法院作出（2001）皖刑终字第 28 号刑事附带民事裁定，驳回上诉，维持原判。

被告人于英生及其近亲属不服生效刑事裁判，提出申诉。2013 年 6 月 27 日，安徽省高级人民法院作出（2013）皖刑监字第 00032 号再审决定书，决定对本案进行再审。

本院再审时，被告人于英生及其辩护人提出，于英生与韩某夫妻关系一直很好，没有杀害韩某的动机；韩某三角内裤及阴道擦拭纱布上的精子，经 DNA 鉴定不是于英生的，证明有他人作案可能；于英生有罪供述与现场勘查、尸检报告不吻合，与 DNA 鉴定结论相矛盾，不能作为定案依据；原审判决认定于英生捂死韩某的作案时间经不起推敲，传呼机上的信息，能反映于英生当天上午 10 时前后没有伪造现场的时间，而公安机关一直没有公开调查结果；原审判决、裁定认定于英生杀害妻子韩某的事实不清，证据不足，应对于英生作出无罪判决。

出庭检察员提出，本案被害人韩某阴道擦拭纱布和三角内裤上检出的精子，经 DNA 鉴定不是被告人于英生的、现场存在没有比对出结果的外来指纹,他人作案的可能没有得到合理排除;于英生在公安侦查阶段作的有罪供述,部分情节得不到其他证据印证。原审判决、裁定认定事实的证据不确实,不充分,应宣告于英生无罪。

安徽省高级人民法院经再审查明:原审判决、裁定认定被告人于英生杀害其妻韩某的事实,有于英生的供述证实,且其供述部分得到了现场勘查笔录、尸体检验报告的印证。

再审还查明:1996年12月2日11时40分左右,韩某的父亲韩玉书从学校将外孙于某接到于英生家。开门时闻到一股很浓的液化气味,遂进入于英生和韩某的卧室,见室内有一只正在泄气的液化气钢瓶,床头柜上烟灰缸里有一支正在燃烧的蜡烛,衣柜、高低柜、床头柜等被拉开翻动,衣物散落一地。韩玉书即关上液化气瓶,熄灭蜡烛,打开窗户,让于某打于英生传呼机。几分钟后,于英生回家进入卧室看过后又出卧室,在客厅打电话到韩某单位无人接听。后又再次进入卧室,掀开床上棉被,见韩某俯卧在床上,头面部有大量血迹,遂拨打110报警。

安徽省高级人民法院认为,原审判决、裁定根据被告人于英生的有罪供述、现场勘查笔录、尸体检验报告、刑事科学技术鉴定、证人证言等证据,认定原审被告人于英生杀害了韩某。但于英生供述中部分情节与现场勘查笔录、尸体检验报告、刑事科学技术鉴定等证据存在矛盾。且韩某阴道擦拭纱布及三角内裤上的精子经辽宁省公安厅DNA鉴定,不是于英生的,安徽省人民检察院提供的侦查人员从现场提取的没有比对出结果的他人指纹等证据,没有得到合理排除。故原审判决、裁定认定于英生犯故意杀人罪的事实不清,证据不足,指控的犯罪不能成立。

2013年8月8日,安徽省高级人民法院作出(2013)皖刑再终字第00006号刑事附带民事判决,撤销之前的有罪判决,改判被告人于英生无罪。

二、裁判理由

本案不同于“真凶出现”或“亡者归来”等案件,系因证据存疑而宣告无罪的一起案件。最终,人民法院认为案件存在的矛盾和疑点无法得到合理排除,案件事实结论不具有唯一性,认定于英生故意杀人的事实不清,证据不足。

（一）原审判决认定事实的证据不确实、不充分

再审期间，安徽省人民检察院向安徽省高级人民法院提供了蚌埠市公安局勘查现场时提取的两枚没有比对出结果的他人指纹等新证据。新证据能够证实现场存在的2枚指纹不是于英生及其家人所留，但侦查机关之前并未将该情况写入检验报告。原审判决依据原“现场手印检验报告”得出“没有发现外人进入现场的痕迹”的结论与客观事实不符。

关于被告人于英生送孩子上学以及到单位上班的时间，缺少明确证据支持，且证人证言之间存在矛盾。原审判决认定于英生于案发当日9时50分回家伪造现场，10时20分回到单位，而于英生辩解其在10时左右回到单位，后接到传呼并用办公室电话回此传呼，并在侦查阶段将传呼机提交侦查机关。安徽省人民检察院复查及最高人民检察院审查时，相关人员证实侦查机关曾对有关人员及传呼机信息问题进行了调查，并调取了通话记录，但案卷中并没有相关调查材料及通话记录，于英生关于在10时左右回到单位的辩解不能合理排除。因此依据现有证据，原审判决认定于英生具有20分钟作案时间和30分钟伪造现场时间的证据不足。

（二）原审判决定罪的主要证据之间存在矛盾

原审判决认定于英生有罪的证据主要是现场勘查笔录、尸检报告以及于英生曾作过的有罪供述。而于英生在侦查阶段虽曾作过有罪供述，但其有罪供述不稳定，时供时翻，供述前后矛盾。且其有罪供述与现场勘查笔录、尸检报告等证据亦存在诸多不一致的地方，如于英生有罪供述中关于点蜡烛的火柴梗丢弃在卧室地上、电话线是拽断的、用毛巾擦过现场血迹、捆韩某双手的绳索丢弃在窗外院内、作案后与韩某发生过性关系等情节与现场勘查笔录、尸体检验报告不一致，与DNA鉴定结论相矛盾。

（三）原审判决认定于英生故意杀人的结论不具有唯一性

根据从公安机关侦查内卷中调取的手写“手印检验报告”以及DNA鉴定意见，现场提取到外来指纹；韩某三角内裤及阴道擦拭纱布上的精子，经辽宁省公安厅鉴定，其中的DNA分型不是于英生的，因此存在其他人作案的可能。同时，根据侦查机关蜡烛燃烧试验反映的情况，该案存在杀害被害

人并伪造现场均在8时之前完成的可能。原审判决认定于英生故意杀害韩某的证据未形成完整的证据链,认定的事实不能排除合理怀疑。

《刑事诉讼法》①第一百九十五条第一项规定,案件事实清楚,证据确实、充分,依据法律认定被告人有罪的,应当作出有罪判决。《刑事诉讼法》第五十三条第二款对于认定"证据确实、充分"的条件进行了规定:"(一)定罪量刑的事实都有证据证明;(二)据以定案的证据均经法定程序查证属实;(三)综合全案证据,对所认定的案件事实已排除合理怀疑。"因而,对案件事实结论应当坚持"唯一性"证明标准。排除合理怀疑,要求对于认定的案件事实,从证据角度已经没有符合常理的、有根据的怀疑,特别在是否存在犯罪事实和被告人是否实施了犯罪等关键问题上,确信证据指向的案件结论具有唯一性。只有坚持唯一性标准,才能够保证裁判认定的案件事实与客观事实相符,最大限度地避免冤假错案的发生。

【编后语】

于英生案是人民法院根据"疑罪从无"原则宣告无罪的一起案件。2013年8月13日,安徽省高级人民法院宣告于英生无罪后,向公安机关发出追查真凶的司法建议。公安机关根据司法建议,及时启动侦查程序,并于2014年11月27日抓获真凶犯罪嫌疑人武某某。于英生在17年后终洗清冤屈,但他已在狱中服刑多年,人生、家庭所受到的伤害,是任何赔偿、补偿无法弥补的。安徽省高级人民法院对本案形成冤错案件的原因进行了深入的剖析,认真总结经验,深刻汲取教训,引以为戒。

一是"疑罪从轻"判处无期徒刑埋下祸根。对于于英生案件,法院虽在防止错杀上反复努力,如曾因证据问题先后六次审理(安徽省高级人民法院两次发回重审)②,最终根据检察机关和辩护律师提供的新证据,适用"疑罪从无"原则再审改判无罪。但多年前留有余地的无期徒刑判决,不仅有违罪

① 此处指2012年修正的《刑事诉讼法》。

② 2012年《刑事诉讼法》修正前,立法上对二审法院发回重新审判的次数未作限定,实践中存在类似本案二审法院两次或两次以上发回重审的情形。2012年《刑事诉讼法》修正时,增加规定了对于因事实不清、增加不足的案件,二审发回重审后,原审法院审理后,被告人上诉或者检察机关抗诉的,二审不得再发回重审。

刑法定、疑罪从无原则，而且经不起事实、法律和时间的检验，最终对司法公信力造成了难以弥补的伤害。

二是没有敢于遵循证据裁判规则酿成苦果。司法实践中，一些案件介于罪与非罪之间，法院在事实基本清楚、证据基本充分的情形下定罪，用“两个基本”代替“确实充分”的证据裁判规则，并在量刑时采用留有余地的“疑罪从轻”方式，这种处理绝非个案。观察于英生案件，由于公安机关侦查内卷中有关提取的外来成年人指纹、蜡烛燃烧实验记录等重要证据没有随案移送，法院无从掌握全面的证据情况，虽然在审理中察觉证据存在的问题，但在强调破案率、批捕率、起诉率、定罪率以及片面强调公、检、法协作配合的惯性思维下，最终没有坚持证据裁判规则，留下了“后遗症”。

此案再审不仅是还了被告人于英生一个公道，实现了个案正义，其法治意义也是重大而深远的：一是该案的再审改判该罪，有力践行了实事求是、有错必纠的一贯方针，是全面依法治国战略部署的具体落实，体现了人民法院坚持司法为民的宗旨意识，是社会进步、法治昌明、司法公正的生动体现。二是该案的再审改判，充分彰显了对人权司法保障的高度重视，是坚持以人民为中心的执政理念在司法领域的具体贯彻，是努力让人民群众在每一个司法案件中都感受到公平正义工作目标的有效落实。三是该案的再审改判，是证据裁判、疑罪从无等法律原则的坚定实践，是健全完善冤假错案防范、纠正机制的重要成果，在全社会再次树立起对法治的信仰和对司法公正的信心。

（撰稿：安徽省高级人民法院　周晓冬

审编：最高人民法院刑二庭　韩维中）

王英生故意杀人案

一、基本案情

被告人王英生,男,汉族,1950 年 12 月 24 日出生。2012 年 12 月 3 日被逮捕。

天津市人民检察院第一分院指控被告人王英生犯故意杀人罪,向天津市第一人民法院提起公诉。

被告人王英生对公诉机关指控的犯罪事实无异议,但辩称被害人康某某给其针灸治疗时有意伤害其身体,存在一定过错。辩护人认为,被告人王英生事发前患有严重的精神障碍,事发后认罪悔罪,有坦白情节,并多次表示愿意积极赔偿被害人亲属的经济损失,请法庭对其依法从轻处罚。

天津市第一中级人民法院公开审理查明:被告人王英生因患脑血栓病曾到天津市多家医院治疗。2012 年 10 月 14 日,王英生到天津中医药大学第一附属医院针灸科找医生康某某(被害人,女,殁年 46 岁)为其针灸治疗。接受治疗后,王英生自感病痛无缓解,反而有所加重,认为康某某对其治疗不当,并多次向其亲属表示对康的不满。此后,王英生又至其他医院及诊所接受治疗,仍感到身体不适,即认为自身病情加重系康某某针灸治疗所致,遂产生杀害康进行报复之念。为实施报复杀人行为,王英生事先了解康某某的出诊时间并预谋作案。2012 年 11 月 29 日 11 时许,王英生携带其家中的斧子至天津中医药大学第一附属医院针灸科,在康某某工作的诊室外伺机作案。当日 13 时许,王英生见康某某回到诊室,以要求康为其治疗为由随同进入诊室并将房门关闭。趁康某某不备,王英生双手持斧朝康头部猛砍,康受伤后逃向房门,因伤势过重而倒地。王英生唯恐康某某不死,又持斧子朝康头部猛砍数下,致康重度颅脑损伤经抢救无效死亡。作案后,王英生从该诊室的窗户跳下受伤,后被民警抓获。

2013 年 2 月 4 日,天津市第一中级人民法院以(2013)一中刑初字第 18 号刑事附带民事判决,认定被告人王英生犯故意杀人罪,判处死刑,剥夺政治权利终身。

一审宣判后,被告人王英生以量刑过重为由提出上诉。其辩护人提出王英生具有以下可以从轻处罚的量刑情节:1. 王英生在案发前处于严重精神障碍边缘,行为和控制能力有所限制;2. 王英生归案后认罪悔罪,有坦白情节且系初犯;3. 王英生愿意积极赔偿被害人亲属的经济损失。

天津市高级人民法院经依法开庭审理,于 2013 年 4 月 24 日以(2013)津高刑一终字第 74 号刑事附带民事裁定,驳回上诉、维持原判,并依法报请最高人民法院核准死刑。

最高人民法院经复核认为,被告人王英生故意非法剥夺他人生命,其行为已构成故意杀人罪。王英生不能正确对待医患关系,无端怀疑其病症未得到缓解系被害人康某某实施针灸治疗所致,蓄意行凶报复,持斧子闯入医院杀死医生康某某,犯罪手段残忍,情节恶劣,罪行极其严重,应依法惩处。第一审判决、第二审裁定认定的事实清楚,证据确实、充分,定罪准确,量刑适当。审判程序合法。2014 年 4 月 9 日,最高人民法院核准王英生死刑。

二、裁判理由

(一)暴力伤医的含义及构成

世界卫生组织(WHO)于 2002 年 5 月 10 日在公报《新的研究表明工作场所暴力威胁卫生服务》中对“医院工作场所暴力”给出过界定。根据该公报,暴力伤医行为,是指医疗卫生人员在医院工作场所或因医疗关系而遭受到患者、患者家属亲友、第三方的言语侮辱、暴力威胁和攻击,且已经对医护工作人员的身体或精神造成了伤害或威胁。这里的暴力伤医是一个广义上的概念,它包括对医务工作者的暴力威胁和非暴力威胁。

暴力伤医并非一个单独的刑法罪名,在法律语境下的暴力伤医行为通常具有以下特征:第一,暴力伤医的行为主体为不特定的人,可能是接受医疗的患者或者其亲友,也可能是医患关系之外的其他人。第二,暴力伤医行为人的主观方面为故意,即暴力行为的实施者主观上希望、追求或放任特定医护人员的身体健康遭受伤害甚至出现死亡的后果出现。第三，暴力伤医行为侵犯的客体为复合客体，其中既包括被伤害的医护人员的生命安全、身体健康权利，也包括医疗机构的正常医疗秩序甚至是其他患者的正当权益。第四，暴力伤医的客观方面体现为行为人实施了暴力行为，并导致了医护人员的人身安全遭受侵害或者医疗秩序遭到破坏的严重后果。

结合本案，被告人王英生使用暴力手段，故意杀害曾经的主治医师康某某，侵犯了康某某的生命健康权，并导致康某某死亡，符合暴力伤医行为的四个构成要素，是典型的暴力伤医案件。

（二）暴力伤医行为的危害后果分析

暴力伤医案件除了对被害人，即医生的身体健康和生命安全造成直接的危害外，还对医患关系、医疗制度乃至社会的医疗秩序造成了严重的损害，这也是社会一旦发生暴力伤医案件便引起公众普遍关注的原因所在。

1. 对医生的伤害。暴力伤医不同于通常的医患矛盾，从伦理的角度分析，该类行为实质上属于“以怨报德”的行为。暴力伤医行为在对医生的身体健康造成伤害的同时，还严重恶化了执业环境，对医生的职业认同感造成巨大冲击，导致医务人员产生职业倦怠和不安心理，严重影响医生专业水平的发挥，从而又进一步加剧了医患矛盾。

2. 对医院的危害。暴力伤医事件在对医生本身造成伤害的同时，还严重干扰医院正常的医疗秩序，影响其服务供给能力，给医院带来重大损失。医院是事关患者生命安全的公共场所，暴力伤医事件恶化了医疗执业环境，严重干扰了医院的正常诊疗秩序，并且会最终影响医疗质量和医疗安全。

3. 对社会的危害。暴力伤医行为首当其冲的受害者虽然是医务工作者，但如果该类违法犯罪得不到有效遏制，造成医疗卫生人才流失，最终受害者就是全社会。应当形成共识的是，医疗秩序直接关系人们的生命健康权益，良好的医患关系有助于和谐社会的发展，而频发的暴力伤医事件则将医患之间的矛盾进一步尖锐化、白热化，直接影响社会的稳定。

（三）本案的定罪、量刑分析

从在案的证据来看，王英生行凶杀人过程有现场目击证人，其本人在现场被抓获，在其身上检出被害人血斑，现场留有其足迹，在案其他证据与其口供相互吻合，其本人对持斧头多次砍击康某某头部并致康某某死亡的事实亦供认不讳。现有证据能够充分证明王英生所犯的故意杀人犯罪事实，其作案手段之残忍也体现出王英生的主观恶性之深。对于辩护人提出王英生具有精神疾病的辩护意见，司法精神病鉴定专业权威机构对案发前后王英生身体、心理所出现的各种状况进行了翔实的分析和充分论证，在此基础上对王英生精神状况及责任能力作出最终认定，出具了司法精神病鉴定意见，认为能够排除王英生患有精神疾病的可能，王英生在作案时具有完全刑事责任能力。

关于定罪。本案作为一起手段极为残忍、危害后果极其严重的暴力杀医事件，在社会造成了极其恶劣的负面影响，于情于理于法，被告人王英生都应当受到严厉惩处。综观全案，王英生将自身疾病无法治愈的原因，无端归责于作为医生的康某某，故意持斧砍击被害人致死，其行为无疑已构成故意杀人罪。

关于量刑。被告人王英生在报复动机的驱使下，在医院正常的诊疗时间段内，在康某某的诊室持斧子多次砍击康某某的头部，造成康某某死亡的严重后果。王英生系在医院这个特定的场合，假装作为患者进入诊室，在医生毫无防备的情况下对其实施了残忍的杀害行为，不但严重侵犯了被害人的生命健康权，还严重破坏了涉事医院的正常诊疗秩序，伤害了广大医护人员的职业感情和执业信心。案发后，相关媒体，包括天津当地媒体及新华社等均对案件进行了大幅度报道，引发了广泛的社会讨论，在天津地区乃至全国范围内造成了非常恶劣的社会影响。综合全案情节，被告人王英生的犯罪手段极其残忍，情节极其恶劣，罪行极其严重，人民法院依法判处其死刑立即执行是合适的。

【编后语】

近年来，全国各地暴力伤医事件时有发生，该类事件已成为社会高度关注的热点。本应是救死扶伤的医生，却要在弥漫着暴戾之气的氛围中担惊受怕地工作，这不仅伤害了医务人员的感情，也令社会各界深深忧虑。

医生是一个高度特殊性的职业，关系着患者的生命与健康。医者仁心，医生、护士向来是受人尊敬的职业，尊医重卫也是我国社会一直以来秉持的优良传统。医生与患者本是天然利益共同体，尊重医生就是尊重自我，伤医就是伤己。医生的执业安全就是每个患者的生命安全，恶言相向、出手伤人乃至暴力仇杀，将原本的利益共同体推向割裂、甚至仇人的境地，伤害着医务工作者，也是对自身健康权益的自我戕害。暴力伤医事件，不仅是对医护人员的伤害，更是对医患关系和社会信任的伤害。作为人类社会的健康守护神，如果连医护人员的人身安全都得不到保障，最终损害的是每一个人。

保护医护人员就是保护我们自己，为广大医护人员构建、维护一个安全的执业环境也是当前社会的紧迫要求。从刑事审判的角度来说，对涉医的刑事犯罪，尤其是各类侵害医务人员的违法犯罪行为，应坚持从严惩处的基本立场，以形成有力的震慑和遏制。2013年12月，原国家卫计委会同中央综治办、中共中央宣传部、最高人民法院、最高人民检察院等十一个部门联合印发《关于维护医疗秩序打击涉医违法犯罪专项行动方案》，要求通过开展维护医疗秩序打击涉医违法犯罪专项行动，保障医患双方合法权益，为广大患者和医务人员营造良好的医疗环境，切实维护社会和谐稳定。公安部印发了《公安机关维护医院治安秩序六条措施》，要求各地公安机关采取有力措施维护医疗机构的诊疗秩序和保护医护人员的人身安全。2014年，最高人民法院、最高人民检察院、公安部、司法部、国家卫生和计划生育委员会联合印发了《关于依法惩处涉医违法犯罪维护正常医疗秩序的意见》，进一步明确了对六类涉医违法犯罪行为的处罚。审判实践中，人民法院对暴力伤医等严重涉医犯罪保持"零容忍"的态度，依法严肃追究、坚决打击涉医违法犯罪行为。在全面查明案件事实的基础上依法准确定罪量刑，对于犯罪手段残忍、主观恶性深、人身危险性大的被告人或者社会影响恶劣的涉医犯罪行为，依法从严惩处，向社会昭示暴力伤医的恶行定会受到法律的严惩。

（撰稿：天津市高级人民法院　于耀辉　冯　天
审编：最高人民法院刑二庭　叶邵生）

秦志晖（网名“秦火火”）诽谤、寻衅滋事案

一、基本案情

被告人秦志晖，男，1983 年 12 月 27 日出生。2013 年 9 月 18 日被逮捕。

北京市朝阳区人民检察院指控被告人秦志晖犯寻衅滋事罪，于 2013 年 10 月 25 日向北京市朝阳区人民法院提起公诉，后于 2014 年 1 月 17 日变更起诉，指控被告人秦志晖犯诽谤罪、寻衅滋事罪。

被告人秦志晖对公诉机关的指控未提出异议。其辩护人提出：(1)起诉书指控诽谤杨澜、兰和的博文系由秦志晖所发布的证据不足；秦志晖的行为既不属于捏造、篡改事实并散布，也不属于明知是捏造的事实而散布；本案诽谤部分不属于公诉案件。(2)起诉书指控涉及攻击原铁道部的博文系由秦志晖所发布的证据不足；秦志晖的行为不属于编造虚假信息并散布，也不属于明知是编造的虚假信息并散布；认定秦志晖的行为造成公共秩序严重混乱的依据不足。(3)即使秦志晖的行为构成犯罪，也不应对诽谤和寻衅滋事的事实分别予以法律评价，而应以一罪处理，且其具有认罪悔罪表现，建议对其从轻处罚。

北京市朝阳区人民法院经审理查明：

（一）诽谤事实

1. 被告人秦志晖明知罗援（中国战略文化促进会常务副会长兼秘书长）系军人，于 2013 年 2 月 25 日使用昵称为“东土秦火火”的新浪微博账户（UID 号：3198027857）捏造“罗援之兄罗抗在德国西门子公司任职”的事实，无端质疑罗援及其家人搞“利益交换关系”，并在信息网络上散布。该信息被转发 2 500 余次，引发大量网民对罗援的负面评价。

2. 被告人秦志晖明知“杨澜（女，阳光媒体集团控股有限公司董事局主席）向希望工程虚假捐赠”系捏造的事实，于 2013 年 7 月 15 日使用昵称为

“淮上秦火火”的新浪微博账户(UID号:3621506850)在信息网络上散布。该信息被转发700余次,引发大量网民对杨澜的负面评价。

3.被告人秦志晖在信息网络上看到了“兰和被老女人包养”的不实信息后,将上述信息篡改为“兰和被老女人周某某包养”,并于2013年7月至8月使用昵称为“3662708323_307”的新浪微博账户(UID号:3662708323,昵称又曾为“江淮秦火火”)多次在信息网络上散布。该信息累计被转发900余次,引发大量网民对兰和的负面评价。

4.被告人秦志晖于2012年11月27日,使用昵称为“炎黄秦火火”的新浪微博账户(UID号:2930912765)捏造“张海迪(女,中国残疾人联合会主席)具有德国国籍”的事实并散布,后经网友举报,新浪公司判定上述信息为不实信息,张海迪亦于2012年11月28日通过微博发布澄清声明。被告人秦志晖又于2012年12月31日使用“炎黄秦火火”的新浪微博账户再次发布有关上述信息的博文,在短时间内被转发20余次,引发网民对张海迪的负面评价。

(二)寻衅滋事事实

2011年7月23日,甬温铁路浙江省温州市相关路段发生特别重大铁路交通事故(7·23甬温线动车事故)。在事故善后处理期间,被告人秦志晖为了利用热点事件进行自我炒作,提高网络关注度,于2011年8月20日使用昵称为“中国秦火火_f92”的新浪微博账户(UID号:1746609413)编造并散布虚假信息,称原铁道部向7·23甬温线动车事故中外籍遇难旅客支付3 000万欧元高额赔偿金。该微博被转发11 000次,评论3 300余次,引发大量网民对国家机关公信力的质疑,原铁道部被迫于当夜辟谣。被告人秦志晖的行为对事故善后工作的开展造成了不良影响。

北京市朝阳区人民法院于2014年4月17日作出(2013)朝刑初字第2584号刑事判决,认定被告人秦志晖犯诽谤罪,判处有期徒刑二年;犯寻衅滋事罪,判处有期徒刑一年六个月,决定执行有期徒刑三年。

一审宣判后,被告人秦志晖未上诉,公诉机关亦未抗诉,判决发生法律效力。

二、裁判理由

(一)利用信息网络实施诽谤犯罪的司法认定

根据我国《刑法》第二百四十六条的规定,捏造事实诽谤他人,情节严重的,构成诽谤罪。诽谤罪系告诉才处理的案件,但是严重危害社会秩序和国家利益的除外。随着信息网络技术的飞速发展,利用信息网络实施的诽谤犯罪时有发生。2013 年 9 月,最高人民法院、最高人民检察院颁布实施《关于办理利用信息网络实施诽谤等刑事案件适用法律若干问题的解释》(以下简称《解释》)。该《解释》对利用信息网络实施诽谤犯罪的司法认定作了明确界定。

1. 关于“捏造事实诽谤他人”的认定。《解释》对“捏造事实诽谤他人”作了明确界定,具体包括“捏造并散布”“篡改并散布”“明知虚假事实而散布”三种行为方式。“捏造并散布”是指行为人本人捏造损害他人名誉的事实,并亲自在信息网络上散布,或者本人捏造事实后,雇用他人在信息网络上散布。“篡改并散布”是指用作伪的手段改动或曲解,将原始信息修改为损害他人名誉的事实,并亲自或雇用他人在信息网络上散布。所谓“篡改”是指“实质性的修改”,一般包括歪曲、放大、渲染等情形。“明知虚假事实而散布”是指明知是捏造的损害他人名誉的事实,在信息网络上散布,情节恶劣的行为。明知作为行为人的主观心态,包括“知道”和“应当知道”两种情形。“知道”意味着诽谤信息的散布者对于其他人捏造的诽谤被害人名誉的事实是确切知道的,双方甚至可能存在事先或者事中通谋的情况。“应当知道”即根据证据推定行为人知道。推定“应当知道”不能主观指证,必须依据各方面的证据材料,综合行为人的身份、职业、生活经历、一贯表现等多方面的因素,全面分析,综合评判。

本案中,秦志晖在信息网络上看到罗援之兄罗抗在德国西门子公司任职的信息后,捏造罗援之兄在西门子公司任职的事实,无端质疑罗援及其家人搞“利益交换关系”,并在信息网络上散布;秦志晖在信息网络上看到张海迪在德国小住的文章后,捏造张海迪具有德国国籍的事实并在信息网络上散布,并于该信息被新浪公司判定为不实信息以及张海迪作出澄清声明后,仍予以散布。此二者均系无中生有,属于"捏造并散布"。秦志晖在信息网络上看到了"兰和被老女人包养"的不实信息后,在此类信息中加入了周某某的姓名并在信息网络上散布,使得原始信息更具有针对性和欺骗性,已构成对原始信息的实质性修改,属于"篡改并散布"。秦志晖作为网络从业人员,对所发信息的真实性应有基本的核实义务。杨澜向希望工程虚假捐款的不实信息虽然在互联网上曾有流传,但在杨澜及中国青少年发展基金会做出澄清的情况下,被告人秦志晖不仅没有尽到基本的核实义务,反而继续捏造、编造虚假事实并散布,足以证明其主观上明知涉案信息的虚假性,属于"明知虚假事实而散布"。

2. 关于"情节严重"及"严重危害社会秩序和国家利益"的认定。捏造事实诽谤他人,情节严重的,构成诽谤罪。何为情节严重,在《解释》之前没有明确规定。《解释》第二条采用列举的方式,从"诽谤信息数量""危害后果""主观恶性"三个方面对"情节严重"的标准加以具体化。关于"诽谤信息数量标准",《解释》规定,同一诽谤信息实际被点击、浏览次数达到5 000次以上,或者被转发次数达到500次以上的,应当认定为诽谤行为情节严重;一年内多次实施利用信息网络诽谤他人行为未经处理,诽谤信息实际被转发次数累计计算构成犯罪的,应当依法定罪处罚。关于"危害后果标准",《解释》规定,造成被害人或者其近亲属精神失常、自残、自杀等严重后果的,应当认定为诽谤行为情节严重。关于"主观恶性标准",《解释》规定,二年内曾因诽谤受到行政处罚,又诽谤他人的,应当认定为诽谤行为情节严重。

诽谤罪除"严重危害社会秩序和国家利益的"情形外,属于"告诉才处理"的案件。《解释》列举了7种"严重危害社会秩序和国家利益"的情形,分别为:引发群体性事件的;引发公共秩序混乱的;引发民族、宗教冲突的,诽谤多人,造成恶劣社会影响的;损害国家形象,严重危害国家利益的;造成恶劣国际影响的;其他严重危害社会秩序和国家利益的情形。

本案适用公诉程序,援引的是《解释》中"诽谤多人,造成恶劣社会影响"的条款。但"诽谤多人,造成恶劣社会影响"的具体含义,仍存在争议。一种意见认为,诽谤多人,造成恶劣社会影响的前提是所诽谤每一人的行为均要达到定罪标准,然后才能考虑公诉标准的问题。以诽谤三人为例,要求诽谤每一人的行为均构成诽谤罪,才能适用公诉程序。如果诽谤三人中涉及某一人的诽谤行为达不到诽谤罪的定罪标准,则不属于诽谤多人,不能适用公诉程序。另一种意见认为,公诉标准与定罪标准是两个不同的概念,公诉标准中的"诽谤多人"并不要求诽谤每一人的行为均要达到定罪标准,只要诽谤其中一人的行为达到定罪标准,在此基础上,再有诽谤其他两人的行为即可公诉。

我们同意第二种意见,理由为:诽谤罪的定罪标准与公诉标准虽有一定的联系,但二者所承担的法律功能不同,具有不同的内涵。定罪标准解决的是某行为是否构成犯罪的问题,公诉标准解决的是某行为能否按照公诉案件处理的问题。从逻辑结构上看,适用公诉程序追究被告人刑事责任的前提是其行为构成了诽谤罪,即要达到定罪标准。如果行为人的诽谤行为尚不构成犯罪,自然不能适用公诉程序。但是,诽谤多人作为公诉案件的适用标准,应整体考量,即诽谤多人的行为在整体上达到定罪标准即可,并不要求诽谤每一人的行为均单独构成诽谤罪。

本案中,秦志晖利用信息网络,分别诽谤罗援、杨澜、兰和、张海迪四人,其中关于罗援、杨澜、兰和等三人的诽谤信息被转发次数均达到500次以上,应当认定为"情节严重";关于张海迪的诽谤信息被转发次数虽然未达到500次,但根据《解释》第四条的规定,秦志晖系在一年内分别诽谤罗援、杨澜、兰和、张海迪等四人,应对上述诽谤信息的被转发次数累计计算。据此,秦志晖诽谤罗援、杨澜、兰和、张海迪的行为构成诽谤罪,且系诽谤多人并造成了恶劣的社会影响,应当适用公诉程序追究秦志晖所犯诽谤罪的刑事责任。

(二)利用信息网络实施寻衅滋事犯罪的司法认定

我国《刑法》第二百九十三条规定了寻衅滋事罪。寻衅滋事罪的行为表现为:随意殴打他人,情节恶劣的;追逐、拦截、辱骂、恐吓他人,情节恶劣的;强拿硬要或者任意损毁、占用公私财物,情节严重的;在公共场所起哄闹事,造成公共场所秩序严重混乱的。《解释》立足于信息网络具有的工具属性和公共属性,规定了利用信息网络实施寻衅滋事犯罪的两种行为方式:一是利用信息网络辱骂、恐吓他人,情节恶劣,破坏社会秩序的;二是编造虚假信息,或者明知是编造的虚假信息,在信息网络上散布,或者组织、指使人员在信息网络上散布,起哄闹事,造成公共秩序严重混乱的。

《刑法》第二百九十三条规定的"在公共场所起哄闹事,造成公共场所秩序严重混乱",一般是指在某一对公众开放、供不特定人或多数人自由出入的场所起哄闹事,扰乱该公共场所秩序,或者使该公共场所的相关活动不能顺利进行,即危害行为实施地与危害后果发生地,在空间位置上是一致的,一般不会发生在甲公共场所起哄闹事,造成乙公共场所秩序严重混乱的情况。但是,随着信息网络的发展,网络信息与人们的现实生活融为一体,密不可分,成为现实社会的重要组成部分。信息网络具有明显的公共属性和社会属性,网络信息也对现实社会产生直接的、实实在在的影响。人们将网络平台作为沟通交流的场所,逐步导致网上表达、沟通交流与网下人员聚集的分离,使借助信息网络实施寻衅滋事的行为方式日益呈现出不同于刑法所规定的寻衅滋事罪行为类型的特点。因此,《解释》将"编造虚假信息,或者明知是编造的虚假信息,在信息网络上散布,或者组织、指使人员在信息网络上散布,起哄闹事"的情形明确规定为《刑法》第二百九十三条"在公共场所起哄闹事"的一种,并对后果作出了明确限定,即要求"造成公共秩序严重混乱"。由此可见,起哄闹事的行为实施地已不限于现实的公共场所,而是包括网络空间在内的所有公共空间。这种解释既符合现实的需要,也不会扩大打击面。因为不论借助信息网络起哄闹事还是在现实的公共场所起哄闹事,只有"造成公共秩序严重混乱的",才具有刑法规制的意义。公共秩序严重混乱是一个较为抽象的概念,在具体适用时应加以具体化。网络空间是现实社会的组成部分,但在认定犯罪后果时,必须考虑两者之间并非一一对应的关系和信息网络的特点,不能仅以造成网络秩序严重混乱为由,或者仅依据虚假信息被转发次数、被浏览次数就认定为造成了公共秩序严重混乱,从而以寻衅滋事罪定罪处罚。造成公共秩序严重混乱应解释为造成了现实社会生活秩序的严重混乱,尽管这种危害后果不一定发生在某一车站、码头、机场、商场等现实场所,但行为人所造成的现实的危害后果,应达到相当的程度。

本案中,7·23甬温线动车事故为特别重大铁路交通事故,全民关注,秦志晖在该事故善后处理期间,编造政府机关天价赔偿外籍乘客的信息并在网络上散布,起哄闹事,该虚假信息被转发11 000次,评论3 300余次,不仅造成网络空间的混乱,也在现实社会引发不明真相群众的不满,扰乱了政府机关的善后工作。因此,秦志晖的行为可以认定为造成公共秩序严重混乱,符合寻衅滋事罪的构成要件。

【编后语】

秦志晖诽谤、寻衅滋事案作为2013年全国公安机关集中开展打击网络有组织制造、传播谣言等违法犯罪行动和最高人民法院、最高人民检察院出台《解释》以来,第一起依法公开审理的典型案件,具有重要的警示和教育作用,尤其对于如何适用《解释》具有重大的指导价值和示范意义。其中诽谤罪的认定,明确了如何认定利用信息网络捏造事实诽谤他人的三种具体行为方式,如何判定主观明知、情节严重的认定标准以及诽谤罪适用公诉程序的条件。寻衅滋事罪的认定,如何认定公共场所与网络空间的界限,如何认定造成公共秩序严重混乱一直是司法实践中的难点。本案为实践中办理此类案件提供了可操作性的标准,具有很强的指导性。

网络空间并非“法外之地”,互联网虽然区别于现实空间,但在网络中人们的行为却是具体的,网络秩序也是社会公共秩序的重要组成部分,必须接受法律的规制和约束。我们在网络空间享受便捷、高效、自由的同时,不得侵犯他人利益,不得扰乱社会公共秩序,不得危害国家利益。即享受自由的同时不能突破法律底线。本案的公正审判,让更多的人意识到净化网络环境,人人有责。在信息网络上,我们要自觉规范言行,依法发表言论,坚守法律底线,做到不信谣、不造谣、不传谣,传播正能量,共同营造规范、有序、健康的网络环境。

(撰稿:北京市高级人民法院　吴小军
审编:最高人民法院刑二庭　韩维中)

玉山江·吾许尔等组织、领导、参加恐怖组织，以危险方法危害公共安全案

——天安门广场“10·28”暴恐案

一、基本案情

被告人玉山江·吾许尔，男，1977 年 4 月 18 日出生。2013 年 12 月 19 日被逮捕。

被告人玉苏甫·吾买尔尼亚孜，男，1970 年 1 月 16 日出生。2013 年 12 月 19 日被逮捕。

被告人玉苏普·艾合麦提，男，1988 年 6 月 27 日出生。2013 年 12 月 19 日被逮捕。

被告人古丽娜尔·托乎提尼亚孜，女，1985 年 11 月 14 日出生。2013 年 12 月 19 日被逮捕。

被告人布坚乃提·阿卜杜喀迪尔，女，1985 年 3 月 3 日出生。2013 年 12 月 19 日被逮捕。

被告人托合提·麦合麦提，男，1990 年 11 月 6 日出生。2013 年 12 月 6 日被逮捕。

被告人吐逊江·阿不力孜，男，1978 年 5 月 18 日出生。2013 年 12 月 6 日被逮捕。

被告人阿布拉·尼牙孜，男，1990 年 10 月 12 日出生。2013 年 12 月 6 日被逮捕。

新疆维吾尔自治区乌鲁木齐市人民检察院指控被告人玉山江·吾许尔、玉苏甫·吾买尔尼亚孜、玉苏普·艾合麦提犯组织、领导恐怖组织罪和以危险方法危害公共安全罪，被告人古丽娜尔·托乎提尼亚孜、布坚乃提·

阿卜杜喀迪尔犯参加恐怖组织罪和以危险方法危害公共安全罪,被告人托合提·麦合麦提、吐逊江·阿不力孜、阿布拉·尼牙孜犯参加恐怖组织罪,向乌鲁木齐市中级人民法院提起公诉。

乌鲁木齐市中级人民法院经公开审理查明:

2011年以来,被告人玉山江·吾许尔、玉苏甫·吾买尔尼亚孜、玉苏普·艾合麦提先后与吾斯曼·艾山(已死亡)相识,并就"迁徙""圣战"达成共识。2012年12月,玉山江·吾许尔与吾斯曼·艾山等人为寻找枪支、发展成员前往新疆维吾尔自治区伊犁哈萨克自治州,怂恿库尔班江·达吾提、买乌兰·努尔买买提、于苏付江·白克力(均另案处理)等加入他们,并寻求制造爆炸物的方法,但未果。同月,玉山江·吾许尔与被告人吾斯曼·艾山、古丽娜尔·托乎提尼亚孜(玉山江·吾许尔之妻)、艾力·阿布力米提(另案处理)前往新疆维吾尔自治区和静县向艾合买提·吾买尔(另案处理)学习制造爆炸物,但未能找到制造爆炸物所需的材料。2013年1月至9月,玉山江·吾许尔、玉苏甫·吾买尔尼亚孜、玉苏普·艾合麦提、吾斯曼·艾山、古丽娜尔·托乎提尼亚孜以及被告人布坚乃提·阿卜杜喀迪尔(玉苏普·艾合麦提之妻)、吐逊江·阿不力孜、古力克孜·艾尼(吾斯曼·艾山之妻,已死亡)等人先后到新疆维吾尔自治区乌鲁木齐市乌拉泊、红雁池附近的山上,手持自制旗帜宣誓进行"圣战",部分人员还多次观看"迁徙""圣战"内容的视频。2013年9月,玉山江·吾许尔与吾斯曼·艾山、古力克孜·艾尼、古丽娜尔·托乎提尼亚孜、吐逊江·阿不力孜再次到和静县向艾合买提·吾买尔学习制造爆炸物,但仍未能找到所需材料。同月,玉山江·吾许尔、玉苏甫·吾买尔尼亚孜、玉苏普·艾合麦提、吾斯曼·艾山等人预谋到北京进行"圣战"。为此,玉山江·吾许尔、古丽娜尔·托乎提尼亚孜出资2.7万元,玉苏普·艾合麦提、布坚乃提·阿卜杜喀迪尔出资1万元,玉苏甫·吾买尔尼亚孜出资3万元,作为"圣战"经费。其间,玉苏甫·吾买尔尼亚孜怂恿吾某某、斯某某、阿某某加入他们的"圣战"队伍,遭到拒绝。2013年10月初,玉山江·吾许尔、玉苏普·艾合麦提、吾斯曼·艾山认识了被告人托合提·麦合麦提、艾买提·卡迪尔(另案处理),并拉拢二人加入了他们的"圣战"队伍,授意二人寻找人员到北京参加"圣战"。2013年10月7日,玉山江·

吾许尔、玉苏普·艾合麦提与古丽娜尔·托乎提尼亚孜、布坚乃提·阿卜杜喀迪尔、吾斯曼·艾山、古力克孜·艾尼、库完汗·热依木(吾斯曼·艾山之母,已死亡)驾驶双龙越野车(车牌号新A45559)抵达北京,玉苏甫·吾买尔尼亚孜乘坐火车随后赶到北京。托合提·麦合麦提、艾买提·卡迪尔组织被告人阿布拉·尼牙孜和阿布拉·麦合麦提、阿里木·阿不都然合曼、阿迪力·托合提、阿不都克尤木·如斯坦木、木合普力·亚森、艾合买提·卡哈尔、艾力·依玛木尼亚孜、穆萨·努如拉(均另案处理)等人先后赶到北京,后又因资金等问题相继离开北京。

在北京期间,被告人玉山江·吾许尔、玉苏甫·吾买尔尼亚孜、玉苏普·艾合麦提与吾斯曼·艾山、古丽娜尔·托乎提尼亚孜、布坚乃提·阿卜杜喀迪尔、古力克孜·艾尼、库完汗·热依木等人共同策划在天安门广场采用汽车冲撞、汽油爆炸、持刀砍杀等方式进行“圣战”,并先后购买了1辆吉普越野车(车牌号京Q7J971)、30个汽油桶、400升汽油以及刀、打火机、防毒面罩、抽油器等作案工具,还到天安门广场进行了踩点。后玉山江·吾许尔、玉苏甫·吾买尔尼亚孜、玉苏普·艾合麦提与古丽娜尔·托乎提尼亚孜、布坚乃提·阿卜杜喀迪尔驾驶京Q7J971吉普越野车返回新疆。

2013年10月28日12时许,吾斯曼·艾山、古力克孜·艾尼、库完汗·热依木驾驶装载有400升汽油的新A45559双龙越野车,连续冲撞天安门广场前人行道上的行人,造成被害人朱某某(男,殁年54岁)、某女(菲律宾籍,殁年55岁)、罗某某(女,殁年32岁)死亡,被害人李某甲(女,时年45岁)、李某乙(男,时年33岁)、吴某某(女,时年27岁)、蒋某(男,时年43岁)等39人受伤。越野车撞上金水桥后燃烧,车内的吾斯曼·艾山、古力克孜·艾尼、库完汗·热依木当场死亡。

2014年6月15日,乌鲁木齐市中级人民法院以(2014)乌中刑一初字第96号刑事判决,认定被告人玉山江·吾许尔、玉苏甫·吾买尔尼亚孜、玉苏普·艾合麦提犯组织、领导恐怖组织罪,判处无期徒刑,剥夺政治权利终身,犯以危险方法危害公共安全罪,判处死刑,剥夺政治权利终身,决定执行死刑,剥夺政治权利终身;被告人古丽娜尔·托乎提尼亚孜犯参加恐怖组织罪,判处有期徒刑十年,剥夺政治权利二年,犯以危险方法危害公共安全罪,判处无期徒刑,剥夺政治权利终身,决定执行无期徒刑,剥夺政治权利终身;被告人布坚乃提·阿卜杜喀迪尔犯参加恐怖组织罪,判处有期徒刑十年,剥夺政治权利二年,犯以危险方法危害公共安全罪,判处有期徒刑十五年,剥夺政治权利三年,决定执行有期徒刑二十年,剥夺政治权利五年;被告人托合提·麦合麦提、吐逊江·阿不力孜犯参加恐怖组织罪,分别判处有期徒刑十年,剥夺政治权利二年;被告人阿布拉·尼牙孜犯参加恐怖组织罪,判处有期徒刑五年,剥夺政治权利一年。

一审宣判后,被告人玉苏甫·吾买尔尼亚孜、古丽娜尔·托乎提尼亚孜、布坚乃提·阿卜杜喀迪尔、阿布拉·尼牙孜等不服,提出上诉。

被告人玉苏甫·吾买尔尼亚孜上诉称,其没有组织、领导恐怖组织,没有观看有煽动内容的视频,没有宣誓,自动放弃犯罪行为,未参与2013年10月28日的犯罪行为。其辩护人辩称,玉苏甫·吾买尔尼亚孜不是恐怖组织的组织、领导者,虽然煽动他人进行“迁徙”“圣战”,但别人没有同意,且主动中止犯罪行为。当公安机关到他家检查时,他主动交代了犯罪行为,应认定为自首,且是初犯,有悔罪表现,请求对其依法从轻处罚。

被告人古丽娜尔·托乎提尼亚孜上诉称,其未参与策划犯罪行为,没有宣誓,虽然去了北京,但认识到自身的行为不合法就回来了,其如实供述了犯罪行为,量刑过重,希望依法从轻处罚。其辩护人辩称,古丽娜尔·托乎提尼亚孜跟随吾斯曼·艾山、玉山江·吾许尔等人实施犯罪行为,没有参与策划。关于以危险方法危害公共安全罪,她虽然参与准备作案工具,但是于2013年10月28日离开北京,中止了犯罪行为,系从犯,且初次犯罪,被捕后如实供述了犯罪行为,请求对其依法从轻处罚,一审量刑过重。

被告人布坚乃提·阿卜杜喀迪尔上诉称,其未观看有煽动内容的视频,没有宣誓。后来其认识到自己的行为不合法,就从北京回到了新疆,2013年10月28日的犯罪行为与其无关,希望查清事实适当量刑。

被告人阿布拉·尼牙孜上诉称,其未观看有煽动内容的视频,其到北京之后知道该“组织”的性质之后就退出了,希望认定为一般参与者,适当量刑。其辩护人辩称阿布拉·尼牙孜没有实施观看有煽动内容的视频、宣誓、发展成员等犯罪行为,系一般参与者,他得知该恐怖组织的性质之后立即与该组织断绝了关系,其认罪态度好、有悔罪表现,请求依法从轻处罚。

被告人玉苏普·艾合麦提的辩护人辩称,玉苏普·艾合麦提既不是恐怖组织的组织者,也不是领导者,而是积极参加者。关于以危险方法危害公共安全罪,其虽然参与了准备作案工具,但主动放弃了犯罪的念头,且初次犯罪,认罪态度好,故希望依法从轻、减轻处罚。

被告人玉山江·吾许尔的辩护人辩称,玉山江·吾许尔既不是恐怖组织的组织者,也不是领导者,应认定为参加恐怖组织罪。关于以危险方法危害公共安全罪,玉山江·吾许尔从北京回到了新疆,没有参与2013年10月28日的犯罪,属于犯罪中止,其在第一次讯问时就如实交代罪行并揭发了同伙的犯罪行为,应认定其有立功表现,且系从犯,请求对其依法从轻、减轻处罚。

新疆维吾尔自治区高级人民法院经依法开庭审理,于2014年7月18日以(2014)新刑一终字第113号刑事裁定,驳回上诉,维持原判,并依法报请最高人民法院核准被告人玉山江·吾许尔、玉苏甫·吾买尔尼亚孜、玉苏普·艾合麦提死刑。

最高人民法院复核认为,第一审判决、第二审裁定认定的事实清楚,证据确实、充分,定罪准确,量刑适当,审判程序合法。于2014年8月14日以(2014)刑二复87106820号刑事裁定,依法核准被告人玉山江·吾许尔、玉苏甫·吾买尔尼亚孜、玉苏普·艾合麦提死刑。

二、裁判理由

我国《刑法》第二十六条第三款规定,对组织、领导犯罪集团的首要分子,按照集团所犯的全部罪行处罚。因而恐怖活动组织的组织者、领导者,应当对恐怖活动组织的全部罪行承担刑事责任。在共同犯罪中,因各共犯的行为相互联系形成统一的犯罪活动整体,即便部分共犯中止了自己的行为,如果其他共犯的行为导致结果发生,则并不成立犯罪中止,而成立既遂,且各共犯均应对整体的犯罪行为承担刑事责任。

本案中,被告人玉山江·吾许尔、玉苏甫·吾买尔尼亚孜、玉苏普·艾合麦提伙同吾斯曼·艾山,鼓动、召集人员共同建立恐怖活动组织,恐怖活动组织成立后,共同策划、预谋实施恐怖活动,是恐怖活动组织的组织者、领导者,应当按照组织所犯的全部罪行处罚。玉山江·吾许尔、玉苏甫·吾买尔尼亚孜、玉苏普·艾合麦提与最终实施暴恐活动致人伤亡的吾斯曼·艾山等人属于共同犯罪,三人虽因琐事与吾斯曼·艾山产生分歧而离京返疆,未参与天安门金水桥暴恐活动实施,但并未有效阻止吾斯曼·艾山等人实施暴恐活动,且三人的出资、准备犯罪工具等行为为吾斯曼·艾山等人实施暴恐活动提供了条件、帮助,故依法应对整体的犯罪行为及后果承担刑事责任。玉山江·吾许尔、玉苏甫·吾买尔尼亚孜、玉苏普·艾合麦提组织、领导的恐怖活动组织成员驾驶装载有400升汽油的汽车在天安门广场前冲撞无辜群众,造成3人死亡、39人受伤的严重后果,人民法院根据犯罪的事实、性质、情节和社会危害性,依法判处恐怖活动组织的3名组织、领导者死刑是正确的。对于被告人古丽娜尔·托乎提尼亚孜、布坚乃提·阿卜杜喀迪尔等恐怖活动组织的积极参加者,人民法院按照其各自所实施的犯罪行为依法惩处,体现了罪责刑相适应原则。

【编后语】

本案反映出近年来暴恐活动的部分特征与趋势:

(一)以暴恐音视频引发洗脑式犯罪

近年来新疆维吾尔自治区破获的多起暴恐犯罪案件均反映出,暴恐音视频是“东突”等“三股势力”向境内渗透和实施分裂破坏活动的主要工具,成为当前暴恐案件多发的重要诱因。近年来发布的暴恐音视频,大多从境外流入,除煽动对抗、粉饰暴恐外,制爆内容亦增多,且呈系列化的趋势。暴恐音视频通过宗教极端思想洗脑方式把普通人变成恶魔,不仅是宗教极端活动转向暴恐活动的加速器,更是恐怖组织的“思想指引”、“行动指南”和“训练教材”。本案中多名被告人通过观看关于“迁徙”“圣战”内容的暴恐视频,多次在人迹罕至处聚集宣誓,表达“迁徙”“圣战”决心,逐步建立起人数众多的恐怖活动组织,在疆内四处流窜寻找制爆材料,自行出资为组织募集资金。案发前十余人聚集在首都北京,筹划“迁徙”“圣战”等活动,社会危害性极大。

（二）"家族式"扩散，"自杀式"袭击，造成重大人员伤亡

本案涉案人员通过观看暴恐音视频形成"圣战"思想后，逐步成立以家族为核心向外不断扩散的恐怖活动组织，人员分布广而分散，并为实施恐怖活动进行各种准备。他们受宗教极端思想影响极深，不念亲情，泯灭人性，可谓"一人洗脑，全家中毒"。如本案被告人玉山江·吾许尔、古丽娜尔·托乎提尼亚孜二人系夫妻关系，他们被宗教极端思想异化成冷酷无情的父母，抛下家中年幼的子女，变卖家产，进行"圣战"；驾车在天安门广场冲撞行人后当场死亡的吾斯曼·艾山更是带着妻子古力克孜·艾尼、母亲库完汗·热依木共赴绝路。案发前，吾斯曼·艾山等人购买汽车、汽油、刀剑等作案工具，作案计划周密，多次前往天安门广场踩点，在人群密集处驾车冲撞，引燃车内大量汽油，造成人员伤亡严重。上述人员受"圣战殉教进天堂"思想毒害严重，明知是自杀性袭击，均自愿主动参加，且与家人共同实施自杀式袭击，充分反映出宗教极端思想荼毒之深，使信徒丧失了基本的判断，也丧失了人性。

（三）精心选择人员密集、政治敏感性高的案发地点

本案中，暴恐分子精心策划，选择天安门广场作为袭击地点，政治敏感性较高，极易引起炒作。案发后，国内外媒体广泛关注，以美国为代表的部分媒体别有用心地报道案件，质疑对事件的定性，趁机指责中国的民族宗教政策，进而误导国际舆论，造成恶劣政治影响。本案在国内亦引发较大的社会恐慌，严重影响人民群众的安全感。

（四）受境外"三股势力"鼓动，以"迁徙"出境为目的，内外勾连

本案是一起典型的恐怖活动组织势力从境外渗透蔓延至境内后，又从疆内向疆外扩展的案件。案发后不久，"突厥斯坦伊斯兰党"发布恐怖视频宣称对本次事件负责，并扬言要继续对中国境内目标实施恐怖袭击。这是一起有组织、有预谋的恐怖袭击，与当前国际恐怖活动密不可分。本案中恐怖分子主动前往北京市，多名恐怖分子为"迁徙""圣战"等目的在北京市停留多日，并细致谋划。本案反映出受境内外人员往来日益频繁、疆外恐怖活动组织影响等因素，恐怖活动有向疆外扩散蔓延态势。

人民法院依法严厉惩治暴恐犯罪，打击了暴恐犯罪分子的嚣张气焰，形

成了有效震慑，坚决贯彻了党中央对暴恐犯罪"零容忍"的精神，体现了人民法院全力维护国家安全稳定和社会长治久安的决心。同时，人民法院严格遵守法律规定，严格遵循法定程序，将打击暴恐犯罪纳入法治轨道，确保每一起案件经得起历史考验。

（撰稿：新疆维吾尔自治区高级人民法院　袁　勤　刘瑞瑞　王庆宏
审编：最高人民法院刑二庭　王晓东）

念斌投放危险物质案

一、基本案情

被告人念斌，男，汉族，1976年7月22日出生。2006年8月18日被逮捕。

福建省福州市人民检察院指控被告人念斌犯投放危险物质罪，于2007年2月21日向福州市中级人民法院提起公诉。

被告人念斌否认起诉书指控的犯罪事实，辩解，其2006年8月7日后的所有有罪供述都是在公安人员的殴打或威胁下形成的；平潭县人民检察院人员提审时，由于他是法盲，当时不知道检察院是什么机关，所以仍作有罪供述；后来学了刑事诉讼法以及同监人告诉，他才知道检察院是监督机关，福州市人民检察院提审时，他就否认投毒的事实。

被告人念斌的辩护人提出：1. 指控念斌向丁某某家的水壶嘴内投放剧毒鼠药完全是错误的。（1）水壶没有毒物，指控“从水壶嘴投毒”的作案手段是错误的。检验机关能从丁某某家刷洗干净的铁锅中发现氟乙酸盐毒物，如果对念斌“从水壶嘴内投毒”的指控成立，则丁家水壶内必然能够检出毒物，但检验机关却不能从布满水垢的水壶里发现任何毒物。（2）中毒结果与指控完全背道而驰。氟乙酸盐具有“溶于水，不溶于酯类”的特性，稀饭中氟乙酸盐的含量远比鱿鱼中毒物高得多，应当是无论吃稀饭还是吃鱿鱼都会出现中毒症状，并且吃了稀饭的中毒重，吃了鱿鱼的中毒轻，中毒的轻重与吃稀饭的量有关。案发当晚，俞甲、俞乙、俞丙各吃了1碗稀饭，丁某某吃了多半碗稀饭，陈某某、念某某没有吃丁家的稀饭，除了丁某某外都有吃鱿鱼，但实际结果是除了丁某某外都实际发生了中毒，单独吃稀饭的人并没有出现中毒结果，且已经出现中毒症状者的中毒程度并不与吃稀饭的量成正比，而是与吃鱿鱼的量成正比。所以中毒的原因与水壶里的水无关。（3）没有任何痕迹和实物证据支持控方的指控。2. 侦查机关在本案侦查中暴露出的重大问题。(1)本案可能有人造假案。个别侦查人员涉嫌对念斌刑讯逼供,非法获取念斌的有罪供述,并涉嫌隐匿、伪造关键证人证据。向法庭提交的审讯念斌的录像已进行剪辑拼接,并非送公安部鉴定的录像。当天的审讯时间长达3小时10分钟,但提交法庭的录像只有1小时58分钟,且出现多处剪接痕迹。(2)认定念斌投毒有关的鉴定结论全部是非法证据,必须予以排除。①福州市公安局榕公刑技法化(2006)576号《理化检验报告》认定高压锅、水壶里的水检出氟乙酸盐鼠药成分,但高压锅已于7月28日提取,却没有及时送检,而是经过13天与8月9日提取到的水壶里的水一起送检,这期间如何保管没有记载。②水壶没有检验出毒物,水壶里的水却检出毒物。③现场勘查显示水壶提取时间是2006年7月28日,但平潭县公安局后来的《情况说明》又称是8月8日或9日提取的。④从水壶照片看水壶里没有水。如果有水,那么水在13天里是如何保管,水如何倒到其他容器里的过程都没有记载。(3)本案大量事实没有查清,诸多疑点没有得到合理排除。没有追查鱿鱼的源头、包装材料是否有毒;没有侦查酱油煮杂鱼制作过程,是否也用了该水壶的水,也没有提取没吃完的酱油煮杂鱼;卖鼠药的杨某某年龄、外貌与念斌供述不符,在其制作鼠药的家里也没有找到一粒氟乙酸盐鼠药;公安机关在案发现场提取150多件物证,没有登记造清单,违反公安部关于现场勘查提取物证的规定。

福州市中级人民法院经审理查明:被告人念斌与丁某某分别租用福建省平潭县澳前镇澳前村澳前17号陈某某家相邻的两间店面经营食杂店,存在生意竞争。2006年7月26日晚,念斌认为丁某某抢走其顾客而心怀不满。次日凌晨1时许,念斌产生投放鼠药让丁某某吃了肚子痛、拉稀的念头,遂将案发前在平潭县医院附近,向摆地摊的杨某某购买的鼠药取出半包,倒在矿泉水瓶中加水溶解后,潜入其食杂店后丁家厨房将鼠药水从壶嘴倒入烧水铝壶的水里。当晚,丁某某的孩子俞甲(被害人,男,殁年10岁)、俞乙(被害人,女,殁年8岁)、俞丙(被害人,男,时年6岁)食用了使用壶水烹制的稀饭和青椒炒鱿鱼,丁某某食用了其中的稀饭和青椒,房东陈某某及其女儿念某某食用了其中的青椒炒鱿鱼。后俞甲、俞乙、俞丙等人相继出现中毒症状。次日凌晨,俞甲、俞乙经抢救无效死亡,经鉴定系氟乙酸盐鼠药中毒。俞丙接受住院治疗。

2008年2月1日,福州市中级人民法院作出(2007)榕刑初字第84号刑事附带民事判决,认定被告人念斌犯投放危险物质罪,判处死刑,剥夺政治权利终身。

宣判后,被告人念斌提出上诉。上诉理由与一审辩解相同。

福建省高级人民法院经依法审理,认为本案事实不清、证据不足,于2008年12月18日作出(2008)闽刑终字第141号刑事裁定,撤销原判,将案件发回福州市中级人民法院重审。

福州市中级人民法院依法另行组成合议庭公开开庭审理本案,于2009年6月8日作出(2009)榕刑初字第25号刑事附带民事判决,认定被告人念斌犯投放危险物质罪,判处死刑,剥夺政治权利终身。

宣判后,被告人念斌再次提出上诉。

福建省高级人民法院经依法审理,于2010年4月7日作出(2009)闽刑终字第391号刑事附带民事裁定,驳回上诉,维持原判,并将对被告人念斌的死刑裁定报请最高人民法院核准。

最高人民法院经复核,于2010年10月28日作出(2010)刑三复21722109号刑事裁定,不核准被告人念斌死刑,发回福建省高级人民法院重新审判。

福建省高级人民法院于2011年5月5日作出(2009)闽刑终字第391-1号刑事裁定,撤销原判,发回福州市中级人民法院重审。

福州市中级人民法院于2011年11月7日作出(2011)榕刑初字第104号刑事附带民事判决,认定被告人念斌犯投放危险物质罪,判处死刑,剥夺政治权利终身。

宣判后,被告人念斌再次提出上诉。

福建省高级人民法院经审理后认为:二被害人俞甲、俞乙系中毒死亡,但原判认定致死原因为氟乙酸盐鼠药中毒依据不足,认定的投毒方式依据不确实,毒物来源依据不充分,与被告人的有罪供述不能相互印证,相关证据矛盾和疑点无法合理解释、排除,全案证据达不到确实、充分的证明标准,不能得出系被告人念斌作案的唯一结论。因此,一审认定念斌犯投放危险物质罪的事实不清,证据不足。

2014 年 8 月 22 日,福建省高级人民法院作出(2012)闽刑终字第 10 号刑事附带民事裁定,撤销一审判决,宣告被告人念斌无罪。

二、裁判理由

念斌案案情重大、疑难、敏感、复杂,备受社会各界和舆论媒体关注。该案诉讼参与人多、证据种类多、证据问题多,专业技术问题与法律问题叠加,控辩双方始终争议较大。当事人双方积怨已久、矛盾极深、对抗激烈。

在念斌投放危险物质案的最后一次二审期间,恰逢 2012 年修订的《刑事诉讼法》从 2013 年 1 月 1 日开始施行。这次《刑事诉讼法》修改,在证据制度、辩护制度、侦查措施、审判程序等方面进行了重大完善,将"尊重和保障人权"明确写入刑事诉讼法总则,体现了进一步强化人权保障、程序公正、庭审中心、证据裁判意识的立法导向。同时,创立了庭前会议、侦查人员出庭说明、专家辅助人等新制度,明确完善了证人、鉴定人出庭作证制度,为庭审实质化打牢了制度基础。2013 年 10 月,第六次全国刑事审判工作会议(以下简称"六刑会")召开,会议进一步深化了对刑事审判的认识,强化了刑事审判的地位和功能作用,丰富和完善了刑事审判的科学理念,第一次提出了庭审中心、无罪推定、疑罪从无等法治理念。念斌案的审判和处理,正是身体力行地贯彻《刑事诉讼法》规定和"六刑会"精神的生动实践和鲜活标本。

(一)坚守证据裁判标准

从 1979 年开始,《刑事诉讼法》就规定"对一切案件的判处都要重证据,重调查研究,不轻信口供"。1996 年《刑事诉讼法》明确规定,公安机关侦查终结、检察机关提起公诉、审判机关判决有罪都应当做到"证据确实、充分"。2010 年 7 月 1 日起施行的《关于办理死刑案件审查判断证据若干问题的规定》《关于办理刑事案件排除非法证据若干问题的规定》(以下简称《两个证据规定》),全面规定了刑事诉讼证据的基本原则,细化了证明标准,规定死刑案件"证据确实、充分"的条件。2012 年修订的《刑事诉讼法》,吸收了《两个证据规定》,明确要求定案证据要达到"证据确实、充分"的标准,并将《两个证据规定》中"证据确实、充分"的五个方面要求,归纳细化为三个方面,规定"证据确实、充分"应当符合以下条件:定罪量刑的事实都有证据证明;据以定案的证据均已经法定程序查证属实;综合全案证据,对所认定事实已排除合理怀疑。定案标准更严格、更具体、更易于操作。上述规定的陆续出台,逐步确立了我国的证据裁判原则,体现了对证据裁判原则认识的不断深化。纵观刑事诉讼法的历次修订,可以说,证据裁判原则是刑事诉讼活动的一贯要求。

投放危险物质犯罪属于隐蔽性较强的犯罪,往往缺少目击证人以及直接指向被告人作案的直接证据,这类案件最终定案大都需要依靠被告人有罪供述串联起间接证据形成锁链,在证据审查、分析、判断方面有其特殊性,也更为复杂、困难。念斌案即属于此种情况,而且由于犯罪后果特别严重,社会影响大,在限期侦破的压力下,如果侦查取证工作存在侦查程序不规范、证据基础较薄弱的情况,就会给法院审查判断证据、依法认定事实带来极大挑战。

没有证据就没有诉讼,没有证据就没有公正。证据是刑事审判的基石和底线,对证据的审查不能有丝毫的马虎、松懈和将就的余地。本案证据存在大量问题疑点,汇集了《刑事诉讼法》规定的全部八大类证据材料,还包含了侦查机关为说明、弥合证据瑕疵、漏洞和问题的数十份工作说明。福建省高级人民法院在审理期间,还积极推动侦诉机关补充移送数百份证据材料,协调检察机关组织专家对新补充的检验电子数据进行会审论证;走访证人、公安、检察机关,组织召开座谈会,查阅侦查工作笔记等;理化检验问题咨询十余名省内外权威专家等,行使人民法院调查核实职权。经梳理,本案证据存在以下问题:

1.关于被害人中毒原因一节

检辩双方出示的上述证据能够证实,被害人俞甲、俞乙系中毒死亡。但认定系氟乙酸盐鼠药中毒,证据不确实、不充分。第一,检材与标样的质谱图不应相同。标注为被害人俞乙尿液和标注为标样的两份质谱图相同,有悖常理。同时,标注为俞乙尿液的质谱图、检验电子数据的文件名,与俞乙尿液检材的名称也不相符。检方聘请的专业人员提出,该质谱图是否为俞乙尿液的质谱图存疑。辩方聘请的专业人员提出,该质谱图就是标样而非尿液的质谱图。鉴定人出庭说明二者质谱图相同,系将俞乙尿液的质谱图当作标样的质谱图归入档案造成;检验电子数据的文件名与检材的名称不相符,系因命名规则不统一造成。该解释不足以采信。补充的尿液检验因检验条件不相同,缺乏证明价值。因此,俞乙尿液检材的检验结果的真实性存疑。第二,分别标注为被害人俞甲心血、呕吐物的两份质谱图也相同,同样有悖常理。同时,标注为俞甲呕吐物的质谱图、补充所称的俞甲心血的质谱图以及检验电子数据的文件名,与俞甲呕吐物、心血检材的名称也不相符。鉴定人出庭说明二者质谱图相同,系因文件名近似误把呕吐物的质谱图当作心血的质谱图归入档案造成;检验电子数据的文件名与检材的名称不相符,系因命名规则不统一造成。该解释亦不足以采信。因此,俞甲心血、呕吐物检材的检验结果的真实性也存疑。第三,鉴定机构在对俞乙的尿液、心血和俞甲的尿液、心血和呕吐物检材的检验过程中,均未按照专业规范要求进行“空白”对照检验,以防止假阳性检验结果,因此难以排除检材被污染的可能。第四,根据俞乙心血、俞甲尿液检材的检验数据,能否判定检出氟乙酸盐鼠药成分,双方聘请的专业人员提出的意见严重分歧。因此,从俞乙心血、俞甲尿液中检出氟乙酸盐鼠药成分的检验结论可靠性存疑。此外,与被害人共进晚餐的俞丙、念某某有中毒症状,但未做相应检验,无法认定中毒原因;丁某某、陈某某自述并无明显中毒症状,也未做相应检验,是否中毒不明。综上,据以认定二被害人中毒原因的理化检验报告不足以采信,其他共进晚餐人员认定中毒原因或有无中毒缺乏充分依据。因而认定二被害人死于氟乙酸盐鼠药中毒的事实不清,相关证据不确实、不充分。

2. 关于投毒方式一节

第一,铝壶、高压锅的提取送检问题。现场勘验检查笔录记载的提取送检时间为“7 月 28 日”,与检验鉴定委托书记载的“8 月 9 日”相矛盾。侦查人员出庭说明系“8 月 8 日傍晚”提取送检,与庭前说明提取送检时间是“8 月 9 日”前后不一,而且现场照片、指认现场录像显示,8 月 9 日晚现场厨房还存在相同的高压锅,此无法合理解释。第二,铁锅的提取送检问题。现场勘验检查笔录记载的提取送检时间为“7月28日”,与检验鉴定委托书记载的“8月1日”相矛盾,检验时间又载明是“7月31日”,送检与检验的时间前后倒置。侦查人员出庭说明提取送检时间是“7月31日”,前述问题系因事后综合制作现场勘验检查笔录和补办检验鉴定委托手续造成,此合理性依据欠缺,不足以采信。第三,鉴定受理登记表记载,侦查机关送检铝壶及里面的3 500毫升水,但现场勘验检查笔录未记载提取铝壶时壶中有水。侦查人员出庭说明笔录记载原物提取铝壶即包括壶中的水,缺乏充分依据;出庭说明将铝壶水分装到矿泉水瓶中送检,缺乏笔录记载,且与庭前说明记不清具体送检情况不一致;侦查实验笔录也不能说明提取时铝壶中的水量。因此,该3 500毫升壶水检材与提取的铝壶之间的关联性缺乏确实依据。第四,鉴定机构在对铝壶水、高压锅和铁锅表面残留物检材的检验过程中,未按照专业规范要求进行“空白”对照检验,以防止假阳性检验结果,因此难以排除该3份检材被污染的可能。第五,根据铝壶水、高压锅和铁锅表面残留物检材的检验数据能否判定检出氟乙酸盐鼠药成分,双方聘请的专业人员提出的意见严重分歧。因此,对从铝壶水、高压锅和铁锅中检出氟乙酸盐鼠药成分的检验结论可靠性存疑。此外,证人陈某某证言是使用丁某某家铝壶的水还是红桶的水捞鱿鱼,说法不一,难以采信系使用铝壶的水捞鱿鱼。综上所述,铝壶水、高压锅和铁锅的提取送检过程不清,检材来源相关证据间的矛盾和疑点得不到合理解释,检验过程不规范,检验结论可靠性存疑,理化检验报告不足以采信,因此,认定铝壶水有毒缺乏确实依据,原判认定念斌将鼠药投放在铝壶水中事实不清,关键证据链条中断。

3. 关于毒物来源一节

第一,侦查机关找到卖鼠药的证人杨某某,但被告人念斌与杨某某相互不能辨认;供述的卖鼠药人的特征及年龄,与杨某某情况差异明显;供述的鼠药包装袋规格,与从杨某某住处查获的实物差异较大;供述在购买鼠药时到过商店批发香烟,时间约为7月中旬,与证人证实其批发香烟时间为7月初不一致。第二,鉴定机构在对配制鼠药工具塑料盆、铁盆检材的检验过程中,未按照专业规范要求进行“空白”对照检验,以防止假阳性检验结果,因此难以排除该2份检材被污染的可能。第三,根据配制鼠药的工具碗、塑料盆和铁盆检材的检验数据，能否判定检出氟乙酸盐鼠药成分，双方聘请的专业人员提出的意见存在严重分歧。因此，对从碗、塑料盆和铁盆中检出氟乙酸盐鼠药成分的检验结论可靠性存疑。综上所述，念斌与杨某某相互不能辨认，供证存在不吻合之处，配制鼠药工具的理化检验报告不足以采信，认定念斌投放的鼠药系从杨某某处购买依据不充分。

4.关于有罪供述一节

被告人念斌到案之初未承认犯罪，在侦查阶段和检察机关审查批捕提讯时曾经作过多次有罪供述，但从审查起诉起则始终否认作案。念斌第一次有罪供述的笔录内容与在案的审讯录像内容不完全一致，且审讯录像内容不完整。念斌庭前多次供述的鼠药来源一节，其中关于卖鼠药人的特征、年龄、鼠药包装袋规格以及批发香烟的时间等情节，与证人证言不相符；供述的将鼠药水投放在铝壶水中一节，如上所述认定铝壶水有毒的依据不确实，不能形成印证；供述把鼠药放在货架上毒老鼠一节，从货架表面与旁边地面上提取的灰尘中均未能检出鼠药成分，亦不能形成印证；供述的作案工具、剩余鼠药，均未能查获。综上所述，念斌的庭前供述和辩解存在反复，庭前供述与其他证据不能相互印证，不足以采信。

福建省高级人民法院最终认定，认定被告人念斌犯投放危险物质罪的事实不清，证据不足。

（二）推动庭审实质化

司法的最终裁判性质，即裁判的终局性，要求在诉讼中要坚持以审判为中心。坚持以审判为中心，首先要做到以庭审为中心。在念斌案最后一次二审审理过程中，福建省高级人民法院充分运用《刑事诉讼法》规定的各项制度，充分发挥庭审功能，确保诉讼证据出示在法庭、案件事实查明在法庭、诉辩意见发表在法庭、裁判结果形成在法庭。

一是做好庭前准备工作。组织召开多次庭前会议，明确案件争点重点，商定举证质证方式范围，解决可能导致庭审中断的程序性事项，组织听取检验专业人员意见，奠定庭审顺利进行的基础。二是重视保障当事人诉权。依法保障辩护律师会见、阅卷、收集证据和发问、质证、辩论辩护、申诉等权利。依法保障诉讼参与人的人身安全，为检辩双方履职提供便利。耐心听取各方诉求，鼓励辩护律师包括被害人的诉讼代理人充分发表意见。三是落实直接言词原则。积极协调、促成证人、侦查人员、鉴定人等到庭参加诉讼。福建省高级人民法院在两次开庭过程中，检辩双方申请法庭依法通知了2名证人和7人次鉴定人出庭作证，13人次侦查人员出庭说明情况，9名专业人员出庭就理化检验报告和鉴定结论意见提出意见，出庭人数之多引人注目。四是加强对技术性证据的审查。专家辅助人出庭就理化检验报告和法医学鉴定意见提出意见，强化了检辩双方对于鉴定意见的质证能力，本案中，专家辅助人的意见从根本上动摇了控方的鉴定意见。五是驾驭引导检辩双方充分举证质证辩论，形成"控辩对抗、法院居中"格局。庭审持续6天5夜60小时，共对37人次出庭人员进行了长达1 724分钟交叉询问，每位出庭人员平均接受交叉询问近1个小时。检辩双方就本案事实、证据和适用法律等问题充分发表了意见，针对案件中的主要争议如被害人死因是否为氟乙酸盐鼠药中毒、投毒方式、毒物来源等进行了充分的辩论。针锋相对的激烈辩论，辩方对证据进行刨根究底的追问，双方专业人员对检验结论进行深入分析解读，使法庭真正成为审理案件的中心。通过高质量的庭审，进一步证实了案件存在的疑点。

（三）严格贯彻疑罪从无规则

疑罪从无是司法机关认定刑事案件待证事实的重要证据法则，是现代法治国家处理刑事疑案的普遍做法，并为我国《刑事诉讼法》明文规定。1989年，最高人民法院在《关于一审判决宣告无罪的公诉案件如何适用法律问题的批复》（已失效）中就指出，对于因主要事实不清、证据不足、经多次退查后，检察院仍未查清犯罪事实，法院自己调查也无法查证清楚，不能认定被告人有罪的，可在判决书中说明情况后，直接宣告无罪。1996年《刑事诉讼法》直接明确了无罪推定原则，该法第一百六十二条规定，证据不足，不能认定被告人有罪的，应当作出证据不足、指控的犯罪不能成立的无罪判决。2012年《刑事诉讼法》第一百九十五条重申了上述规定。2013年，中央政法委颁布了《关于切实防止冤假错案的规定》，要求对定罪证据不足的案件，要坚持疑罪从无的原则。最高人民法院颁布了《关于建立健全防范刑事冤假错案工作机制的意见》，规定定罪证据不足的案件，应当坚持疑罪从无的原则,依法宣告被告人无罪,不得降格作出“留有余地”的判决。

近年来,一些冤假案件浮出水面,引发社会关注,如湖北佘祥林案、河南赵作海案、浙江张氏叔侄案等。但念斌案既没有佘祥林、赵作海案中的“亡者归来”,也不像浙江叔侄案中通过DNA比对找到真凶。念斌案是疑罪从无的典型案例,该案证据先天不足、问题疑点很多,达不到《刑事诉讼法》规定的“证据确实、充分”的标准,应当作出证据不足、指控犯罪不能成立的无罪判决。但本案历时8年,是典型的“定放两难”案件,被害方认定念斌就是凶手,强烈要求判处对方死刑,存在走极端的重大风险。最终,福建法院顶住各方压力,严格执行法律规定,贯彻落实“六刑会”精神,坚决摒弃以往疑罪“从有”“从轻”“从挂”或者作出“留有余地的判决”的陈旧理念,作出了“事实不清、证据不足”的无罪判决。

【编后语】

党的十八大以来,中央提出要进一步深化司法体制改革,确保审判机关依法独立公正行使审判权,强调让人民群众在每一个司法案件中都感受到公平正义。正是在这种司法氛围下,对于疑罪案件提出“宁可错放,也不可错判”,要像防范洪水猛兽一样防范冤假错案。本案从死刑判决到无罪释放的颠覆性改变,根本原因就在于全案事实证据存在无法弥补、足以影响定案的缺陷与问题,得不出念斌作案的唯一结论,宣告无罪是严格适用证据裁判规则与疑罪从无原则的必然结果,这得益于党的十八大后整个法治环境的不断向好。

念斌案宣判后,中央领导予以高度评价,认为念斌案是中国法治史上的标志性案件,是推动公正司法的标杆案件,是刑事审判的典范。该案的处理得到社会各界、新闻媒体、网络舆论以及专家学者的普遍正面评价,赢得了国内外好评。新华社在《更公平　更安全　更开放——中国全面推进依法治国为合作共赢繁荣发展保驾护航》一文中指出,该案成为中国从制度上加强人权司法保障,落实罪刑法定、疑罪从无、非法证据排除等法律原则的一个里程碑。《南方周末》、《北京青年报》等多家媒体评价福建省高级人民法院在真凶没有出现的情况下敢于判决无罪,难能可贵。在最高人民法院面向外国驻华使节的开放日上,最高人民法院新闻发言人表示,念斌案的处理“彰显了人民法院在坚持疑罪从无的理念”“有利于司法机关更加严格地依法独立行使审判权,更加严格地防止冤错案件的发生”。念斌案入选“2014年十大刑事案件”,先后被写入最高人民法院2014年工作报告和国务院新闻办《2014年中国人权事业的进展》白皮书。此案因为社会影响巨大,审理过程也成为万众瞩目的法治公开课,对于公检法三机关进一步更新司法理念、疑罪从无思想进一步深入人心、全社会法治意识进一步提高有着积极的推动作用,对国家法治进程产生了深远影响。

(撰稿:福建省高级人民法院刑三庭　熊　焰　黄长升　罗镇祥
审编:最高人民法院刑二庭　叶邵生)

伊力哈木·土赫提分裂国家案

一、基本案情

被告人伊力哈木·土赫提，男，维吾尔族，1968 年 10 月 25 日出生。2014 年 2 月 20 日被逮捕。

新疆维吾尔自治区乌鲁木齐市人民检察院指控被告人伊力哈木·土赫提犯分裂国家罪，向乌鲁木齐市中级人民法院提起公诉。

被告人伊力哈木·土赫提及其辩护人以伊力哈木·土赫提不具有分裂国家故意，指控的分裂国家犯罪集团不存在，伊力哈木·土赫提的言论是对政府的批评，属学术观点等进行辩解、辩护。

乌鲁木齐市中级人民法院经公开审理查明：2006 年 1 月，被告人伊力哈木·土赫提在北京创建“维吾尔在线”网站并任网站站长。2008 年 7 月，伊力哈木·土赫提成立北京图兰在线咨询有限公司并任法定代表人，“维吾尔在线”网站为该公司下属门户网站。之后，伊力哈木·土赫提以“维吾尔在线”网站为平台，利用其中央民族大学讲师的身份，蛊惑、拉拢、胁迫部分少数民族学生加入该网站，形成了以其本人为首要分子的分裂国家犯罪集团。该犯罪集团在伊力哈木·土赫提的领导下，以分裂国家为目的，组织、策划、实施了一系列分裂国家的犯罪活动。

1. 长期以来，被告人伊力哈木·土赫提以分裂国家为目的，利用其中央民族大学讲师的身份，通过授课活动，传播民族分裂思想，诋毁、攻击我国涉疆政策，煽动以暴力手段对抗政府。

2. 长期以来，被告人伊力哈木·土赫提及其犯罪集团成员以“维吾尔在线”网站为平台，有组织、有计划地撰写、编辑、翻译、转载含有煽动分裂国家内容的文章。伊力哈木·土赫提负责“维吾尔在线”网站文章的审核与发表，其撰写或直接操纵、指使集团成员撰写、翻译、转载 100 余篇煽动性文章，在"维吾尔在线"网站发表。

3. 2009年以来,被告人伊力哈木·土赫提及其犯罪集团成员与境外有关机构和个人相勾连,遥相呼应,大肆攻击我国政府,图谋使新疆问题国际化,以实现分裂国家的目的。为逃避监管,伊力哈木·土赫提指使他人将"维吾尔在线"网站服务器由中国境内迁往境外;通过接受境外媒体采访等方式炒作涉疆问题及热点事件;指使他人从境外媒体网站上翻译、转载攻击中国政府涉疆政策的文章和报道。同时,境外媒体也通过转发、使用"维吾尔在线"的文章、报道、新闻或数据来攻击中国政府的涉疆政策,炒作涉疆问题。

4. 2009年以来,被告人伊力哈木·土赫提及其犯罪集团成员恶意杜撰、歪曲事实真相,煽动民族仇视,鼓动维吾尔群众对抗政府,为暴力恐怖活动制造借口。"4·23"等暴力恐怖案件发生后,伊力哈木·土赫提指使集团成员在"维吾尔在线"网站撰写、转载文章,歪曲暴恐案的起因等事实。2013年4月24日,中央民族大学校内发生一起普通的民汉两学生互殴案件,伊力哈木·土赫提知悉该案件后,指使集团成员歪曲事实真相,撰写《中央民族大学发生汉族学生群殴维吾尔学生事件》等文章,恶意制造民族矛盾。

5. 2010年以来,被告人伊力哈木·土赫提在既未组建课题组,也未进行调查问卷和访谈的情况下,杜撰社会问卷调查报告,并在"维吾尔在线"网站以虚假数据公开发表调查报告,伪造支持新疆独立和"高度自治"的虚假民意。

6. 2013年年初,被告人伊力哈木·土赫提安排犯罪集团成员收集新疆宗教情况的材料,由其本人撰写《新疆维吾尔族宗教信仰自由权利被剥夺、遭侵犯典型案例概述》,污蔑中国政府长期对新疆宗教自由高压压制,限制合法宗教权利。为使新疆问题国际化,同年3月,伊力哈木·土赫提指派集团成员出境参加国际会议,提交并宣讲了《新疆维吾尔族宗教信仰自由权利被剥夺、遭侵犯典型案例概述》,大肆攻击我国民族宗教政策。

7. 2009年"6·26"韶关事件后,被告人伊力哈木·土赫提利用互联网炒作该事件,"维吾尔在线"网站伊力哈木·土赫提专栏发表《6·26事件和多民族和谐共处的神话》等文章,攻击政府,歪曲事实真相,煽动民族仇恨。

在“维吾尔在线”煽动性文章和伊力哈木·土赫提煽动性言论的影响之下，买某、艾某等人策划、实施了非法聚集，对乌鲁木齐“7·5”打砸抢烧严重暴力犯罪活动的发生起到了一定作用。

2014年9月23日，乌鲁木齐市中级人民法院以(2014)乌中刑一初字第129号刑事判决，认定被告人伊力哈木·土赫提犯分裂国家罪，判处无期徒刑，剥夺政治权利终身，并处没收个人全部财产。

一审宣判后，被告人伊力哈木·土赫提不服，提出上诉。

新疆维吾尔自治区高级人民法院经审理，以(2014)新刑一终字第172号刑事裁定，驳回上诉，维持原判，并于2014年11月21日向伊力哈木·土赫提宣判、送达了二审刑事裁定书。

二、裁判理由

《刑法》第二十六条第二款规定：“三人以上为共同实施犯罪而组成的较为固定的犯罪组织，是犯罪集团。”伊力哈木·土赫提以分裂国家为目的，以“维吾尔在线”网站为平台，利用其大学教师身份，蛊惑、拉拢、胁迫部分少数民族学生加入该网站，逐渐形成较为稳定的组织。该组织以伊力哈木·土赫提为首，内部分工明确，骨干成员较为固定，长期从事分裂国家活动，符合刑法关于犯罪集团的规定。

根据《刑法》第一百零三条第一款的规定，分裂国家罪是指组织、策划、实施分裂国家、破坏国家统一的行为。本案中，伊力哈木·土赫提组织、领导分裂国家犯罪集团，通过授课、网络传播民族分裂思想，攻击我国民族宗教政策；与境外有关机构和个人相勾连，图谋使新疆问题国际化；杜撰社会问卷调查报告，伪造支持新疆独立和“高度自治”的虚假民意；借个案造谣生事，制造事端，煽动民族仇恨；为涉疆暴力恐怖案件制造借口，声援和支持暴恐行为，煽动暴力及民族仇恨，制造民族对立。伊力哈木·土赫提主观上具有分裂国家、破坏国家统一的犯罪故意，客观上组织、领导犯罪集团策划、实施了一系列分裂国家的犯罪活动，符合分裂国家罪的构成要件，已构成分裂国家罪。

言论自由固然是宪法性权利，但言论自由不是绝对的，更不能滥用。我国《宪法》赋予公民言论自由和对国家机关及其工作人员批评、建议、控告等权利的同时,规定公民在行使权利和自由的时候不得损害国家的、社会的、集体的利益和其他公民合法的自由和权利,并规定公民有维护国家统一和全国各民族团结的义务。对于每一个公民而言,维护国家统一,既是宪法义务,也是法律底线。被告人伊力哈木·土赫提的授课内容和网络文章,或者借题发挥、制造矛盾,或者编造谣言、歪曲事实,严重影响民族团结,严重危害国家统一,已经超越了正当行使权利和言论自由的法律界限,是以言论自由、学术批评之名行分裂国家、破坏统一之实,必须坚决依法严惩。

【编后语】

加强司法公开是落实宪法法律原则、保障人民群众参与司法的重大举措,是深化司法体制综合配套改革、健全司法权力运行机制的重要内容,是推进全面依法治国、建设社会主义法治国家的必然要求。党的十八大以来,人民法院坚决贯彻落实党中央决策部署,以司法改革为动力,以建设审判流程公开、庭审活动公开、裁判文书公开、执行信息公开四大平台为载体,全面深化司法公开,着力构建阳光司法机制,取得明显成效,司法公开规范化、制度化、信息化水平显著提升,最大限度保障人民群众的知情权、参与权、表达权和监督权。伊力哈木·土赫提分裂国家案的依法公开审理,是人民法院司法公开的生动实践,充分展示了中国特色社会主义司法的制度自信。

公开更能守护公正,也最能体现自信。本案开庭审理时,被告人亲属、人大代表、政协委员、媒体记者及各界群众70余人旁听了庭审。案件公开宣判后,媒体公布了该案庭审纪实,披露了案件开庭审理中的大量细节,案件的审理过程清晰地展现在社会公众面前,也让审判更加有说服力。

庭审通过充分的证据展示,向公众清晰揭露了伊力哈木·土赫提的真实面目及其所作所为背后的真实企图。伊力哈木·土赫提的言论,既不是学术观点,更不是批评建议,而是有组织有策划的分裂国家行为。伊力哈木·土赫提被依法定罪判刑充分说明,法律面前人人平等,法律面前没有例外,法治中国不允许任何人有超越法律的特权,任何人违法犯罪,都要受到法律的惩处制裁。

庭审通过严格规范的程序证明，人民法院始终坚持惩罚犯罪与保障人权相结合、程序公正与实体公正并重的原则，不仅追求案件实体处理定罪准确、量刑适当，也强调案件审理程序的正当性与合法性，尊重法律程序，尊重被告人的诉讼地位，保障被告人充分行使法律所赋予各项诉讼权利。媒体披露的庭审过程，充分说明了法院尊重并保障了伊力哈木·土赫提的合法权利。例如，电视报道画面显示，伊力哈木·土赫提是着便装出庭受审；旁听此案的新疆大学讲师、刑事诉讼法博士艾尔肯·沙木沙克表示，在伊力哈木·土赫提提出要求时，法警经法庭准许向他提供了矿泉水和润喉片。这些细节都充分说明法庭给予了伊力哈木·土赫提公平公正的对待。

作为审判机关，人民法院承担者惩罚犯罪、保护人民的重要职责，肩负着维护国家安全、确保社会稳定的神圣使命。伊力哈木·土赫提分裂国家案的依法公开审理，有力显示了人民法院依法打击犯罪、通过法治捍卫国家统一的坚定决心，充分说明了国家统一、民族团结不容挑战。

（撰稿：最高人民法院刑二庭　陈新军
审编：最高人民法院刑二庭　王晓东）

董如彬、侯鹏非法经营、寻衅滋事案

一、基本案情

被告人董如彬，男，汉族，1962 年 12 月 27 日出生，系云南边民文化传播有限公司法定代表人。2013 年 10 月 16 日被逮捕。

被告人侯鹏，男，汉族，1970 年 11 月 29 日出生，系云南边民文化传播有限公司经理。2013 年 10 月 16 日被逮捕。

云南省昆明市五华区人民检察院指控被告人董如彬犯寻衅滋事罪、非法经营罪、虚报注册资本罪，被告人侯鹏犯非法经营罪，向昆明市五华区人民法院提起公诉。后检察院变更起诉，指控被告人董如彬犯寻衅滋事罪、非法经营罪，被告人侯鹏犯非法经营罪。

云南省昆明市五华区人民法院经审理查明：

（一）2011 年 3 月至 2013 年 5 月，被告人董如彬、侯鹏违反国家规定，以营利为目的，通过编造虚假信息、帖文，提供网络有偿服务，其中董如彬参与非法经营 4 起，数额为人民币 345 000 元，侯鹏参与非法经营 3 起，数额为人民币 255 000 元。具体如下：

1. 2011 年 3 月，被告人董如彬接受公民黎某某的委托，为黎某某与黄氏四兄弟纠纷一事进行炒作。董如彬邀约并组织人员，虚构事实，撰写黄氏兄弟系黑社会组织成员等帖文在互联网发布。其间，黎某某向董如彬支付人民币 90 000 元。

2. 2012 年 8 月，被告人董如彬接受景洪市晟华房地产有限责任公司孙某、孙某某委托，伙同被告人侯鹏，虚构事实，编造晟华公司员工与省住建厅工作人员发生冲突及冲突原因的信息在互联网发布，并收取孙某某人民币 150 000 元。

3. 2012 年 11 月，被告人董如彬接受云南呈贡德华企业集团有限公司董事长张某某委托，伙同被告人侯鹏以及段某某、王某某（均另案处理）等人，以炒作宣威火电厂污染致癌为手段，以达到关停火电厂、改善委托方楼盘销售现状的目的。董如彬指使王某某杜撰帖文在互联网发布。其间，董如彬、侯鹏收取张某某人民币 100 000 元。

4. 2013 年 5 月，被告人董如彬接受云南旅游包机公司副总经理钱某的委托，商定以人民币 80 000 元的费用炒作钱某被判决一事。董如彬虚构事实撰写帖文，指使被告人侯鹏及冯某将帖文发布至互联网。其间，钱某支付给董如彬人民币 5 000 元。

（二）2011 年 10 月至 2013 年 3 月，被告人董如彬为提高其网络知名度，增加网民的关注程度，在“10・5”湄公河案件的处理过程中，利用新浪微博、腾讯微博、QQ 空间、天涯社区等网络平台散布了大量编造的虚假信息和煽动性言论，引发大量网民围观，严重混淆视听，造成了极其恶劣的社会影响，扰乱了公共秩序。

2013 年 9 月 10 日，被告人董如彬被抓获归案；2013 年 9 月 12 日，被告人侯鹏投案自首。

昆明市五华区人民法院认为，被告人董如彬、侯鹏违反国家规定，以营利为目的，明知是虚假信息，通过信息网络有偿提供发布信息服务，扰乱市场秩序的行为已触犯刑法，均构成非法经营罪，应依法予以惩处。董如彬编造损害国家利益和政府形象的虚假信息在网络上散布，起哄闹事，造成公共秩序严重混乱的行为还构成寻衅滋事罪，依法应予数罪并罚。

2014 年 7 月 15 日，昆明市五华区人民法院以（2014）五法刑二初字第 91 号判决书认定被告人董如彬犯非法经营罪，判处有期徒刑六年，并处罚金人民币三十五万元；犯寻衅滋事罪，判处有期徒刑一年；决定执行有期徒刑六年零六个月，并处罚金人民币三十五万元。被告人侯鹏犯非法经营罪，判处有期徒刑三年，缓刑三年，并处罚金人民币五万元。

一审宣判后，被告人董如彬提出上诉，认为一审判决认定的事实及证据错误，适用法律不当，请求改判无罪。

云南省昆明市中级人民法院经依法审理，认为一审判决认定事实清楚，证据确实充分，定罪准确，量刑适当，审判程序合法。于 2014 年 12 月 4 日以

(2014)昆刑一终字第53号刑事裁定驳回上诉,维持原判。

二、裁判理由

(一)公民在网络中的言行不能超出法律界限

宪法保障公民的言论自由,但同时规定公民的言论自由应该在法律规定的范围内行使,不得损害国家、社会、集体的利益和其他公民的合法权利。广大网民通过网络表达意见、关注社会问题、进行舆论监督,是公民行使言论自由权利、参与国家政治生活的重要方式。公民依法在信息网络上发表言论,始终受到我国法律的保护。国家通过网络上的各种信息和评论,能够了解社会情况和群众对公共事务的意见和建议。但网民在行使表达权利的同时,亦不能触及法律底线。网络空间并非法外之地,国家法律保护信息网络用户正常的、合法的言论和信息交流活动,打击利用信息网络实施的犯罪行为。

本案中,被告人董如彬、侯鹏以营利为目的,违反国家规定,有偿提供编造虚假信息、帖文并上网发布的服务,有组织地进行网络造谣、炒作活动,谋取巨额非法利益;利用社会敏感热点问题,借题发挥,炮制谣言,误导民众,恶意攻击、诋毁国家、政府和执法机关形象,造成极其恶劣的社会影响,严重扰乱了公共秩序。董如彬、侯鹏的行为损害了国家、社会、集体的利益以及其他公民的合法权利,应当依法追究刑事责任。

辩护人提出,被告人董如彬等代人发帖是为行使公民的监督权,是针对政府部门的不作为提出批评、质疑,不属于犯罪。

法院认为,公民的正当行使监督权的行为与在公共信息网络随意散布虚假信息行为之间有显著区别。

首先,二者的主观目的不同。就公民监督行为而言,行为人在主观目的上是具有善意的,其在公共信息网络上披露一些负面信息,指出客观存在的问题,目的是督促政府有关部门及时、全面地履行其职责,改进其工作。但被告人董如彬等的目的是通过炒作虚假信息引起网络舆论的争议,形成舆论热点、造成舆论混乱,从而达到收取委托人钱财、提高个人网络影响力的目的。其次,二者在客观表现上存在不同。行使监督权的行为人所披露的应当是真实的信息或经某种方式核实后自认为是真实的信息，而董如彬在网上所发布的涉案微博、帖文内容，或是无中生有，为被告人董如彬本人捏造；或是虚假信息所涉及的内容有一定来源，但经董如彬进行过实质性篡改，以原创的方式发布；或是虚假信息虽曾在信息网络上流传，但已经被澄清，董如彬仍然增添内容在信息网络上予以散布。董如彬明知是虚假的信息仍然发布在网络中，已经明显超出公民正当行使监督权的范围，应当受到法律的否定评价。

（二）关于非法经营罪的认定

《刑法》第二百二十五条规定了非法经营罪，对非法经营行为扰乱市场秩序，情节严重的，予以刑罚处罚。该条采用列举的方式规定了三项非法经营行为，并在第（四）项采用兜底条款，规定了“其他严重扰乱市场秩序的非法经营行为”。而最高人民法院2011年4月8日下发《关于准确理解和适用刑法中“国家规定”的有关问题的通知》要求，各级法院审理非法经营犯罪案件，要依法严格把握《刑法》第二百二十五条第（四）项的适用范围，有关司法解释未作明确规定的，应作为法律适用问题，逐级向最高人民法院请示。

对于本案被告人的“上网有偿发帖”行为是否属于非法经营行为，程序上是否需要逐级向最高人民法院请示，分析如下：

1.“上网有偿发帖”行为是一种非法经营行为

本案中，被告人主观上以营利为目的，客观上收取“客户”钱财，为其编造事实、杜撰文章，并发布在信息网络，对案（事）件进行炒作，具有“经营”性质；被告人主观上明知是虚假信息，仍违反国家规定实施上述行为，具有“非法”性，扰乱了正常的互联网经营秩序；被告人非法经营额达人民币345 000元，满足非法经营罪“情节严重”的入罪条件（非法经营额达人民币50 000元以上）。

2.本案属于司法解释已作明确规定的情形，无须向最高人民法院请示

2013年9月10日起施行的《最高人民法院、最高人民检察院关于办理利用信息网络实施诽谤等刑事案件适用法律若干问题的解释》（以下简称《解释》）第七条规定，违反国家规定，以营利为目的，通过信息网络有偿提供

删除信息服务,或者明知是虚假信息,通过信息网络有偿提供发布信息等服务,扰乱市场秩序,情节严重的,依照《刑法》第二百二十五条第(四)项的规定,以非法经营罪定罪处罚。该《解释》同时规定,个人非法经营数额在五万元以上的,应当认定为《刑法》第二百二十五条规定的"情节严重";个人非法经营数额在二十五万元以上的,应当认定为《刑法》第二百二十五条规定的"情节特别严重"。

本案审判时《解释》已经施行,但被告人的犯罪行为在《解释》公布之前,根据相关规定,本案可以适用《解释》对被告人判处刑罚。理由如下:2001年《最高人民法院、最高人民检察院关于适用刑事司法解释时间效力问题的规定》中已明确,对于司法解释实施前发生的行为,行为时没有相关司法解释,司法解释施行后尚未处理或者正在处理的案件,依照司法解释的规定办理。对于新的司法解释实施前发生的行为,行为时已有相关司法解释,依照行为时的司法解释办理,但适用新的司法解释对犯罪嫌疑人、被告人有利的,适用新的司法解释。对于在司法解释施行前已办结的案件,按照当时的法律和司法解释,认定事实和适用法律没有错误的,不再变动。此前法律、司法解释没有专门针对这种"上网有偿发帖"进行具体规定,在本案审判时已有《解释》,因而本案可以适用《解释》进行定罪处罚。

需要指出的是,案发时虽没有具体的司法解释,但有相关决定、规定对二被告人的行为如何进行处理,2000年全国人大常委会作出的《关于维护互联网安全的决定》(已修改,以下简称《决定》),明确指出利用互联网实施捏造事实诽谤他人及其他违法行为,构成犯罪的,依照刑法的有关规定追究刑事责任。这意味着,如果《解释》没有公布施行,二被告人行为根据《决定》,可以依照刑法的有关规定追究刑事责任,《解释》的施行使本案可以直接适用《解释》依照刑法进行定罪、量刑,在适用非法经营罪兜底条款时,程序上无须再向最高人民法院进行请示。

(三)关于寻衅滋事罪的认定

信息网络既是工作、生活、学习的重要途径和手段,也是公众沟通交流的主要媒介和平台,体现出较强的工具性和公共性的特征。网络社会已经与现实社会融为一体,成为现实社会重要的组成部分。网络空间属于公共空间,网络秩序也是社会秩序的重要组成部分。网络信息必然会对现实社会产生直接的、实实在在的影响。显而易见,编造虚假信息并在信息网络上散布,起哄闹事,进而造成公共秩序严重混乱,此类行为具有现实的社会危害性,应当以寻衅滋事罪追究刑事责任。

例如,本案涉及的编造"10·5"湄公河惨案虚假信息一事。"10·5"湄公河惨案一经报道,举世震惊,世界各国对行凶者的行为均发表声明,严厉谴责,凡是有良知的人都对13位无辜被害的中国公民表达深切哀悼,向其家属表示同情与慰问,并对中国政府、司法机关通过艰苦卓绝的工作一举捣毁糯康犯罪集团,恢复湄公河航运秩序给予高度评价。但董如彬为了吸引眼球,增加其网络上的知名度,罔顾事实真相,编造虚假信息,肆意诋毁我国司法机关和司法工作人员,贬损我国国家形象,起哄闹事,社会影响面广,影响极为恶劣。具体分析如下:

1. 从涉及领域来看,被告人董如彬编造并散布的有关"10·5"湄公河案件的虚假信息,涉及我国国家主权、外交事务、司法权等国家核心领域。

2. 从涉案场所的性质来看,互联网即社会交往、沟通交流、信息传播、诉求表达的重要平台和媒介,加之互联网天然具有的信息传播速度快、传播范围广等特点,决定了相关虚假信息一旦在互联网上发布,将很难被彻底消除,且其所造成的恶劣影响也会产生跨地域的影响范围。因此,被告人董如彬通过网络平台实施的寻衅滋事行为,比采用传统手段和方式实施的寻衅滋事行为,更具社会危害性。

3. 从起哄闹事的时间来看,被告人董如彬从"10·5"湄公河案件发生初期就开始在网络上散布各种起哄闹事性质的言论,其各种非法言论历时近一年半,时间跨度大,影响持续时间长。其间,董如彬在"10·5"湄公河事件处置的各重要时间节点,利用网民对案件高度关注的时机,散布大量恶意诋毁国家形象的言论,攻击中国司法机关及办案人员,误导网民,混淆视听,引发不明真相的群众对我国政府和司法机关的质疑和不满,严重损害了我国国家形象及司法公信力。

4. 从公共场所受影响的范围来看,被告人董如彬编造的虚假信息均发表、散布于我国主要的门户网站和重要论坛,同时董如彬作为具有一定影响力的网络名人，受众面极广，截至2013年10月4日，董如彬在新浪微博的粉丝达44 808人，在腾讯微博的听众数达62 337人，这些网民均是其言论的直接受众。董如彬发表的5条虚假言论被直接转发21次，评论10次，转发人和评论人的粉丝量共计91 591人；73条起哄闹事性质的主要言论，被直接转发、转播3 512次，评论、回复3 611次，点击、阅读589 737次。另外，基于网络的开放性，董如彬的言论被网民直接转发后，还会被其他网民进行再次（二级）转发、评论。其虚假言论扩散面极广，引发网民的错误认识和行为混乱，误导公众对国家权力和司法权威产生质疑，造成了极其恶劣且难以消除的社会影响，危害后果严重，案件事实和证据足以证实董如彬的行为已经造成公共秩序的严重混乱。

综上所述，被告人董如彬的行为符合寻衅滋事罪的构成要件，且后果严重，根据《解释》第五条第二款的规定，编造虚假信息，或者明知是编造的虚假信息，在信息网络上散布，或者组织、指使人员在信息网络上散布，起哄闹事，造成公共秩序严重混乱的，依照《刑法》第二百九十三条第一款第（四）项的规定，以寻衅滋事罪定罪处罚。人民法院依法认定董如彬构成寻衅滋事罪。

【编后语】

被告人董如彬、侯鹏非法经营、寻衅滋事案（又称“边民案”）与“秦火火”、“立二拆四”等案件，作为全国打击网络犯罪的典型案例，备受网络、媒体和社会各界的关注。

开放的中国需要文明、法治、健康的网络世界。绝对的自由并不存在，互联网的自由，也是法律之下、道德之下的自由。网络的虚拟和可匿名，并不意味着网络中的言论可以肆无忌惮、无所顾忌。网上的言行也可能触犯法律，因为网络言行一样会给个人以及社会造成切实的伤害，且信息网络具有迅速扩散、不易彻底根除等特性，往往造成的伤害更大。公民在网络中无论发表言论还是进行交易，都应当遵守法律法规、恪守社会道德，不得损害国家、社会、集体的利益和其他公民的合法权利。对利用信息网络实施的犯罪行为，依法应当判处相应的刑罚。人民法院依法审理本案及“秦火火”等利用信息网络实施的犯罪，厘清了信息网络发表言论的法律边界，通过依法、准确打击相关犯罪来最大限度地保护广大网民的表达权。

（撰稿：昆明市五华区人民法院　王伟林　惠金福
审编：最高人民法院刑二庭　叶邵生）

呼格吉勒图故意杀人罪、流氓罪再审改判无罪案

一、基本案情

申诉人李三仁，系原审被告人呼格吉勒图父亲。

申诉人尚爱云，系原审被告人呼格吉勒图母亲。

原审被告人呼格吉勒图，男，蒙古族，1977年8月9日出生，原系呼和浩特市卷烟厂工人，1996年5月10日被逮捕，同年6月10日被执行死刑。

内蒙古自治区呼和浩特市人民检察院指控被告人呼格吉勒图犯故意杀人罪、流氓罪一案，向呼和浩特市中级人民法院提起公诉。

呼和浩特市中级人民法院经审理查明：1996年4月9日20时40分许，被告人呼格吉勒图酒后到呼和浩特市新城区诺和木勒大街内蒙古第一毛纺织厂宿舍57栋平房西侧的公共厕所外窥视，当听到女厕所内有人解手，便进入女厕所内将正在解手的被害人杨某某脖子搂住，后采用捂嘴、扼颈等暴力手段强行将杨某某按倒在厕所便坑的隔墙上对杨某某进行流氓猥亵。当听到厕所外有动静，呼格吉勒图便逃离作案现场。杨某某因呼格吉勒图扼颈致窒息，当场死亡。

呼和浩特市中级人民法院认为，对公诉机关提出的关于被告人呼格吉勒图在公共场所采取暴力手段猥亵妇女并扼颈致杨某某窒息死亡，应依法予以严惩的意见，予以支持；对呼格吉勒图辩护人提出的呼格吉勒图认罪态度好等辩护意见，不予采纳。

1996年5月17日，呼和浩特市中级人民法院以(1996)呼刑初字第37号刑事判决，认定呼格吉勒图犯故意杀人罪，判处死刑，剥夺政治权利终身；犯流氓罪，判处有期徒刑五年；决定执行死刑，剥夺政治权利终身。

宣判后，被告人呼格吉勒图以没有杀人动机，请求从轻处理等为由，提

出上诉。

内蒙古自治区高级人民法院二审认定的犯罪事实、证据与一审判决一致。对呼格吉勒图提出的上诉理由不予采纳，于 1996 年 6 月 5 日作出(1996)内刑终字第 199 号刑事裁定，驳回上诉，维持原判，并根据最高人民法院授权高级人民法院核准部分死刑案件的规定，以故意杀人罪核准呼格吉勒图死刑，剥夺政治权利终身。

1996 年 6 月 10 日呼格吉勒图被执行死刑。

呼格吉勒图父亲李三仁、母亲尚爱云向内蒙古自治区高级人民法院提出申诉。内蒙古自治区高级人民法院于 2014 年 11 月 19 日作出(2014)内刑监字第 00094 号再审决定，对本案进行再审。

再审中，申诉人李三仁、尚爱云请求尽快公平公正对本案作出判决。

辩护人提出原判事实不清，证据不足，应宣告呼格吉勒图无罪的辩护意见。主要理由：(1)杨某某去往案发现场的时间和呼格吉勒图具有的作案时间存在无法合理排除的矛盾，不符合逻辑。(2)呼格吉勒图对实施犯罪行为的手段、情节等有关供述，细节不断变化，难以确定，存在无法合理排除的矛盾。没有直接的书证、物证、检验鉴定等证据证实呼格吉勒图作案。认定杨某某因呼格吉勒图扼颈致窒息死亡的事实不清，证据不足。(3)呼格吉勒图关于杨某某衣着、体貌、口音特征的供述与客观事实存在矛盾，不符合常理。(4)杨某某血型与呼格吉勒图指甲缝中附着物血型鉴定一致，但血型鉴定不具有唯一性和科学性，呼格吉勒图指甲缝内附着物为 O 型人血，难以认定就是杨某某的血迹。

内蒙古自治区人民检察院认为，原判认定呼格吉勒图构成故意杀人罪、流氓罪的事实不清，证据不足，应通过再审程序，作出无罪判决。

内蒙古自治区高级人民法院再审查明：1996 年 4 月 9 日 19 时 45 分左右，被害人杨某某称要去厕所，从呼和浩特市锡林南路千里香饭店离开，当晚 21 时 15 分后被发现因被扼颈窒息死于内蒙古第一毛纺织厂宿舍 57 栋平房西侧的公共厕所女厕所内。原审被告人呼格吉勒图于当晚与其同事闫峰吃完晚饭分手后，到过该女厕所，此后返回工作单位叫上闫峰到案发女厕所内，看到杨某某担在隔墙上的状态后，呼格吉勒图与闫峰跑到附近治安岗亭报案。

内蒙古自治区高级人民法院于2014年12月13日作出(2014)内刑再终字第00005号刑事判决,认为原判认定原审被告人呼格吉勒图犯故意杀人罪、流氓罪的事实不清,证据不足。对辩护人的辩护意见、检察机关的检察意见予以采纳。对申诉人的请求予以支持。判决撤销内蒙古自治区高级人民法院(1996)内刑终字第199号刑事裁定和内蒙古自治区呼和浩特市中级人民法院(1996)呼刑初字第37号刑事判决;原审被告人呼格吉勒图无罪。

二、裁判理由

原判认定原审被告人呼格吉勒图采用捂嘴、扼颈等暴力手段对被害人杨某某进行流氓猥亵,致杨某某窒息死亡的事实,没有确实、充分的证据予以证实。

1. 原审被告人呼格吉勒图供述的犯罪手段与尸体检验报告不符。呼格吉勒图供称从杨某某身后用右手捂杨某某嘴,左手卡其脖子同时向后拖动杨某某两三分钟到隔墙,与尸体检验报告所述“死者后纵隔大面积出血”的伤情不符;呼格吉勒图供称杨某某担在隔墙上,头部悬空的情况下,用左手卡住杨某某脖子十几秒钟,与“杨某某系被扼颈致窒息死亡”的尸体检验报告结论不符;呼格吉勒图供称杨某某担在隔墙上,对杨某某捂嘴时杨某某还有呼吸,也与“杨某某系被扼颈致窒息死亡”的尸体检验报告结论不符。

2. 血型鉴定结论不具有排他性。刑事科学技术鉴定证实呼格吉勒图左手拇指指甲缝内附着物检出O型人血,与杨某某的血型相同;物证检验报告证实呼格吉勒图本人血型为A型。但血型鉴定为种类物鉴定,不具有排他性、唯一性,不能证实呼格吉勒图实施了犯罪行为。案发后,侦查机关提取了受害者体内凶手所留的精斑,但并没有将之与呼格吉勒图的精液进行鉴定对比。

3. 呼格吉勒图的有罪供述不稳定,且与其他证据存在诸多不吻合之处。呼格吉勒图在公安机关侦查阶段、检察机关审查起诉阶段、法院审理阶段均供认采取了卡脖子、捂嘴等暴力方式强行猥亵杨某某,但又有翻供的情形,其有罪供述并不稳定。对于翻供的理由,呼格吉勒图在笔录中数次表示:

"今天我说的全是实话,最开始在公安局讲的也是实话……后来,公安局的人非要让我按照他们的话说,还不让我解手……他们说只要我说了是我杀了人,就可以让我去尿尿……他们还说那个女子其实没有死,说了就可以把我立刻放回家……"另外,呼格吉勒图关于杨某某身高、发型、衣着、口音等内容的供述与其他证据不符,其供称杨某某身高1.60米、1.65米,尸体检验报告证实杨某某身高1.55米;其供称杨某某发型是长发、直发,尸体检验报告证实杨某某系短发、烫发;其供称杨某某未穿外套,尸体检验报告证实杨某某穿着外套;其供称杨某某讲普通话与证人证明杨某某讲方言的细节也不吻合。

综上所述,原判认定的呼格吉勒图犯流氓罪除其供述外,没有其他证据予以证明。

【编后语】

党的十八届四中全会把依法治国作为主题,让法治中国的构想更趋清晰与丰满。推进法治中国建设,这其中必须包含着让人民群众在每一个司法案件中感受到公平正义。尽最大努力减少错案发生、实现司法公正,是全面推进依法治国的题中应有之义。在这个时间节点上,内蒙古自治区高级人民法院对本案依法启动再审程序,其意义不只是给了本案的逝者和家属一个交代,更在于通过对这起争议颇大案件的复查和再审,堵住昔日在制度上可能存在的疏漏,坚决避免类似案件再次发生,唤起公众对司法公正、法治社会的信心,确立社会成员对法治的普遍信仰。因而,此案的再审也成为社会广泛关注的对象,也是法治建设的一块试金石。

司法,是维护社会公平正义的最后一道防线。这道防线失守,社会难免陷入"以暴制暴"的困境。这也就是英国哲学家培根所说的:"一次不公正的司法判决其恶果甚于十次犯罪,因为犯罪只是弄脏了水流,而不公正的判决却是弄脏了水源。"这就要求司法机关不管是对每一起新发案件的审理,还是对每一起陈年疑案的复查再审,都要"锱铢必较",对于每一个疑点都必须慎之又慎,对历史负责、对人民负责、对法律负责,使每一起案件都成为推进我国法治进步的阶梯。

呼案得以纠正,体现的是有错必纠的法治精神。尽管我们也期望公正能即时兑现,但在社会发展中,迟到的公正也是一种进步。错案固然可怕,但更可怕的是没有自我修正的勇气。法治的要义,不在于永远不犯错,而在于它能够给公众以相对稳定的预期,即便犯了错,也能通过自我的良性机制加以纠正,从而不断实现公平正义。有错必纠,既是对法律的尊重,更是对当事人合法权益的尊重。这次呼格吉勒图案的再审判决,充分展现了司法理念的进步。

迟来的正义固然珍贵,但背后的代价实在太大、太沉重,让人反思和警醒。还当事人一个司法公正,不应是呼格吉勒图案的句号,而应该只是一个开始,一个让法律和制度更加完善的开始。只有当法治精神渗透社会的每一个角落,法治真正成为每一位群众的守护神,公平正义才能真正为人们所看见、实实在在感受到。

（撰稿:内蒙古自治区高级人民法院　孙志军　王英杰
审编:最高人民法院刑二庭　韩维中）

被告人张帆、张立冬、吕迎春等故意杀人、利用邪教组织破坏法律实施案

一、基本案情

被告人张帆，女，1984 年 10 月 24 日出生。2014 年 6 月 2 日被逮捕。

被告人张立冬，男，1959 年 10 月 8 日出生。2014 年 6 月 2 日被逮捕。

被告人吕迎春，女，1975 年 3 月 8 日出生。2014 年 6 月 2 日被逮捕。

被告人张航，女，1996 年 3 月 1 日出生。2014 年 6 月 2 日被逮捕。

被告人张巧联，女，1990 年 8 月 23 日出生。2014 年 6 月 2 日被逮捕。

山东省烟台市人民检察院指控被告人张帆、张立冬、吕迎春、张航、张巧联犯故意杀人罪，吕迎春、张帆、张立冬犯利用邪教组织破坏法律实施罪，向烟台市中级人民法院提起公诉。

被告人张帆、张立冬、吕迎春对公诉机关指控其杀死被害人的事实无异议，但辩称行为是遭受“恶灵”超自然力量袭击后实施的正当防卫，不构成故意杀人罪；并辩解所信奉并参与的“全能神”不属于邪教。张帆、张立冬、吕迎春的辩护人就几名被告人在案发时的精神状态，请求对被告人进行刑事责任能力鉴定。吕迎春、张航、张巧联的辩护人还提出三被告人在故意杀人共同犯罪中系从犯，请求从轻处罚。

烟台市中级人民法院经审理查明：

(一)故意杀人犯罪事实

被告人张帆、张立冬、吕迎春、张航、张巧联及张某(张帆之弟，12 周岁)均系“全能神”邪教组织成员。2014 年 5 月 28 日 15 时许，六人在山东省招远市“麦当劳”府前广场餐厅就餐。其间，张立冬、张巧联到金都购物中心购买了两支拖把、手机等物品。21 时许，张帆、吕迎春授意张航、张巧联、张某向餐厅内其他顾客索要联系方式，为发展“全能神”组织成员做准备。当张

航两次向被害人吴某某索要手机号码遭到拒绝后,张帆、吕迎春指认吴某某为“恶灵”,张帆开始咒骂“恶灵”“魔鬼”,上前抢夺吴某某手机并让其离开餐厅。再次遭到拒绝后,张帆遂持餐厅内座椅砸击吴某某。吴某某反抗,在场的张立冬、吕迎春、张航上前与张帆共同将吴某某打倒在地,张帆多次叫嚣“杀了她,她是恶魔”,并用手撑着餐桌反复跳起用力踩踏吴某某头面部。后张帆将张立冬购买的拖把分别递给张立冬和张某,指使张立冬、张航、张巧联、张某上前“诅咒”、殴打吴某某。张立冬抡起拖把连续猛击吴某某头面部,直至将拖把打断,又在吕迎春指使下将吴某某从桌椅之间拖出,并上前用脚猛力踢、踩、跺吴某某头面部。张航也使用椅子、笤帚殴打吴某某背、腿部,吕迎春踢踹吴某某腰、臀部,并唆使张巧联、张某殴打吴某某。其间,吕迎春用拳头击打餐厅工作人员并扬言“谁管谁死”,阻止餐厅工作人员和其他顾客解救吴某某,还与张帆一起将餐厅柜台上的头盔砸向工作人员阻止报警。公安人员接警到达现场后,张立冬、张某仍殴打吴某某,公安人员上前制止、抓捕张立冬、张某时,张帆、吕迎春、张航、张巧联极力阻挠,后公安人员在周围群众的帮助下,将6人制服并抓获。“120”急救医生到场后确认吴某某已死亡。经鉴定,被害人吴某某系生前头面部遭受有较大面积质地坚硬钝物打击并遭受有一定面积质地较硬钝物多次作用致颅脑损伤死亡。

(二)利用邪教组织破坏法律实施犯罪事实

被告人吕迎春于1998年加入“全能神”邪教组织。2008年始,吕迎春作为“长子”(“全能神”邪教组织头目)纠合在招远的“全能神”教徒进行聚会,宣扬“全能神”教义。

被告人张帆从2007年开始接触并信奉“全能神”,2008年与吕迎春通过互联网结识并频繁联系,多次跟随吕迎春到招远参加“全能神”教徒聚会。2008年年底,张帆先后将张立冬、陈秀娟(张帆之母)、张航、张某等家人发展为“全能神”教徒。2009年,张帆与家人自河北省无极县移居山东省招远市,张帆被“二见证人”(“全能神”邪教组织头目)范龙凤、李有旺(均另案处理)确认为“长子”。此后,张帆与吕迎春在招远市城区及下辖的玲珑镇、蚕庄镇、齐山镇等多地,秘密纠合“全能神”教徒40余名聚会百余次。张立冬积极参加聚会活动。其间,吕迎春、张帆印制、散发了《话在肉身显现》《七雷发声》等“全能神”宣传资料数十册，并利用互联网，先后在境内外网络空间内，制作、传播有关“全能神”的文章 97 篇，空间访问量总计 17 万余次。

被告人张立冬还积极出资，在招远市租赁或者购买多处房屋及店面，作为“全能神”教徒住所和活动场所，并出资购买交通工具、电脑、手机，安装宽带，供传播“全能神”使用。此外，张立冬听从被告人吕迎春、张帆指使，将家庭财产 1 000 余万元以“奉献”给“教会”的名义，存于吕迎春、张帆名下。

烟台市中级人民法院经审理认为，被告人张帆、张立冬、吕迎春、张航、张巧联因被害人吴某某拒绝提供自己的电话号码，即视之为“恶灵”，采取持椅子、拖把打砸、用力踹踏等手段，共同将吴某某残忍杀害，其行为均构成故意杀人罪。吕迎春、张帆、张立冬明知“全能神”系已经被国家取缔的邪教组织，仍然纠合教徒秘密聚会，制作、传播邪教组织信息，发展邪教组织成员，或者为上述行为提供便利条件，破坏国家法律、行政法规实施，其行为又构成利用邪教组织破坏法律实施罪，应当数罪并罚。在故意杀人共同犯罪中，张帆、张立冬、吕迎春系主犯，应当依法严惩。张航、张巧联系从犯，且能够当庭认罪悔罪，依法对张航从轻处罚，对张巧联减轻处罚。

2014 年 10 月 11 日，烟台市中级人民法院作出（2014）烟刑一初字第 48 号刑事判决，以故意杀人罪判处被告人张帆死刑，剥夺政治权利终身；以利用邪教组织破坏法律实施罪判处有期徒刑七年；决定执行死刑，剥夺政治权利终身。以故意杀人罪判处被告人张立冬死刑，剥夺政治权利终身；以利用邪教组织破坏法律实施罪判处有期徒刑五年；决定执行死刑，剥夺政治权利终身。以故意杀人罪判处被告人吕迎春无期徒刑，剥夺政治权利终身；以利用邪教组织破坏法律实施罪判处有期徒刑七年；决定执行无期徒刑，剥夺政治权利终身。以故意杀人罪判处被告人张航有期徒刑十年。以故意杀人罪判处被告人张巧联有期徒刑七年。

一审宣判后，五名被告人均不服，提出上诉。被告人张航、张巧联表示认罪、悔罪，请求从宽处罚，其余被告人上诉理由与一审辩解相同。被告人张帆的辩护人提出，尸体检验鉴定不明确，原审未查明被害人致死原因，提请法庭关注张帆的刑事责任能力；被告人张立冬的辩护人提出，尸体检验鉴定书结论不明确，无法确定被害人的死因与各被告人行为的因果关系，张立冬的刑事责任能力值得怀疑;被告人吕迎春的辩护人提出,吕迎春精神状态不正常,质疑其刑事责任能力值得怀疑;被告人张航的辩护人提出,张航所起的作用较小,且认罪悔罪,应减轻处罚。

山东省高级人民法院经开庭审理,于2014年11月27日作出终审裁定,驳回上诉,维持原判,并报请最高人民法院核准张帆、张立冬死刑。

最高人民法院复核认为,第一审判决、第二审裁定认定的事实清楚,证据确实、充分,定罪准确,量刑适当,审判程序合法。2015年1月26日,最高人民法院以(2015)刑二复02209851号刑事裁定,依法核准被告人张帆、张立冬死刑。

二、裁判理由

(一)邪教组织的认定

邪教组织是指冒用宗教、气功或者其他名义建立,神化首要分子,利用制造、散布迷信邪说等手段蛊惑、欺骗他人,发展、控制成员,危害社会的非法组织。早在1999年、2001年和2002年,最高人民法院和最高人民检察院就先后颁布《关于办理组织和利用邪教组织犯罪案件具体应用法律若干问题的解释》(已失效)、《关于办理组织和利用邪教组织犯罪案件具体应用法律若干问题的解释(二)》(已失效)和《关于办理组织和利用邪教组织犯罪案件具体应用法律若干问题的解答》(已失效)①,明确了邪教组织的特征,对组织和利用邪教组织犯罪案件的定罪量刑标准作出了具体规定,为打击邪教犯罪提供了充分的法律依据。近年来,人民法院依法审理了一批组织和利用邪教组织犯罪案件,打击了邪教组织的嚣张气焰,但是依然有不法分子躲在阴暗角落里,打着宗教信仰自由、气功强身健体等旗号,将基督教、佛教、道教的一些言论胡乱捆绑上他们的歪理邪说,制造"行善积德"的假象、散布迷信邪说,蛊惑、蒙骗世人,甚至使用恐吓、非法拘禁、绑架乃至杀人等手段发展组织、控制组织成员,严重扰乱正常的社会秩序。

① 2017年2月1日起施行的《最高人民法院、最高人民检察院关于办理组织、利用邪教组织破坏法律实施等刑事案件适用法律若干问题的解释》(法释〔2017〕3号),上述三个司法解释同时废止。本案审判时适用文中涉及的三个司法解释,且文中所涉及观点与新司法解释一致。

本案中，被告人张帆、吕迎春辩称"全能神"不是邪教。"全能神"邪教组织的头目是赵维山，自称"能力主""大祭司""圣灵使用的人"，将自己妻子杨向彬包装为东方道成肉身的"女基督"，其骗取公务护照携杨向彬潜逃日本，后又到美国，遥控指挥国内信徒的活动，宣扬"世界末日论"，严重破坏社会稳定，严重危害人民群众生命财产安全。本案中，吕迎春、张帆信奉"全能神"，冒用基督教名义，编造歪理邪说，将自己神化为"全能神"的"长子""神自己"，多次纠合教徒秘密聚会，利用各种方式制作、传播邪教组织信息，蛊惑蒙骗他人，发展控制成员，进行非法活动。"全能神"教完全符合相关司法解释关于邪教组织特征的定义。因此，人民法院依法认定吕迎春、张帆所信奉的"全能神"系邪教组织，定性准确。

人民法院审理邪教组织犯罪案件，应坚持区别对待：一方面，要严厉打击各种组织和利用邪教组织犯罪，维护社会稳定。另一方面，要坚持教育与惩罚相结合原则，依法严惩极少数犯罪分子，重点打击组织者、策划者、指挥者和屡教不改的积极参加者，同时团结、教育被蒙骗的群众远离邪教，珍爱生命。

（二）故意杀人罪的认定

依照2017年最高人民法院、最高人民检察院颁布施行的《关于办理组织、利用邪教组织破坏法律实施等刑事案件适用法律若干问题的解释》第七条，《刑法》第三百条第二款规定的组织、利用邪教组织"蒙骗他人，致人重伤、死亡"是指组织、利用邪教组织制造、散布迷信邪说，蒙骗成员或者他人绝食、自虐等，或者蒙骗病人不接受正常治疗，致人重伤、死亡的情形。

本案中，被告人张帆、张立冬、吕迎春等"全能神"邪教组织成员，因意图发展组织成员而向被害人吴某某索要电话号码遭到拒绝，便在光天化日之下，当着众多就餐人员的面将吴某某殴打致死。事后被告人还口口声声说，"那名女子是恶魔、邪灵，就是要打死她""不害怕法律，我们相信神"。在"全能神"邪教歪理邪说的蛊惑下，张帆、张立冬等人认为，凡是违背其意志的人都是"恶灵""魔鬼"，必欲除之而后快，故而发生仅因被害人吴某某不愿提供电话号码，就被张帆、张立冬等人活活打死在餐厅的惨案。被告人的上述行为不属于《刑法》第三百条第二款规定的情形，不构成认定利用邪教组织致人死亡罪,而应适用《刑法》第三百条第三款的规定,构成故意杀人罪和利用邪教组织破坏法律实施罪,以两罪并罚追究两被告人的刑事责任。

(三)刑事责任能力的确定

我国《刑法》第十八条规定,精神病人在不能辨认或者不能控制自己行为的时候造成危害结果,经法定程序鉴定确认的,不负刑事责任。精神病鉴定问题是刑事审判中经常遇到的问题,被告人及其近亲属、辩护人经常以被告人不具备刑事责任能力为由,申请对被告人进行精神病鉴定。对于这种申请,人民法院应当根据案件具体情况审查被告人有无精神病的可能,对于根据正常人的常识即可判断出明显不属于精神病范畴的,可以不予鉴定。

本案中,张帆、张立冬、吕迎春等人案发前无精神异常史和精神病家族史,日常行为举止和参与社会活动正常,作案时逻辑思维清晰、目的明确,对各自实施行为的性质和危害结果具有完全的辨认和控制能力;归案后及一审、二审庭审中三被告人接受讯问时应答切题,供述符合逻辑,具备自我保护能力。据此,人民法院认定三被告人具有完全刑事责任能力。

(四)共同犯罪中各被告人的罪责认定

正确区分共同犯罪中多名被告人的地位作用,对于准确量刑,正确适用法律具有重要意义。在共同犯罪案件中,各被告人的地位和作用不可能完全相同,即使是主犯之间也有区别,不可能累黍不差,为确保罪责刑相适应,应当对犯罪人的地位、作用进行准确区分。审判实践中,通常可以从犯罪的起因、犯意的提起、犯罪工具的准备、使用、具体加害的手段、部位、犯意的坚决程度以及对其他同案被告人的影响等多个方面综合加以评判。

本案是典型的多人共同施暴致人死亡案件,如何区分各被告人的地位作用,准确定罪量刑是本案的重点。在共同故意杀人犯罪中,张帆授意张航等向他人索要电话号码,又与吕迎春共同指认被害人是"恶灵",挑起事端后,率先持椅子击打被害人头部,后竭力踩踏被害人头面部,并以言语指使、提供工具、阻止他人解救等方式明确要求张立冬等将被害人杀死,系本案的发起者、主要实施者和组织指挥者,应当认定为主犯。张立冬积极响应张帆的指使,持拖把猛击被害人头部直至拖把断裂,又将被害人从桌椅间拖出,猛力踹踏被害人头面部,系犯罪行为的主要实施者,应当认定为主犯。吕迎春出于发展“全能神”邪教组织成员的动机，与张帆共同授意张航等向他人索要电话号码，继而与张帆共同指认被害人是“恶灵”，挑起事端，引发本案，又后上前踢踹被害人腰臀部，多次指使张立冬、张巧联、张某等人殴打被害人，并暴力阻止他人解救，系共同犯罪的组织指挥者和直接实施者，亦应认定为主犯，予以严惩。张航、张巧联在共同犯罪中均系从犯，且能够当庭认罪悔罪，应从轻或减轻处罚。

我国坚持“保留死刑，严格控制和慎重适用死刑”的刑事政策。人民法院坚决依法从严惩治各类危害国家安全犯罪、恐怖犯罪和黑社会性质组织犯罪以及爆炸、杀人、抢劫、绑架、强奸等严重暴力犯罪。本案发生在人员流动量非常大的公共场所——商场的麦当劳餐厅内，且犯罪手段极其残忍、血腥，造成了恶劣的社会影响，甚至给当地群众造成了一定程度的恐慌。从维护社会大局稳定，保障人民群众生命安全的角度考量，对此类犯罪必须坚决从严惩处，以震慑犯罪，彰显社会正义。实践中对多人致一人死亡的案件中两名以上被告人同时判处死刑的，法院一直极为慎重。但综观本案，整个故意杀人犯罪过程，张帆、张立冬在公共场所故意杀人，两人打击、踩踏被害人头面部的行为是造成被害人死亡的直接原因。张帆系故意杀人犯罪的发起者、组织指挥者及主要实施者，张立冬系犯罪的主要实施者，均为主犯。二被告人杀人意志坚决，犯罪手段极其残忍，后果极其严重，社会影响极其恶劣，人身危险性极大，应当依法严惩。人民法院依据“宽严相济”刑事政策，根据本案各被告人犯罪的事实、性质和对社会的危害程度以及各种情节，对张帆、张立冬判处死刑，对其他被告人分别判处无期徒刑、有期徒刑（张某因未满 14 周岁被公安机关处以收容教育），体现了“教育与惩罚相结合，团结、教育绝大多数被蒙骗的群众，依法严惩极少数犯罪分子”的司法理念。

【编后语】

宗教信仰自由是我国公民的基本权利，受到国家保护。正常的宗教活动，如佛教、道教、基督教、天主教、伊斯兰教等，有合法的宗教教义，有一脉相传的宗教典籍，有固定的活动场所，有严格的宗教礼仪。但是宗教与邪教却有本质区别，从“法轮功”到“呼喊派”“灵灵教”“全能神”等邪教组织门类众多,名称各异,但其本质皆是反社会、反人类,欺世盗名、蛊惑人心、危害社会的恶魔。邪教组织在世界范围内均不同程度地存在,对社会的破坏和影响在一些国家已成为不容忽视的问题。

本案系"全能神"邪教组织成员实施的恶性杀人案件,因犯罪分子手段暴力、残忍、血腥,案发过程视频经网络传播后,案件迅速在全国范围内引起广泛关注。因被害人拒绝提供电话号码,被告人等就群起而攻之,残暴地将被害人殴打致死,也反映了"全能神"邪教组织反人类、反社会的邪恶本质。本案也再次警示我们,邪教是社会的"毒瘤",是对人民群众生命、财产安全的极大威胁,也是对社会发展、稳定大局的极大危害。必须始终保持对邪教的高压态势,予以坚决打击,以维护人民群众生命财产安全。

人民法院公开、公正、高效地审理了本案,庭审过程在官方微博予以公开。案件宣判后,一审、二审法院均第一时间将裁判文书在网上全文公布,满足了人民群众的知情权,社会反响良好。本案的裁判结果也得到了社会的广泛认同,彰显了我国严惩严重邪教犯罪的决心。邪教组织犯罪不仅是依靠公正的审判来严惩凶手、告慰逝者、消除恐慌,更重要的是要打好法治之战,用法治精神引领反邪教斗争,用法治手段开展反邪教斗争,用法治理念指导反邪教教育。人民法院通过依法审理邪教组织犯罪案件,既体现了严厉打击邪教犯罪的法律威严,又严格把握邪教与正常宗教界限的法治精神,让整个社会认清邪教的本质和危害,让人民群众珍爱生命,远离邪教。司法审判过程的公开透明,让正义得到昭示,树立了全社会战胜邪教的信心,引导公众养成社会主义核心价值观,增强了全民识邪、防邪、拒邪的能力。

(撰稿:山东省高级人民法院刑二庭　张运通
审编:最高人民法院刑二庭　王晓东)

刘汉、刘维等31人组织、领导、参加黑社会性质组织系列案

一、基本案情

被告人刘汉，男，汉族，1965年10月25日出生，2013年8月8日被逮捕。

被告人刘维，男，汉族，1969年4月20日出生，2013年8月7日被逮捕。

被告人孙华君，男，汉族，1964年5月10日出生，2003年6月13日因犯非法持有枪支罪被判处有期徒刑二年，缓刑二年；2011年8月15日因犯非法拘禁罪被判处有期徒刑七个月，同年9月3日刑满释放；2013年7月27日因本案被逮捕。

被告人缪军，男，汉族，1971年5月9日出生，2009年6月11日因涉嫌犯故意杀人罪被刑事拘留，同年7月10日被取保候审；2013年9月13日因本案被逮捕。

被告人文香灼，男，汉族，1969年7月25日出生，2009年3月20日被逮捕。

被告人旷小坪，男，汉族，1970年3月16日出生，2009年3月20日被逮捕。

被告人曾建军，男，汉族，1974年2月6日出生，1994年11月11日因犯流氓罪被判处有期徒刑三年，1996年7月10日刑满释放；2013年7月4日因本案被逮捕。

被告人陈力铭，男，汉族，1965年3月1日出生，2013年6月23日被逮捕。

被告人旷晓燕，男，汉族，1968年8月8日出生，2013年7月27日被逮捕。

被告人唐先兵,男,汉族,1974年8月11日出生,2013年7月27日被逮捕。

被告人詹军,男,汉族,1973年9月2日出生,2013年8月7日被逮捕。

被告人张东华,男,羌族,1975年6月26日出生,2002年8月13日因犯故意伤害罪被判处有期徒刑二年,2003年9月13日刑满释放;2009年3月20日因本案被逮捕。

被告人田先伟,男,汉族,1984年10月19日出生,2013年11月20日被逮捕。

被告人袁绍林,男,汉族,1972年7月8日出生,2009年2月26日被逮捕。

被告人孙长兵,男,汉族,1980年8月2日出生,2004年2月13日因犯抢劫罪被判处有期徒刑四年,2007年1月20日刑满释放;2009年2月26日因本案被逮捕。

被告人刘岗,男,汉族,1975年9月23日出生,2013年7月27日被逮捕。

被告人刘小平,女,汉族,1963年3月31日出生,2013年8月6日被逮捕。

被告人李波,男,汉族,1973年9月21日出生,2013年7月27日被逮捕。

被告人车大勇,男,汉族,1970年8月15日出生,2013年7月27日被逮捕。

被告人仇德峰,男,汉族,1979年5月16日出生,2002年11月4日因犯寻衅滋事罪被判处有期徒刑四年,2005年5月30日刑满释放;2013年7月27日被逮捕。

被告人肖永红,男,汉族,1971年4月14日出生,2013年9月3日被逮捕。

被告人张伟,男,汉族,1973年1月10日出生,2013年5月20日被逮捕。

被告人曾建,男,汉族,1976年9月26日出生,1994年8月9日因犯抢劫罪被判处有期徒刑二年,1995年10月2日刑满释放;2013年7月4日因本案被逮捕。

被告人闵杰,男,汉族,1974年8月31日出生,2002年12月5日因犯抢劫罪、故意伤害罪、非法买卖枪支弹药罪、敲诈勒索罪被判处有期徒刑十三年,2008年11月9日刑满释放;2013年7月4日因本案被逮捕。

被告人李君国,男,汉族,1973年10月31日出生于四川省广汉市,1994年8月23日因犯盗窃罪被判处有期徒刑四年,1997年1月4日刑满释放;2013年7月4日因本案被逮捕。

被告人钟昌华,男,汉族,1974年5月21日出生,2004年6月8日因犯非法拘禁罪、非法持有枪支罪被判处有期徒刑十一年,2010年9月6日刑满释放;2013年6月23日因本案被逮捕。

被告人王万洪,男,汉族,1975年9月5日出生,2013年6月23日被逮捕。

被告人黄谋,男,汉族,1975年2月14日出生,1997年1月30日因犯抢劫罪、故意伤害罪被判处有期徒刑四年;2005年6月23日因犯抢劫罪被判处有期徒刑三年六个月;2013年7月5日因犯强奸罪、盗窃罪被判处有期徒刑四年六个月;2013年8月14日因本案被从监所押解回看守所羁押。

被告人桓立柱,男,汉族,1980年3月7日出生,2013年7月27日被逮捕。

被告人王雷,男,汉族,1979年3月2日出生,2013年7月27日被逮捕。

被告人刘光辉,男,汉族,1969年7月14日出生,2013年4月26日被逮捕。

湖北省咸宁市人民检察院指控被告人刘汉、刘维犯组织、领导黑社会性质组织,故意杀人,故意伤害等罪;被告人孙华君、缪军、文香灼、旷小坪、曾建军、陈力铭、旷晓燕、唐先兵、詹军、张东华、田先伟、袁绍林、孙长兵、刘岗、刘小平、李波、车大勇、仇德峰、桓立柱、肖永红、张伟、曾建、闵杰、李君国、钟昌华、黄谋、王雷、王万洪、刘光辉分别犯参加黑社会性质组织等罪,分成6案分别向咸宁市中级人民法院提起公诉。

咸宁市中级人民法院经公开审理查明:

(一)组织、领导、参加黑社会性质组织事实

1993年9月,被告人刘汉在四川省广汉市组织人员非法转移被法院查封的一批货物。湖南、四川两地公安民警到广汉市对涉嫌诈骗犯罪的刘汉执行刑事拘留时,被告人刘维持枪阻碍执行,被民警当场抓获,但刘汉得以逃脱。此事发生后,刘汉、刘维兄弟因暴力妨害公务在广汉市有了恶名。

1993年,被告人刘汉在广汉市开办圣罗兰游戏机厅,从事赌博活动,谋取非法利益。之后,刘汉将游戏机厅先后交给其兄刘坤及被告人刘维经营,自己与孙某某(另案处理)在四川省绵阳市合伙成立绵阳市平原建材公司,通过经营建筑材料,从事期货交易等业务,逐步积累经济实力,并于1997年3月在绵阳市成立四川汉龙(集团)有限公司(以下简称汉龙集团),同年4月成立绵阳小岛建设开发有限公司(以下简称小岛公司)。为强行推进对绵阳市游仙区小岛的开发业务,小岛公司组建保安队,多次对当地村民使用暴力。时任小岛公司保安的被告人唐先兵还将打伤保安的村民熊某杀死。其间,被告人孙华君先后网罗被告人缪军、李波、刘岗、车大勇等人在广汉市、绵阳市等地发展黑恶势力混社会。孙某某为孙华君发展黑恶势力、经营典当行提供经济支持,孙华君为刘汉、孙某某发展经济实力提供武力保护,将“表现勇敢”的手下成员缪军、刘岗、车大勇等人输送到刘汉、孙某某开办的经济实体就职,并在刘汉、孙某某的指使下安排人员枪杀了对汉龙集团产生威胁的被害人王某甲。熊某和王某甲相继被杀,为刘汉、孙某某等人的经营活动扫除了障碍,树立了刘汉、孙某某等人在绵阳市的非法权威。

与此同时,在被告人刘汉的扶持下,以被告人刘维为首的另一股黑恶势力也在不断发展、壮大。1994年9月刘维被释放后,刘汉将圣罗兰游戏机厅交给刘维经营并出资为刘维开办餐饮、娱乐场所。刘维有了一定经济基础后,开始带“小弟”混社会,并趁广汉市有名的“操哥”(混社会的人)陈某某服刑之机,将其手下“小弟”被告人曾建军、张顺收归名下,安排曾建军、张顺等人在广汉市赌博游戏机厅“看场子”、收取“保护费”,并通过枪杀“操哥”周某,一举确立强势地位,逐步垄断了广汉市赌博游戏机行业。此后,刘维又借机发展被告人陈力铭、旷晓燕、文香灼、旷小坪等人为其手下成员,成立广汉市乙源实业发展有限公司(以下简称乙源实业公司)等经济实体,大肆

敛财,结交四川省什邡市人民检察院原副检察长刘忠伟、四川省德阳市公安局刑侦支队原政委刘学军、德阳市公安局装备财务处原处长吕斌(均另案处理)等人充当其保护伞,经常纠集手下成员及国家工作人员在音豪娱乐会所集会、玩乐、吸毒及预谋犯罪等。曾建军、陈力铭、旷晓燕、文香灼、旷小坪等人亦各自发展手下成员。以刘维为首的黑恶势力在刘汉的资助下不断壮大的同时,也不断为刘汉、孙某某聚敛钱财、排除异己提供暴力支持,多次派手下携带枪支充当保镖、司机保护刘汉,为刘汉、孙某某等人杀害王某甲提供枪支,策划枪杀了对其和刘汉产生威胁的陈某某等人。

随着经济实力的增强,被告人刘汉和孙某某于2000年将汉龙集团总部迁至四川省成都市,拉拢、腐蚀国家工作人员,通过"政商结合",获取政治地位并谋取更大的经济利益。刘汉、孙某某不仅成为四川省有名的富豪和民营企业家,还分别获得四川省政协常委、绵阳市人大代表等身份。刘汉、孙某某还利用结交的政界人士、社会关系,多次对刘维、孙华君等人的违法犯罪活动提供庇护。

刘汉、刘维兄弟与孙某某、孙华君兄弟以亲情为纽带,以合作经营为手段,以汉龙集团、乙源实业公司及其他经济实体为依托,互相支持,彼此融合,逐步形成了以刘汉、刘维、孙某某为领导,被告人孙华君、缪军、文香灼、旷小坪、唐先兵、曾建军、陈力铭、旷晓燕、詹军等人为骨干成员,被告人刘岗、李波、车大勇、仇德峰、肖永红、刘小平、袁绍林、张东华、张伟、曾建、桓立柱、田先伟、孙长兵、闵杰、李君国、钟昌华、黄谋、王雷、王万洪、刘光辉等人参加的较稳定的犯罪组织。

该组织内部分工明确,刘汉主要负责决策和指挥整个组织的运转,孙某某主要负责执行刘汉指示及汉龙集团的日常经营管理,刘维亦开办了乙源实业公司等经济实体,通过汉龙集团、乙源实业公司及其关联企业的经营活动聚敛钱财,"以商养黑";刘维、孙华君各自带领一帮手下,充当打手或保镖,为该组织排挤、打击对手,铲除异己,"以黑护商"。该组织崇尚暴力,从武术学校、退伍战士中招募多名保安、保镖,大肆吸纳在逃犯罪嫌疑人、刑满释放人员和社会闲散人员,非法买卖、持有大量枪支、弹药、刀具、警械,为实施暴力犯罪提供保障;宣扬"为公司利益要敢打敢冲,出了事公司会负责"

"要是公司遇到事了,打架要打赢,要勇敢一点""表现好的有重用,不好的被开除""'哥佬倌'带'小弟','小弟'服从'哥佬倌'指挥"等不成文的规约和纪律,纵容手下成员为组织利益实施违法犯罪活动;将刘汉在广东省深圳市佳宁娜广场小区购买的房屋作为窝藏违法犯罪组织成员的场所,并通过奖励、提拔为公司利益敢打敢冲的成员和开除少数违反组织纪律的成员,不断强化组织纪律和规约,树立组织者、领导者权威。

该组织通过有组织地实施违法犯罪活动或者以其他手段获取巨额经济利益,具有很强的经济实力。自1993年以来,该组织实施了开设赌场、敲诈勒索等非法敛财行为,不断壮大经济实力。刘汉和刘维等人还分别依托汉龙集团、乙源实业公司及其他经济实体的经营活动,获取巨额资产。所获利益部分用于购买刀具、枪支、弹药和车辆等作案工具,增强组织威慑力,提升组织犯罪能力;部分用于收买国家工作人员,为组织成员实施违法犯罪活动提供庇护;部分用于为组织成员购买房屋、车辆,发放工资、奖金,提供逃跑、赔偿经费和经济补偿,偿还赌债;部分用于组织手下成员进行集会、娱乐、吸毒等活动,借此对组织成员进行管理和控制。

该组织为维护其非法利益,树立非法权威,有组织地实施故意杀人5起、故意伤害1起、非法拘禁1起、非法经营1起、敲诈勒索2起、故意毁坏财物1起、妨害公务1起、寻衅滋事1起、开设赌场1起、窝藏多起,并非法买卖枪支2支,非法持有枪支18支、子弹622发、钢珠弹2 163发、手榴弹3枚,实施违法行为11起,造成8人死亡、2人轻伤、1人轻微伤等严重后果。

该组织通过大肆实施违法犯罪活动及利用国家工作人员的包庇和纵容,为非作恶,欺压、残害群众,称霸一方,在广汉市、绵阳市、什邡市等地形成重大影响,并对广汉市的赌博游戏机行业形成垄断,严重破坏了上述地区的经济秩序和社会生活秩序。

(二)黑社会性质组织实施的故意杀人、故意伤害等事实

1.故意杀人及相关窝藏事实

(1)1999年年初,被害人王某甲(男,殁年29岁)的朋友李某甲与汉龙集团员工何某发生纠纷,李某甲被何某砍伤。王某甲扬言欲炸汉龙集团办公场所、保龄球馆及汉龙集团总经理孙某某乘坐的车辆。孙某某得知这一

消息后,向被告人刘汉作了汇报,刘汉指使孙某某找人将王某甲“做掉”。孙某某在绵阳市绵州宾馆办公室,向被告人孙华君、缪军传达了刘汉要教训王某甲的指示。孙华君、缪军随即安排被告人唐先兵、刘岗、李波、车大勇具体实施。之后,孙华君安排社会闲散人员黄强(另案处理)、杨建伟打探王某甲行踪,并提供作案用桑塔纳轿车1辆。孙某某找被告人刘维借来2支手枪、1支滑膛枪交给缪军。缪军将枪支分发给唐先兵、刘岗、李波,并组织3人到绵阳市小岛村河堤处试枪,安排唐先兵等人在汉龙集团员工宿舍集中居住等候指令。

1999年2月13日晚,被告人缪军得知王某甲在绵阳市凯旋酒廊后,即安排被告人唐先兵、刘岗、李波、车大勇持枪前往,自己随后赶到。在凯旋酒廊,黄强向缪军等人指认了王某甲,缪军先行离开。唐先兵、刘岗各持手枪在凯旋酒廊门口等待,李波持滑膛枪在车旁警戒,车大勇开车负责接应。当王某甲走出凯旋酒廊时,唐先兵首先上前对其连开2枪,刘岗亦开枪,但因枪支故障未能击发,随后唐先兵等4人逃离现场。王某甲因被枪弹击伤致外伤性心脏破裂、双肺裂创经送医院抢救无效死亡。

王某甲被枪杀后,公安机关根据线索对被告人孙华君、缪军等人进行抓捕。孙华君立即告知孙某某,孙某某随即将王某甲已被杀死以及公安机关正在抓捕孙华君、缪军的事情向刘汉作了汇报,刘汉当即安排孙华君等人到深圳市佳宁娜广场小区躲藏。缪军、车大勇将作案用的桑塔纳轿车销毁。

被告人孙华君、缪军外逃藏匿期间,孙某某经请示刘汉同意,先后从汉龙集团的资产中给予孙华君30余万元(其中12万元用于补偿被销毁的桑塔纳轿车的损失)、凯迪拉克轿车1辆、奥迪A8轿车1辆,给付缪军60余万元,为被告人唐先兵、刘岗、缪军发放工资直至案发。

(2)1997年4月,小岛公司在绵阳市游仙区小岛从事房地产开发过程中,多次与当地村民发生冲突。在1998年三四月间的一次冲突中,小岛公司保安被告人唐先兵被村民熊某(被害人,男,殁年22岁)打伤。唐先兵起意报复,并请同为该公司保安的被告人仇德峰等人帮忙。1998年8月13日23时许,唐先兵从仇德峰处得知熊某行踪后,携带水果刀赶到绵阳市凯旋酒廊。仇德峰向唐先兵指认了熊某所在位置,并按唐先兵的要求租了1辆出租车在外等候接应。唐先兵走进酒廊,持刀朝熊某右胸部连扎2刀后跑出酒廊,乘坐仇德峰租好的出租车逃离现场。熊某因外伤性心脏破裂经抢救无效死亡。时任汉龙集团娱乐有限公司经理的被告人肖永红得知情况后,当即向孙某某汇报,并分别安排唐先兵、仇德峰到广汉市躲藏,为二人提供生活费用,仇德峰工资照发。后仇德峰回到绵阳市,汉龙集团将其从小岛公司保安队调至工程部开车,其工资待遇被提高。

(3)被告人刘汉和刘维因琐事与被害人周某(男,殁年28岁)素有积怨。1998年,刘维安排曾建军等人在广汉市赌博游戏机厅收取"保护费"期间,因争夺势力范围再次与周某发生冲突。为铲除对手,刘维指使曾建军"干掉"周某。曾建军遂邀约被告人曾建、张伟、闵杰、李君国参与作案,并对4人进行分工,由李君国负责跟踪并提供周某的行踪,闵杰负责开车,曾建和张伟负责枪杀周某。随后,曾建军租了1辆红色夏利车交给闵杰,并将刘维提供的2支滑膛枪交给张伟、曾建用于作案。同年8月18日凌晨,闵杰接到李君国电话通知后,开车载张伟、曾建至广汉市九江路严记夜宵摊前。张伟、曾建各持1支滑膛枪下车靠近周某,张伟持枪朝周某射击。周某因被滑膛枪近距离击伤头颈部、胸部致阻塞性窒息、失血性休克而当场死亡。作案后,闵杰等3人开车逃离现场。曾建军随即安排闵杰将张伟、曾建送至广汉火车站一住处躲藏,将已枪杀周某的事情向刘维汇报,后将曾建、张伟送往成都市躲藏。刘维安排曾建军到深圳市佳宁娜广场小区躲藏。

(4)被告人刘汉和刘维与被害人陈某某(男,殁年40岁)素有矛盾。2008年,陈某某刑满释放后扬言要报复刘家人,并跟踪刘维。同年八九月间的一天晚上,刘维再次发现被陈某某跟踪后,决定报复陈某某,并在广汉市音豪娱乐会所包房内授意被告人文香灼、旷小坪杀害陈某某。文香灼、旷小坪分别安排被告人袁绍林、张东华具体实施。此后,袁绍林指使被告人孙长兵打探陈某某的行踪,并出资为孙长兵购置摩托车、手机卡等作案工具。袁绍林邀约何廷军(另案处理),张东华邀约被告人田先伟参与作案。同年12月,袁绍林、张东华、田先伟、何廷军先后多次在广汉市小公园、广汉市红宇商务酒店等地伺机杀害陈某某未果。

2009年1月10日13时许,被害人陈某某、曾某(男,殁年28岁)、阮某某(男,殁年20岁)等人驾车驶出广汉市红宇商务酒店时被孙长兵发现,孙长兵随即打电话告知袁绍林、张东华等人。袁绍林、张东华、田先伟、何廷军在广汉市三医院外会合后,由袁绍林驾车搭载张、田、何3人四处搜寻陈某某。15时许,袁绍林等人行至广汉市北海路,发现陈某某等人在北海路金湖花园对面河堤上喝茶。袁绍林将车未熄火停靠在路边,负责接应。张东华、田先伟、何廷军各持1支手枪下车,张东华首先朝陈某某开枪射击,曾某、阮某某起身反抗,田先伟、何廷军又朝陈某某、曾某、阮某某连续开枪射击,致陈某某、曾某、阮某某当场死亡,在场群众张某某、李某被流弹击伤。经法医鉴定,陈某某系因被枪击头胸部致开放性颅脑损伤合并失血性休克死亡;曾某系被枪弹击伤胸背部造成左锁骨下动脉完全断裂致失血性休克死亡;阮某某系被他人用枪弹击伤头面部致严重颅脑损伤合并失血性休克死亡;张某某的损伤程度为轻伤;李某的损伤程度为轻微伤。

被告人张东华、田先伟、何廷军作案后乘坐袁绍林驾驶的车辆沿事先策划好的路线逃离现场,袁绍林联系唐正伟(另案处理)将作案车辆和枪支藏匿。当日下午,袁绍林将枪杀陈某某之事告诉被告人文香灼、旷小坪,旷小坪又告知刘维。后袁绍林、张东华等人被公安机关抓获,刘维被通缉。

2009年3月16日,被告人旷晓燕明知刘维因故意杀人被通缉,仍安排刘光辉筹款200万元通过他人转交给刘维。被告人刘汉明知刘维被通缉,在刘维藏匿期间两次前往看望并提供烟、茶叶等生活用品。2011年刘维给刘汉写信透露自己需要用钱,刘汉得知后,拿出50万元通过他人转交给刘维。当刘坤因窝藏刘维被公安机关追捕而躲藏时,刘汉指使桓立柱向刘坤汇款200万元。

(5)2001年10月的一天晚上,被告人刘汉和孙某某等人在成都市红顶夜总会娱乐时与被害人史某某发生纠纷,史某某持枪对着刘汉头部,后被人劝开。刘汉遂起意报复,指使孙某某安排人将史某某打残。2002年年初的一天,刘汉、孙某某、刘维在一起时,孙某某将刘汉要报复史某某一事告诉刘维,刘维提出把史某某"往死里打"。而后,刘汉承诺出资1 000万元杀死史某某。孙某某从刘维处借得2支手枪,并从公司拿出20万元交给被告人缪军和伍健,指示二人杀死史某某。缪军、伍健安排被告人唐先兵和易军、龚登勤参与作案,几人购买了车辆等作案工具后,在成都市寻找史某某未果。后刘汉等人因故放弃杀人行动。

2. 故意伤害及相关窝藏事实

2002年5月29日晚,被告人刘汉的保镖被告人仇德峰、桓立柱与被告人唐先兵在成都市卡卡都俱乐部喝酒时,因强行拉扯他人陪酒,与被害人黄某等人发生冲突,被卡卡都俱乐部保安劝离。仇德峰起意报复,到刘汉住处二楼保镖值班室取藏刀1把及手枪1支,途中接唐先兵一起返回卡卡都俱乐部。刘汉另一保镖被告人王雷发现此情况后即向刘汉的管家、被告人詹军汇报,詹军遂安排王雷、桓立柱和王宏伟去将仇德峰带回,明示不能让仇德峰吃亏,并同意王雷等人带刀前往帮忙。次日凌晨2时许,黄某等人从卡卡都俱乐部出来,经仇德峰指认后,唐先兵上前朝黄某头部砍击1刀,王雷砍其背部1刀,致黄某轻伤。黄某被砍后朝卡卡都俱乐部东边景立歌城方向跑,王雷、王宏伟继续追打。卡卡都俱乐部多名保安欲上前制止,仇德峰朝天鸣枪予以威胁。此时,从卡卡都俱乐部走出的顾客尚某某(被害人,男,殁年29岁)等人见状四散跑开,唐先兵误认为尚某某是黄某的同伴,朝其背部砍击1刀。尚某某被砍后朝卡卡都俱乐部西面世纪电脑城方向跑,桓立柱、仇德峰相继追赶尚某某,桓立柱先后朝尚某某大腿捅刺2刀。后唐先兵、仇德峰、桓立柱、王雷乘车逃离现场,王宏伟被卡卡都俱乐部保安当场抓获。尚某某因右大腿刺创造成股动静脉破裂致失血性休克经送医院抢救无效死亡。

2002年5月30日早晨,公安机关在被告人刘汉的住处将桓立柱、仇德峰抓获。被告人刘小平得知王雷参与作案后,安排其司机开车将王雷送往广汉市刘维处躲藏,刘维又将王雷安排至他处藏匿并提供生活费。刘汉安排人疏通关系"捞人",桓立柱、王宏伟在被关押30多天后获释,仇德峰被成都市武侯区人民法院以寻衅滋事罪判处有期徒刑四年。该案开庭前,刘汉、孙某某等前往看守所探望仇德峰。仇德峰服刑期间,孙某某托人关照其在监狱医院从事打杂等较轻劳动。

3. 非法拘禁事实

2003年上半年,因有人到四川宏达(集团)有限公司(以下简称宏达集团)下属的什邡市金桥大酒店滋事,宏达集团副主席刘某某(刘维的堂兄)请刘维出面解决此事。随后,刘维安排被告人陈力铭到金桥大酒店“看场子”,陈力铭安排被告人钟昌华具体负责。钟昌华在“看场子”的同时,还受酒店之托管理娱乐部服务员,钟昌华将此事向陈力铭作了汇报。2004年2月6日晚,钟昌华等人将有偷窃客人财物嫌疑的服务员朱某(被害人,女,殁年22岁)带至酒店711房间看守。次日8时许,朱某翻窗逃离时坠楼身亡。案发后,钟昌华等5人被公安机关抓获,陈力铭即向刘维报告,并请刘维出面疏通关系。同年6月,钟昌华因犯非法拘禁罪被判刑。在钟昌华关押期间和出狱时,陈力铭多次前往探视,并给予资助。

4. 妨害公务事实

1992年12月31日,广汉市人民法院对被告人刘汉经营的平原实业公司存放于广汉市种子公司仓库内的一批钨铁进行查封。1993年2月16日,刘汉组织人员用车辆封堵法院大门,撕毁法院封条,将被查封的钨铁转移藏匿。同年9月4日18时许,湖南、四川民警前往广汉市对因买卖钨铁涉嫌诈骗犯罪的刘汉执行拘留。刘汉察觉后躲藏于广汉市房地产开发公司职工宿舍,并通知刘维前来救援。刘维随即持枪带领孙华君等人驾驶小货车赶到广汉市房地产开发公司,并将小货车停放在该公司门口,阻止警车出入。刘维持钢珠枪冲向正在执行公务的公安民警,被民警制服。刘汉趁机逃脱。

另查明,该组织还有组织地实施了非法经营1起,敲诈勒索2起,故意毁坏财物1起,寻衅滋事1起,开设赌场1起,窝藏1起,并非法买卖枪支2支,非法持有枪支18支、子弹622发、钢珠弹2 163发、手榴弹3枚,实施违法行为11起(略)。

被告人刘汉掌控的汉龙集团以欺骗手段取得银行或者其他金融机构贷款、票据承兑、信用证等;被告人刘维还伙同他人实施故意伤害1起,致1人死亡,被告人张东华、田先伟各自伙同他人实施故意杀人1起,分别致1人死亡。

咸宁市中级人民法院分别判决如下:

1. 被告人刘汉犯组织、领导黑社会性质组织罪,判处有期徒刑十五年,并处没收个人全部财产;犯故意杀人罪,判处死刑,剥夺政治权利终身;犯故意伤害罪,判处有期徒刑十三年;犯非法拘禁罪,判处有期徒刑十年;犯非法买卖枪支罪,判处有期徒刑三年;犯非法持有枪支、弹药罪,判处有期徒刑五年;犯非法经营罪,判处有期徒刑七年,并处没收个人财产人民币三千万元;犯敲诈勒索罪,判处有期徒刑五年;犯故意毁坏财物罪,判处有期徒刑三年;犯妨害公务罪,判处有期徒刑二年;犯开设赌场罪,判处有期徒刑五年,并处罚金人民币二百万元;犯寻衅滋事罪,判处有期徒刑二年;犯窝藏罪,判处有期徒刑二年;犯骗取贷款、票据承兑、金融票证罪,判处有期徒刑六年,并处罚金人民币五千万元;决定执行死刑,剥夺政治权利终身,并处没收个人全部财产。

2. 被告人刘维犯组织、领导黑社会性质组织罪,判处有期徒刑十五年,并处没收个人全部财产;犯故意杀人罪,判处死刑,剥夺政治权利终身;犯故意伤害罪,判处无期徒刑,剥夺政治权利终身;犯非法拘禁罪,判处有期徒刑十年;犯非法买卖枪支罪,判处有期徒刑三年;犯非法持有枪支、弹药罪,判处有期徒刑七年;犯非法经营罪,判处有期徒刑五年,并处没收个人财产人民币五百万元;犯敲诈勒索罪,判处有期徒刑八年;犯故意毁坏财物罪,判处有期徒刑五年;犯妨害公务罪,判处有期徒刑二年;犯开设赌场罪,判处有期徒刑八年,并处罚金人民币一千万元;犯寻衅滋事罪,判处有期徒刑四年;犯窝藏罪,判处有期徒刑一年;决定执行死刑,剥夺政治权利终身,并处没收个人全部财产。

3. 被告人唐先兵犯参加黑社会性质组织罪,判处有期徒刑七年,并处罚金人民币二十万元;犯故意杀人罪,判处死刑,剥夺政治权利终身;犯故意伤害罪,判处有期徒刑十三年;决定执行死刑,剥夺政治权利终身,并处罚金人民币二十万元。

4. 被告人张东华犯参加黑社会性质组织罪,判处有期徒刑三年,并处罚金人民币五万元;犯故意杀人罪,判处死刑,剥夺政治权利终身;犯非法持有枪支罪,判处有期徒刑二年;决定执行死刑,剥夺政治权利终身,并处罚金人民币五万元。

5. 被告人田先伟犯参加黑社会性质组织罪,判处有期徒刑三年,并处罚金人民币五万元;犯故意杀人罪,判处死刑,剥夺政治权利终身;决定执行死刑,剥夺政治权利终身,并处罚金人民币五万元。

6. 被告人袁绍林犯参加黑社会性质组织罪，判处有期徒刑三年，并处罚金人民币五万元；犯故意杀人罪，判处死刑，缓期二年执行，剥夺政治权利终身；犯故意伤害罪，判处有期徒刑十五年；犯非法持有枪支罪，判处有期徒刑四年；决定执行死刑，缓期二年执行，剥夺政治权利终身，并处罚金人民币五万元。对被告人袁绍林限制减刑。

7. 被告人张伟犯参加黑社会性质组织罪，判处有期徒刑三年，并处罚金人民币五万元；犯故意杀人罪，判处死刑，缓期二年执行，剥夺政治权利终身；犯贩卖毒品罪，判处有期徒刑四年，并处罚金人民币五千元；决定执行死刑，缓期二年执行，剥夺政治权利终身，并处罚金人民币五万五千元。对被告人张伟限制减刑。

8. 被告人文香灼犯参加黑社会性质组织罪，判处有期徒刑五年，并处罚金人民币十万元；犯故意杀人罪，判处死刑，缓期二年执行，剥夺政治权利终身；决定执行死刑，缓期二年执行，剥夺政治权利终身，并处罚金人民币十万元。

9. 被告人曾建军犯参加黑社会性质组织罪，判处有期徒刑七年，并处罚金人民币二十万元；犯故意杀人罪，判处死刑，缓期二年执行，剥夺政治权利终身；犯非法持有枪支、弹药罪，判处有期徒刑五年；犯敲诈勒索罪，判处有期徒刑七年；犯寻衅滋事罪，判处有期徒刑二年；决定执行死刑，缓期二年执行，剥夺政治权利终身，并处罚金人民币二十万元。

10. 被告人黄谋犯参加黑社会性质组织罪，判处有期徒刑二年，并处罚金人民币二万元；犯故意伤害罪，判处死刑，缓期二年执行，剥夺政治权利终身；连同原判有期徒刑四年六个月，决定执行死刑，缓期二年执行，剥夺政治权利终身，并处罚金人民币二万元。

咸宁市中级人民法院同时根据其他被告人参与犯罪的事实和情节，分别判处有期徒刑五年至无期徒刑不等的刑罚。

一审宣判后，部分被告人不服，分别提出上诉。经湖北省高级人民法院公开审理，分别判决维持第一审对被告人刘汉、刘维、唐先兵、张东华、田先伟的死刑判决，呈报最高人民法院核准；核准对被告人袁绍林、张伟死刑，缓期二年执行，并对二人限制减刑的刑事判决；核准对被告人文香灼、曾建军、黄谋判处死刑，缓期二年执行的刑事判决。

最高人民法院经复核认为：被告人刘汉、刘维伙同他人组织、领导人数众多、骨干成员基本固定的较为稳定的犯罪组织，有组织地通过实施违法犯罪活动或者其他手段获取巨额经济利益，以支持该组织的活动，以暴力、威胁或者其他手段，有组织地多次进行违法犯罪活动和利用国家工作人员的包庇、纵容，称霸一方，为非作恶，欺压、残害群众，在广汉市、什邡市、绵阳市等地形成重大影响，在广汉市的赌博游戏机行业内形成非法控制，严重破坏当地经济、社会生活秩序，二人的行为均已构成组织、领导黑社会性质组织罪。

该组织的组织者、领导者刘汉等人及其成员为了组织利益，自1993年以来，采取持枪射击、持刀捅刺等手段故意非法剥夺他人生命，作案5起，致6人死亡、1人轻伤、1人轻微伤；故意损害他人身体健康，作案1起，致1人死亡、1人轻伤；非法剥夺他人人身自由，作案1起，致1人死亡；非法买卖枪支2支；违反枪支管理规定，非法持有各类枪支18支、子弹622发、手榴弹3枚、钢珠弹2 163发，情节严重；违反国家规定非法买卖外汇，扰乱市场秩序，作案1起，情节特别严重；以非法占有为目的，采取暴力、胁迫手段强收"保护费"，作案2起，数额巨大；故意毁损他人车辆，作案1起，数额巨大；以暴力方法阻碍国家工作人员依法执行职务，作案1起；以营利为目的，开设游戏机厅非法从事赌博活动，作案1起，情节严重；随意殴打他人，并在公共场所起哄闹事，造成公共场所秩序严重混乱，作案1起；明知是犯罪的人而为其提供隐藏处所、财物。

被告人刘汉、刘维作为黑社会性质组织的组织者、领导者和首要分子，应当对该组织所实施的全部罪行负责，二人行为还分别构成故意杀人罪，故意伤害罪，非法拘禁罪，非法买卖枪支罪，非法持有枪支、弹药罪，非法经营罪，敲诈勒索罪，故意毁坏财物罪，妨害公务罪，开设赌场罪，寻衅滋事罪和窝藏罪。刘汉还构成骗取贷款、票据承兑、金融票证罪。对二人所犯数罪，均应依法惩处并数罪并罚。刘汉、刘维伙同他人组织、领导的黑社会性质组织持续时间长，实施故意杀人、故意伤害、非法拘禁等违法犯罪活动数十起，共致8人死亡、2人轻伤、1人轻微伤。其中，二人指使、纵容、认可其组织成员实施故意杀人犯罪5起,致6人死亡;刘维还伙同他人实施故意伤害犯罪1起,致1人死亡。二人主观恶性极深,人身危险性极大,手段特别残忍,社会影响极其恶劣,后果和罪行极其严重,应依法惩处。

被告人唐先兵积极参加黑社会性质组织,其行为已构成参加黑社会性质组织罪。唐先兵伙同他人故意非法剥夺被害人生命,其行为已构成故意杀人罪;伙同他人故意伤害他人身体,其行为又构成故意伤害罪。在故意杀害王某甲的共同犯罪中,唐先兵积极参与,持枪朝王某甲射击致其死亡;在故意杀害熊某的共同犯罪中,唐先兵邀约他人,持刀捅刺被害人要害部位致其死亡;在故意伤害尚某某、黄某的共同犯罪中,唐先兵持刀追砍黄某的头部、尚某某的背部,行为积极主动。在上述故意杀人、故意伤害共同犯罪中,唐先兵均起主要作用,系主犯,应当按照其所参与的全部犯罪处罚。在故意杀害史某某的共同犯罪中,唐先兵积极参与,准备作案工具,后又自动放弃犯罪,系犯罪中止。唐先兵积极参加被告人刘汉、刘维等人组织的黑社会性质组织,在该组织的组织、领导下,实施故意杀人犯罪3起,致2人死亡,实施故意伤害犯罪1起,致1人死亡,1人轻伤,系黑社会性质组织的骨干成员,应当按照其所参与的犯罪处罚。唐先兵主观恶性极深,人身危险性极大,手段特别残忍,情节特别恶劣,后果和罪行极其严重,应依法惩处并数罪并罚。

被告人张东华参加黑社会性质组织,其行为已构成参加黑社会性质组织罪。张东华伙同黑社会性质组织成员或他人故意非法剥夺被害人生命,其行为已构成故意杀人罪。张东华违反枪支管理规定,非法持有枪支1支,其行为还构成非法持有枪支罪。张东华作为黑社会性质组织的参加者,应当按照其所参与的犯罪处罚。在故意杀害被害人陈某某等人的共同犯罪中,张东华参与预谋,邀约他人参与作案,率先开枪射击,是直接杀害陈某某等人的凶手之一;在故意杀害被害人吕某某的共同犯罪中,张东华邀约他人参与作案,准备作案枪支,开枪向吕某某射击,积极追求吕死亡的结果。在上述两起故意杀人的共同犯罪中,张东华均起主要作用,均系主犯,应当按照其所参与的全部犯罪处罚。张东华伙同他人实施故意杀人犯罪2起,致4人死亡、1人轻伤、1人轻微伤,犯罪手段残忍,情节恶劣,后果和罪行极其严重。张东华曾因犯罪被判处有期徒刑以上刑罚,在刑罚执行完毕之后五年内又犯罪，系累犯，主观恶性极深，人身危险性极大，应依法从重处罚。虽然张东华归案后检举他人犯罪线索经查证属实，具有立功表现，但依法不足以从轻处罚。对张东华所犯数罪，应依法并罚。

被告人田先伟参加黑社会性质组织，其行为已构成参加黑社会性质组织罪。田先伟伙同黑社会性质组织成员或他人故意非法剥夺他人生命，其行为已构成故意杀人罪。田先伟作为黑社会性质组织的参加者，应当按照其所参与的犯罪处罚。在故意杀害陈某某等人的共同犯罪中，田先伟开枪射击，是致陈某某等人死亡的凶手之一；在故意杀害被害人王某的共同犯罪中，田先伟持刀砍击王某身体，是致王某死亡的凶手之一。在上述两起故意杀人共同犯罪中，田先伟均起主要作用，系主犯，应当按照其所参与的全部犯罪处罚。田先伟伙同他人实施故意杀人犯罪2起，致4人死亡、1人轻伤、1人轻微伤，犯罪手段残忍，情节恶劣，后果和罪行极其严重。田先伟检举他人犯罪线索经查证公安机关已掌握，其行为不构成立功。对田先伟所犯数罪，均应依法惩处并数罪并罚。

最高人民法院依法裁定核准对被告人刘汉、刘维、唐先兵、张东华、田先伟的死刑判决。

二、裁判理由

（一）如何认定黑社会性质组织的组织者、领导者

黑社会性质组织的组织者、领导者，是指黑社会性质组织的发起者、创建者，或者在组织者实际处于领导地位，对整个组织及其运行、活动起决策、指挥、协调、管理作用的犯罪分子。本案中，被告人刘维利用被告人刘汉的支持，组建了以曾建军、陈力铭、文香灼、旷小坪等人为骨干成员的较为稳定的犯罪组织，在其犯罪组织中，刘维处于组织者、领导者地位。刘汉、孙某某则组建了以孙华君、缪军、詹军、唐先兵、旷晓燕为骨干成员的较为稳定的犯罪组织，刘汉、孙某某在其中起组织、领导作用。这两个犯罪组织相互独立，刘汉、孙某某主要负责经营经济实体，其组织成员大多在汉龙集团或其关联企业中担任一定职务，达到"以商养黑"的目的；刘维等人则主要负责实施故意杀人、故意伤害等暴力犯罪，起"以黑护商"作用。同时，这两个组织间又

互相支持,彼此融合,从成员互换、相互提供作案工具、窝藏组织成员、帮助摆平事端等方面来看,两个组织间的违法犯罪行为存在难以分割的联系。同时,刘维、孙某某都同时听命于刘汉,使刘汉在两个组织中都处于绝对的领导者地位。刘维和刘汉、孙某某分别所组织的犯罪集团实质上是同一个犯罪集团,刘汉在取得一定的政治地位后,逐渐退居幕后,但其在组织中仍处于绝对的领导地位,无人可以替代,故法院认定刘汉、刘维、孙某某三人均为黑社会性质组织的组织者、领导者。

(二)黑社会性质组织实施的犯罪的认定及组织者、领导者承担刑事责任的范围

部分被告人及辩护人提出,对于指控的部分黑社会性质组织实施的犯罪,组织者、领导者事先不知情,不应承担法律责任。

2009年最高人民法院、最高人民检察院、公安部公布的《办理黑社会性质组织犯罪案件座谈会纪要》明确规定,由组织者、领导者直接组织、策划、指挥、参与实施的违法犯罪活动;由组织成员以组织名义实施,并得到组织者、领导者认可或者默许的违法犯罪活动;多名组织成员为逞强争霸、插手纠纷、报复他人、替人行凶、非法敛财而共同实施,并得到组织者、领导者认可或者默许的违法犯罪活动;组织成员为组织争夺势力范围、排除竞争对手、确立强势地位、谋取经济利益、维护非法权威或者按照组织的纪律、惯例、共同遵守的约定而实施的违法犯罪活动;由黑社会性质组织实施的其他违法犯罪活动,均属于"黑社会性质组织实施的违法犯罪活动"。本案中,部分出组织成员实施的具体犯罪,组织者、领导者虽事先不知情,但这些犯罪行为被组织者、领导者事后认可,或是组织成员为组织利益实施,或是组织成员依照组织规约、纪律和行为习惯实施,客观上起到了增强组织实力的效果,均应认定为组织实施的犯罪。

《刑法》第二十六条第三款规定,对组织、领导犯罪集团的首要分子,按照集团所犯的全部罪行处罚。黑社会性质组织是犯罪集团的高级表现形式,其组织者、领导者是犯罪集团的首要分子,应按照黑社会性质组织所犯的全部罪行处罚。在具体犯罪中,组织者、领导者与犯罪行为的组织者、策划者、指挥者、实施者构成共犯,应根据其在共同犯罪中的地位和作用对具

体犯罪承担刑事责任。当然,这并不意味着组织者、领导者在具体犯罪中一定承担最重罪责,而要根据其在具体犯罪中的地位和作用来确定罪责。实践中应注意以下几点:

第一,组织者、领导者对于并非由自己直接组织、策划、指挥、参与的犯罪一般不承担最重的责任。对属于黑社会性质组织实施的犯罪,如果组织者、领导者对具体犯罪只是一般性的知晓,甚至根本不知晓,则组织者、领导者负一般责任,具体犯罪的起意者、组织者、指挥者或者实施者应承担最重的刑事责任。

第二,组织者、领导者对由其直接组织、策划、指挥、参与实施的犯罪,一般应承担最重的刑事责任。实践中存在的争议问题是,如果组织者、领导者提出犯意后未参与具体的策划、实施,如何确定其罪责程度?《最高人民法院关于审理故意杀人、故意伤害案件正确适用死刑问题的指导意见》指出,对于雇凶者与受雇者共同直接实施故意杀人、故意伤害犯罪的,应认定雇凶者为罪行最为严重的主犯;雇凶者没有直接实施故意杀人、故意伤害犯罪行为,但参与了共同犯罪的策划,实施了具体组织、指挥行为的,对雇凶者也应认定为罪行最为严重的主犯;雇凶者只是笼统提出犯意,没有实施具体组织、指挥行为,积极实施犯罪行为的受雇者可以认定为罪行最为严重的主犯。我们认为,上述意见对黑社会性质组织犯罪案件具有参考意义,但审判时应当结合涉黑犯罪的自身特点来把握,不能机械理解。具体来说,如果组织者、领导者不仅提出犯意,而且具体策划、组织、指挥,或者直接参与实施犯罪的,当然应认定为罪责最为严重的主犯。但是,如果组织者、领导者没有针对具体犯罪进行策划、组织、指挥以及参与实施,只是提出犯意后交由组织成员负责实施,也并不能就此认为组织者、领导者不是罪责最为严重的主犯,还应当结合具体案情进行分析。

(三)关于黑社会性质组织依托的经济实体与黑社会性质组织的区别

被告人刘汉、孙某某、刘维既是黑社会性质组织的组织者、领导者,又是汉龙集团、乙源实业公司等经济实体的实际控制人或法定代表人。这些经济实体既为黑社会性质组织提供了经济支撑,也为该组织的违法犯罪活动提供了合法的掩护外衣。汉龙集团等经济实体是黑社会性质组织的依托，但并不能据此认为汉龙集团等经济实体也是黑社会性质组织的组成部分，也不能将黑社会性质组织依托的经济实体的合法经营活动认定为黑社会性质组织的活动。

【编后语】

案发前，被告人刘汉担任四川大型民营企业汉龙集团董事局主席、上市企业金路集团董事长，旗下拥有数十家子公司，横跨金融证券、能源电力、房地产、矿产开发等多个领域。刘汉还曾连续三届当选四川省政协委员、常委，其资产高达400多亿元人民币，曾被《福布斯》称为"潜在水底的真正富豪"。随着本案的公开审理，刘汉的真正面目和他们犯下的桩桩罪案真相被一一揭开，刘汉、刘维黑恶组织"以黑护商""以商养黑"的内幕水落石出。常言道：法不阿贵，绳不挠曲。无论黑恶犯罪分子的权势有多大、职务有多高，都难逃反腐打黑的雷霆手段和恢恢法网。

国法面前无例外、扫黑除恶无禁区，"努力让人民群众在每一起司法案件中感受到公平正义"，这既是人民群众的期待，更是法治社会的要求和司法机关的职责所在。刘汉、刘维案入选最高人民法院和中央电视台联合评选的"2015年推动法治进程十大案件"。案件的审理和判决体现了司法的公平正义，审判过程公开、透明，充分保障了被告人的各项权益，为我国依法、公正审理和惩处黑社会性质组织犯罪提供了一个成功的范例，也让人民群众看到了法治中国建设的光明前景。

（撰稿：湖北省高级人民法院刑三庭　刘　刚
审编：最高人民法院刑二庭　韩维中）

宁夏明盛染化有限公司、廉兴中污染环境案

——腾格里沙漠污染案

一、基本案情

被告单位宁夏明盛染化有限公司。

被告人廉兴中，男，1964 年 4 月 8 日出生，宁夏明盛染化有限公司法定代表人。2014 年 12 月 18 日被取保候审。

宁夏回族自治区中卫市沙坡头区人民检察院指控被告单位宁夏明盛染化有限公司、被告人廉兴中犯污染环境罪，向中卫市沙坡头区人民法院提起公诉。

被告单位宁夏明盛染化有限公司的诉讼代表人、被告人廉兴中对起诉书指控的犯罪事实均无异议。

中卫市沙坡头区人民法院经公开审理查明：2007 年以来，被告单位宁夏明盛染化有限公司在废水处理措施未经环境影响评估，未经申报登记、验收的情况下，擅自在厂区外东侧腾格里沙漠采用“石灰中和法”处置工业废水。2009 年 6 月 18 日，被告人廉兴中任宁夏明盛染化有限公司法定代表人，负责公司的全面工作并决定继续使用“石灰中和法”处置工业废水。经廉兴中同意由朱生余（另案处理）安排工人处置工业废水。宁夏明盛染化有限公司于 2011 年 5 月 11 日取得排放污染物许可证，有限期限至 2014 年 4 月 30 日。该公司在排放污染物许可证到期后，仍继续非法排污。至 2014 年 9 月被责令关闭停产时，该公司厂区外东侧腾格里沙漠渗坑内存有大量工业废水。经宁夏环境监测中心站对现场废水取样检测认定，废水中多项监测因子超过国家排放标准。

案发后，被告单位宁夏明盛染化有限公司、被告人廉兴中为防止污染扩大，及时采取措施，消除污染，由被告单位宁夏明盛染化有限公司支付因采

取合理必要措施所产生的费用626 640元。

宁夏回族自治区中卫市沙坡头区人民法院认为，被告单位宁夏明盛染化有限公司违反国家有关环境保护的规定，非法排放、处置有毒物质，严重污染环境，被告人廉兴中系被告单位直接负责的主管人员，对被告单位污染环境的行为负有直接责任，被告单位宁夏明盛染化有限公司和廉兴中的行为均构成污染环境罪。廉兴中归案后，能如实供述自己的犯罪事实，可以从轻处罚；案发后，被告单位宁夏明盛染化有限公司、被告人廉兴中及时采取措施，消除污染，可以酌情从宽处罚。

2015年4月29日，宁夏回族自治区中卫市沙坡头区人民法院以（2015）沙刑初字第49号刑事判决书，认定被告单位宁夏明盛染化有限公司犯污染环境罪，判处罚金人民币五百万元；被告人廉兴中犯污染环境罪，判处有期徒刑一年六个月，缓刑二年，并处罚金人民币五万元。

一审宣判后，被告单位宁夏明盛染化有限公司、被告人廉兴中均未提出上诉，检察院未提出抗诉。判决发生法律效力。

二、裁判理由

（一）以法律为准绳，依法惩处污染环境犯罪

1997年《刑法》在第六章中新增了“破坏环境资源保护罪”一节，其中第三百三十八条对“重大环境污染事故罪”作了规定，即违反国家规定，向土地、水体、大气排放、倾倒或者处置有放射性的废物、含传染病病原体的废物，有毒物质或者其他危险废物，造成重大环境污染事故，致使公私财物遭受重大损失或者人身伤亡的严重后果的，构成重大环境污染事故罪。该罪名在一定程度上满足了当时惩治和预防环境污染犯罪的需要，但在司法实践中出现了入罪门槛过高、污染行为与危害后果之间的因果关系难以具体确定等问题。

2012年，《刑法修正案（八）》对该条进行修订，一是对罪名进行修正，从“重大环境污染事故罪”修正为“污染环境罪”。二是对具体罪状进行修改，将“其他危险废物”变更为“其他有害物质”，并将危害后果从“造成重大环境污染事故，并导致公私财产遭受重大损失或者人身伤亡的严重后果的”变更

为“严重环境污染或后果特别严重”,降低了入罪门槛,对于有效保护生态环境,促进经济社会可持续发展具有积极意义。

本案被告单位宁夏明盛染化有限公司位于腾格里沙漠边缘,作为国内印染业还原物最大的生产厂家,该公司为节约成本,追求利益最大化,违反国家规定,在排放污染物许可证到期后持续非法排污,将大量工业废水存放在公司厂区东侧腾格里沙漠渗坑内,经宁夏环境监测中心站对现场废水取样检测:重金属铬超过《污水综合排放标准》(GB 8978－1996)中第一类污染物最高允许排放浓度,超标倍数为0.07倍;pH为0.55,属强酸性废水,具有强腐蚀性,超过《污水综合排放标准》(GB 8978－1996)中二级标准限值;重金属锰、色度、氨氮、化学需氧量、挥发酚、硝基苯类超过《污水综合排放标准》(GB 8978－1996)中二级标准限值,超标倍数分别为重金属锰7.3倍、硝基苯类0.7倍、挥发酚5.6倍、氨氮7.8倍、色度24倍、化学需氧量118倍,对腾格里沙漠的生态环境造成了极大破坏。被告单位的行为符合2013年6月施行的《最高人民法院、最高人民检察院关于办理环境污染刑事案件适用法律若干问题的解释》(已失效,以下简称《2013解释》)第一条第(三)项关于“非法排放含重金属、持久性有机污染物等严重危害环境、损害人体健康的污染物超过国家污染物排放标准或者省、自治区、直辖市人民政府根据法律授权指定的污染物排放标准三倍以上的”的情形,应当认定为严重污染环境。法院遂依照《刑法修正案(八)》和《2013解释》作出相关判决。

虽然法律及相关司法解释对污染环境罪作了较为明确的规定,但法院在本案审理过程中仍发现一些亟待解决的问题。如对重金属污染环境的入罪标准不够细化,未按照重金属种类及危害性程度进行区分;未将生态环境损害因素纳入严重污染环境的考量范围;未明确单位实施污染环境相关犯罪的定罪量刑标准;未明确污染环境犯罪竞合的处理原则等。为有效解决司法实践中出现的问题,进一步加大环境司法保护力度,2016年最高人民法院、最高人民检察院联合发布了《关于办理环境污染刑事案件适用法律若干问题的解释》,对《2013解释》作了全面修改和完善,为审理污染环境犯罪案件提供了更具可操作性的法律依据。鉴于各类重金属在毒害性程度方面存在明显差异,从环境学和环境医学角度综合考量,根据重金属的种类区分不同的入罪标准;明确规定环境污染犯罪行为同时触犯多个罪名的,“从一重罪处断原则”;对于单位实施环境污染相关犯罪的,适用与个人犯罪相同的定罪量刑标准,等等。本案在一定程度上促进了最高司法机关对相关污染环境犯罪中新问题的调研,助推了新司法解释的出台。

(二)贯彻宽严相济刑事政策,准确定罪量刑

本案系单位犯罪,被告人廉兴中作为被告单位宁夏明盛染化有限公司的法定代表人,系直接负责的主管人员,亦应以污染环境罪追究刑事责任,但对廉兴中是否适用缓刑在审理过程中存在争议。

根据我国《刑法》第七十二条的规定,“对于被判处拘役、三年以下有期徒刑的犯罪分子,同时符合下列条件的,可以宣告缓刑:(一)犯罪情节较轻的;(二)有悔罪表现;(三)没有再犯罪的危险;(四)宣告缓刑对所居住社区没有重大不良影响。”法院综合考量本案的犯罪事实和以下情节,认为被告人廉兴中符合适用缓刑的条件:一是案发后被告单位宁夏明盛染化有限公司、被告人廉兴中为了防止污染扩大,及时将现场产生的污水等污染物进行了有效处理,并承担采取相关措施所产生的费用共计 626 640 元。根据《2013 解释》第五条的规定,实施《刑法》第三百三十八条规定的犯罪行为,但及时采取措施,防止损失扩大、消除污染,积极赔偿损失的,可以酌情从宽处罚。据此对被告单位及被告人可酌情从宽处罚,在一定程度上充分发挥了刑法的威慑和教育功能。二是廉兴中具有悔罪表现,归案后如实供述自己的罪行,表示愿意接受法律的制裁,认罪、悔罪态度较好。三是廉兴中没有再犯罪的危险。在案证据证实,宁夏明盛染化有限公司于 1998 年 7 月成立,法定代表人为王明和,2000 年该公司的法定代表人由王明和变更为王春敏,该公司股东为王春敏、王明和、廉云凤、无锡明欣化工有限公司和南京大江国际实业公司。2009 年 6 月 8 日经该公司股东会决议,将原法定代表人王春敏变更为廉兴中,但廉兴中不是股东,也不是公司的实际控制人,属职业经理人,职权有限,且廉兴中无犯罪前科,不具有再犯罪的危险。四是对廉兴中宣告缓刑对所居住的社区没有重大不良影响。基于此,法院遂对廉兴中适用缓刑,实行社区矫正。

【编后语】

近年来,一些地方政府为了发展经济,提供种种优惠条件招商引资,其中不乏粗放型经营企业、重污染企业。由于环保设施投入和运行成本较高,企业为追求高额利润,不惜以污染环境为代价,非法排污,致使产生的废水、废气、噪声等严重污染周边环境,引发与周边群众的环境污染纠纷。2014年,腾格里沙漠污染事件被曝光,多家企业将工业污水等污染物直接排放到沙漠腹地,污染沙漠并威胁到从附近流经的黄河。该事件引发社会广泛关注,习近平总书记作出重要批示,国务院成立专门督察组,督促腾格里工业园区进行大规模整改。

人民法院依法处理腾格里沙漠污染系列案件,包括中国生物多样性保护与绿色发展基金会提起的环境公益诉讼案等,对相关涉案企业开出了上亿元的"天价罚单"。本案系对涉案污染企业宁夏明盛染化有限公司进行刑事处罚的典型案例,具有积极示范引领作用。人民法院依法审理了这起影响较大的污染环境刑事案件,在审理过程中准确认定案件事实,对被告单位和被告人准确定罪量刑。该案采用了"双罚制",一方面对涉案企业处以高额罚金,让其在经济上"得不偿失",对其他不依法办理环评手续、超标排污、无排污许可证或"超(许可)证"排污、偷排污染物的企业形成有效震慑;另一方面对涉案企业的法定代表人、污染行为直接负责的企业主管人员判处相应刑罚,使其他心存侥幸的污染企业法定代表人及相关人员引以为戒,树立保护环境、守法经营理念。

(撰稿:宁夏回族自治区高级人民法院刑三庭　王　静
宁夏回族自治区中卫市沙坡头区人民法院　王　静
审编:最高人民法院刑二庭　叶邵生)

范太应故意杀人案

一、基本案情

被告人范太应,男,汉族,1954 年 7 月 17 日出生,陕西省延安市宝塔区太和山道教管理委员会原副主任。2013 年 4 月 3 日被逮捕。

陕西省延安市人民检察院指控原审被告人范太应犯故意杀人罪,向延安市中级人民法院提起公诉。

公诉机关指控:2012 年 8 月,陕西省延安市太和山道教管委会主任冯金海去世后,冯金海大女婿毛敏其(被害人,殁年 43 岁)接任太和山道教管委会主任,身为管委会副主任的被告人范太应因没有当选主任以及与冯金海多年的积怨,产生了报复杀害毛敏其的念头。2012 年 12 月 13 日 18 时许,范太应在自己所占用的库房中取出装在药瓶中的毒药,用纸张包上,放入自己穿的衣服中,来到毛敏其的办公室,准备投毒,因无机会未能实施,之后将毒药放回库房。12 月 14 日 12 时 30 分许,范太应再次从库房拿上毒药,来到毛敏其办公室,当时会计陈某某在毛的办公室。范太应等陈某某离开后,趁毛敏其在电脑上浏览资料不注意之机,将带在身上的毒药拿出,投入毛敏其办公室单人沙发中间茶几上的烧水壶中,而后离开毛敏其的办公室,在厕所将包毒药的小纸片扔弃,回到自己的办公室后又将装毒药的药瓶烧毁。12 月 15 日,毛敏其身体出现不适,17 日到陕西省人民医院治疗,被确诊为急性铊中毒(重度)。12 月 24 日,毛敏其经医治无效死亡。12 月 15 日 12 时 37 分许,延安市太和山道教管委会职工曹博(被害人,时年 21 岁)在毛敏其办公室接了一杯水饮用后,于 12 月 18 日出现身体不适,19 日在西安市中心医院也被确诊为急性铊中毒。经鉴定,毛敏其系铊中毒死亡,曹博之损伤属轻微伤。公诉机关认定被告人范太应犯故意杀人罪,请求依法判处。

被告人范太应辩称其未实施投毒杀人行为。范太应及其辩护人提出:

(1)指控被告人范太应故意杀人无证据支持,依法不能成立。首先,指控范太应所投毒药究竟为何物,是否含有铊元素,无相应证据证明。其次,公诉机关认定被害人毛敏其铊中毒死亡系范太应向其办公室内的烧水壶中投毒所致,但鉴定意见却证明该烧水壶中未检出铊元素,印证了范太应没有投毒杀害毛敏其的供述。最后,侦查机关从被害人毛敏其所喝的中药瓶中和太和山其他道士的衣物上均检出了铊元素,是否与被害人铊中毒有关,无法排除合理怀疑。(2)公诉机关指控范太应实施了投毒杀人行为的主要证据是范太应在侦查阶段的供述,但该供述明显前后反复,且不能排除范太应遭受刑讯逼供的可能性,供述的真实性、客观性存在重大瑕疵,不应采信。(3)认定范太应因未当上太和山道教管委会主任而对毛敏其怀恨在心,从而实施投毒杀人行为的犯罪动机与其他证人证言不符,证据不足。综上,现有证据无法证明范太应实施了投毒杀人的犯罪行为,无法证明被害人铊中毒的后果与范太应有刑法上的因果关系,范太应不构成犯罪。

延安市中级人民法院经审理后认为,依据医院诊断证明和鉴定意见,被害人毛敏其、曹博确系急性铊中毒。但被告人范太应在公安机关的供述作为本案的重要证据,前后反复且与其他证据不能相互印证,在取证程序、客观性、真实性等方面存在瑕疵,不能完全排除刑讯逼供的可能性,不足以采信。公诉机关指控范太应在被害人毛敏其办公室烧水壶中投毒导致毛敏其、曹博系饮用烧水壶中水导致中毒的事实缺乏确实依据,证据不足。公诉机关认定毒物来源依据不充分,投毒方式依据不确实,与范太应在公安机关的有罪供述不能相互印证,相关证据矛盾和疑点无法合理解释、排除,全案证据达不到确实、充分的证明标准,不能得出系范太应作案的唯一性结论。公诉机关指控范太应犯故意杀人罪的事实不清、证据不足,指控罪名不能成立。

2014年12月11日,延安市中级人民法院作出(2013)延中刑一初字第00054号刑事附带民事判决,认定被告人范太应无罪。

宣判后,延安市人民检察院提起抗诉,认为现有证据已形成证据链,足以认定范太应故意杀人的犯罪事实,应以故意杀人罪对范太应定罪量刑。

陕西省高级人民法院经公开审理认为,本案现有证据不能证明被告人范太应实施了投毒杀害毛敏其、并致曹博轻微伤的犯罪行为，故抗诉机关的抗诉意见不能成立。原审判决以公诉机关指控被告人范太应犯故意杀人罪证据不足、宣告范太应无罪适用法律正确，审判程序合法，应予维持。

2015年8月18日，陕西省高级人民法院作出（2015）陕刑二终字第00022号刑事附带民事裁定，驳回延安市人民检察院的抗诉，维持原判。

二、裁判理由

对于本案的认定，检察机关认为，虽然毒物来源没有查实，被告人供述也前后反复，但其供述的投毒过程、投毒方式等关键情节得到监控视频、现场勘查及检验意见的印证，全案主要证据已形成证据链，足以认定被告人范太应投毒杀人的犯罪事实。一审、二审法院经过审理，并对相关疑点进行查证，认为本案关键证据存在重大矛盾，不能得出被害人毛敏其死亡、曹博轻微伤系范太应投毒所致的唯一性结论，存在他人作案的可能性。具体理由如下：

1. 本案没有锁定被告人范太应投毒的客观证据，关键证据存在矛盾，部分问题无法作出合理解释

（1）公诉机关指控范太应向毛敏其办公室烧水壶中投毒后，毛敏其和曹博均饮用了壶中的水后中毒，但公安部鉴定意见证明未在烧水壶和曹博的水杯中检出铊含量，反而在毛敏其办公室窗台上提取的、毛敏其盛有中药汁的“雪碧”瓶中检出了大量铊元素。同时，公安部未在水壶及水杯中检出铊含量的鉴定意见，与被害人亲属委托国土资源部西安矿产资源监督检测中心检测报告得出的其中铊含量为<0.0002mg/L的意见相矛盾，关键证据之间存在明显矛盾。

法院在审理中对于案中出现两个检验报告进行了补充查证，侦查人员解释说，当时提取到检材后，为了更快地获知检验结果，他们在委托公安部进行检验的同时，又将检材分出一部分交给被害人亲属，由被害人亲属委托西安矿产资源监督检测中心进行检验，从而形成两个检验报告；经询问西安矿产资源监督检测中心的工作人员，其称他们的检测结论不能证明两个送检样品中含有铊，只是根据现有技术手段作出一个含量小于0.0002mg/L的

范围检测,实际上也就相当于未检测出铊含量。因而,案件客观证据不能证明公诉机关指控的范太应在水壶中投毒的事实。

(2)公安部的检测鉴定结果表明,不仅从被告人范太应所穿道衣和范太应库房内物品及抽屉尘土中检出了铊元素,而且还从太和山厕所粪水中、毛敏其办公室已扔弃的纸杯中及太和山其他6名道士的道衣上均检出了铊元素,对此情况,侦查机关和鉴定机构均无法作出合理解释。法院在审理中经询问权威专家,称太和山道士道衣及很多地方大范围检测出铊含量的情况很罕见,具体原因无法解释。

2.被告人供述与在案证据之间存在矛盾

(1)被告人范太应关于所投毒物的性质、来源的供述前后不一,反复不定。关于毒物性质,范太应供述先供是灰褐色粉末状的杀虫剂,又供是黄色颗粒状的老鼠药,最后又说是杀虫剂。关于毒物来源,范太应也供述不一,先说是从延安市东关街狮子巷对面的"兽医器械"门市里买的,后说是他多年前从外地买了带到延安的,又说是在延安东关汽车站附近的街上购买,后侦查机关根据其供述较多的地点,找到了原在延安市东关街狮子巷对面经营"兽药器械"门市部的高某某,但高某某证明其门市部从1993年、1994年之后,按照国家要求就不再经营鼠药、杀虫剂了,也不能印证范太应的供述,毒物究竟从何而来,无法确定。由于侦查机关未能从范太应身上、办公室和库房等与之相关的场所中提取任何毒物,也未能提取与范太应所供相同或类似的毒物让其指认,故在案证据无法证明范太应如何获取、是否存有该毒物,也无法进一步认定该毒物中含有铊元素,不能认定被害人铊中毒的结果是范太应所投毒物所致。

(2)被告人范太应关于作案过程、投毒方式的有罪供述存疑。一是范太应多次供述他从景某某口中得知毛敏其患病正在服用中药的情况后,便认为是其投毒的好机会并决定实施投毒犯罪,但景某某证明她从未将此情况告诉过别人;二是范太应供述作案当天中午,毛敏其打电话叫他到毛的办公室,他去之后实施了投毒,但侦查机关调取范太应、毛敏其2012年12月的手机通话清单后,并未发现二人在12月14日有互相通话的记录;三是虽然范太应供述的作案过程与侦查机关调取的监控视频证明的范太应活动轨迹相符,但侦查机关调取监控视频在先,范太应供述在后,监控视频的证明力有限。由于受监控视线范围的限制,视频只能反应范太应大致的活动方向,不能直接证明范太应供述的其两次进出库房取药的情节,更不能证明其实施投毒的具体过程。

(3)法院经询问相关证人,没有人证明范太应与被害人有矛盾及范太应对被害人当选主任心怀不满的情况,公诉机关指控范太应有作案动机的情节无法印证。

3. 取证手段的合法性不能证明,不能排除被告人供述系非法证据的可能

本案中,被告人范太应共有17次供述,前5次否认作案,第六次开始供认,第八次又否认,从第九次开始稳定,但对其作案过程又有多次反复和不一致,之后从审查起诉开始直到二审庭审,全盘推翻其原来的有罪供述。范太应从审查起诉阶段开始,一直称侦查人员在监视居住期间对其有吊打、捆绑等刑讯逼供的行为,其有罪供述系屈打成招,并提供了刑讯逼供的侦查人员姓名。经法院核查,看守所《入所健康体检表》载明范太应入所时双手腕、双足部水肿。侦查机关出具书面材料证明在讯问过程中严格依法办案,没有刑讯逼供等违法取证手段,但无法对范太应双手腕、双足部水肿的形成原因予以合理解释,存在刑讯逼供的可能。

综上所述,本案关键证据存在重大矛盾,不能得出被害人毛敏其死亡、曹博轻微伤系被告人范太应投毒所致的唯一性结论,无法排除其他人作案的合理怀疑。一审、二审法院严格遵守证据规则,坚持疑罪从无原则,依法宣告被告人范太应无罪。

【编后语】

2014年10月,党的十八届四中全会通过了《中共中央关于全面推进依法治国若干重大问题的决定》,正式提出以审判为中心的诉讼制度改革,这就要求人民法院在审理案件时全面贯彻证据裁判原则,严格审查侦查取证行为,加强审判活动的实质性审查把关作用。

陕西法院在案件扑朔迷离的情况下,严格坚持证据裁判标准和疑罪从

无原则，重视被告人及辩护人提出的辩解、辩护意见，核查案件中的疑点，在证据达不到定罪标准的情况下，敢于顶住压力，依法宣告范太应无罪，不仅避免了一起重大冤错案件，也有助于揭开犯罪真相，使真正的犯罪人接受法律应有的惩罚，让无辜的被害人得以安息。① 案件的审理切实取得了良好的法律效果、社会效果与政治效果，实现了三个效果的有机统一。

（撰稿：陕西省高级人民法院刑二庭　赵合理　王海峰
审编：最高人民法院刑二庭　叶邵生）

① 2019年1月3日，公安机关将本案侦查终结，移送审查起诉。犯罪嫌疑人张某某、李某某等被抓获，并供述投毒致闫某某、王某某、冯金海、毛敏其死亡的情节。经鉴定闫某某、王某某均为铊中毒致死。后经开棺验尸，冯金海尸体内含有大量铊元素。目前案件正在审理中。

黄宇间谍案

一、基本案情

被告人黄宇,男,汉族,1974 年 7 月 28 日出生。2012 年 4 月 26 日被逮捕。

四川省成都市人民检察院指控被告人黄宇犯间谍罪,向四川省成都市中级人民法院提起公诉。

被告人黄宇对公诉机关指控的犯罪事实无异议,辩解其数年前向境外间谍组织提供的信息现已失去主要价值。其辩护人提出,被告人如实供述且认罪态度好、有立功表现、其行为未对我国核心安全造成危害。

成都市中级人民法院经审理查明:1997 年 7 月,被告人黄宇大学毕业后进入某研究所工作,后因违反劳动纪律受到单位处理,于 2003 年 2 月起待岗,2004 年 2 月自动离职。其间,黄宇对单位心生不满,且为获取非法金钱利益,产生了向境外间谍组织出卖国家秘密以换取金钱的念头。2002 年春节后,黄宇通过网络主动联络某国间谍组织,与之建立情报关系。2002 年 6 月至 2011 年 9 月,黄宇先后多次与该间谍组织代理人会面,并接受任务和指示,向该间谍组织提供其非法收集、窃取的我国国家秘密。经鉴定、评估,黄宇提供绝密级国家秘密 90 项、机密级国家秘密 292 项、秘密级国家秘密 1 674项,对国家安全造成特别严重损害。2011 年 12 月 20 日,黄宇被抓获归案,侦查机关在其家中查获其存储非法收集、窃取的国家秘密资料的光盘若干、间谍专用器材 2 个以及大量外币。

2014 年 4 月 22 日,成都市中级人民法院以(2013)成刑初字第 1 号刑事判决,认定被告人黄宇犯间谍罪,判处死刑,剥夺政治权利终身,并处没收个人全部财产。

一审宣判后,被告人黄宇未提出上诉。四川省高级人民法院经依法复核,于2014年9月9日以(2014)川刑复字第556号刑事裁定,同意原判,并依法报请最高人民法院核准死刑。

最高人民法院经复核认为,被告人黄宇参加间谍组织,并接受该间谍组织及其代理人的任务,危害国家安全,其行为已构成间谍罪。黄宇提供的国家秘密数量大、密级高,其行为对国家和人民危害特别严重,情节特别恶劣,应依法惩处。原审判决、高级人民法院复核审裁定认定的事实清楚,证据确实、充分,定罪准确,量刑适当。审判程序合法。

2016年2月18日,最高人民法院以(2015)刑二复11549322号刑事裁定核准黄宇死刑。

二、裁判理由

根据《刑法》第一百一十条的规定,"有下列间谍行为之一,危害国家安全的,构成间谍罪:(一)参加间谍组织或者接受间谍组织及其代理人的任务的;(二)为敌人指示轰击目标的……"

本案中,被告人黄宇通过网络主动联络某国间谍组织,投靠该间谍组织,并与该国间谍组织代理人多次见面,接受任务和指示,长期提供我国国家秘密,危害我国国家安全,其行为符合刑法规定的参加间谍组织、接受间谍组织及其代理人的任务的情形,依法应以间谍罪定罪处罚。

《最高人民法院关于贯彻宽严相济刑事政策的若干意见》明确指出,对于危害国家安全犯罪、恐怖组织犯罪、邪教组织犯罪、黑社会性质组织犯罪、恶势力犯罪、故意危害公共安全犯罪等严重危害国家政权稳固和社会治安的犯罪,要作为严惩的重点,依法从重处罚。间谍犯罪作为严重危害国家安全的犯罪之一,在审判中应当体现依法从严的政策要求,对所犯罪行特别严重的犯罪分子,该重判的要坚决依法重判,该判处死刑的要坚决依法判处死刑。根据《刑法》第一百一十三条的规定,犯间谍罪,对国家和人民危害特别严重、情节特别恶劣的,可以判处死刑。本案中,经有关部门依法评估和鉴定,被告人黄宇的行为极大地危害了我国国家安全,给国家财产造成严重损失,属于"对国家和人民危害特别严重"的情形。黄宇作为某研究所曾经的员工,明知该研究所是国家重要涉密单位且有严格的保密工作制度,为泄私愤和谋取一己私利,置国家和人民利益于不顾,主动投靠间谍组织,且作案时间长达近十年,出卖的国家秘密数量大、范围广、密级高,属于“情节特别恶劣”。人民法院依法以间谍罪判处其死刑,体现了宽严相济刑事政策中依法严惩严重刑事犯罪的要求。

【编后语】

国家安全是安邦定国的重要基石,维护国家安全是全国各族人民根本利益所在。即使处于和平时期,各种敌对势力的渗透破坏活动、各种没有硝烟的“暗战”,随时都有可能发生在我们的身边。只有准确把握国家安全形势,牢固树立和认真贯彻总体国家安全观,才能为实现国家长治久安、为实现中华民族伟大复兴提供强大的安全保障。

黄宇间谍案就是当前和平时期发生的一起严重危害我国国家安全的犯罪案件,人民法院依法审理本案,起到了鲜明的警示作用:出卖国家秘密、危害国家安全必将受到法律的严惩。同时也充分表明了我国审判机关坚持贯彻总体国家安全观,坚持依法严惩严重危害国家安全犯罪、坚决捍卫我国国家安全的坚强决心。

黄宇案案发后,我国相继颁布实施了《中华人民共和国反间谍法》《中华人民共和国国家安全法》,《中华人民共和国国家安全法》还把每年 4 月 15 日设立为“全民国家安全教育日”,强化社会公众的国家安全意识,对于开展反间谍工作、增强全社会民众国家安全意识、共同维护国家安全具有重大的法律和现实意义。

（撰稿:四川省高级人民法院刑二庭　李　永

审编:最高人民法院刑二庭　王晓东）

周世锋颠覆国家政权案

一、基本案情

被告人周世锋,男,汉族,1964 年 11 月 18 日出生。2016 年 1 月 8 日被逮捕。

天津市人民检察院第二分院指控被告人周世锋犯颠覆国家政权罪,向天津市第二中级人民法院提起公诉。

被告人周世锋当庭对起诉书指控的事实和罪名无异议。

天津市第二中级人民法院经公开审理查明:被告人周世锋在律师执业过程中,因对国家政治制度和司法体制不满,逐渐产生对抗、颠覆国家政权的思想。2011 年以来,周世锋多次在网上网下发表言论,攻击社会主义制度,煽动对抗国家政权;以锋锐律师事务所为平台,网罗并指使一些具有颠覆国家政权思想的律师、律师事务所行政人员,通过代理案件,炒作热点案事件,抹黑司法机关,攻击宪法所确立的制度,煽动仇视国家政权;勾结一些地下教会成员、非法上访人员、少数律师和其他人员,共同策划颠覆国家政权,提出颠覆国家政权的策略、方法、步骤,实施了一系列颠覆国家政权、推翻社会主义制度的犯罪活动,危害国家安全和社会稳定。

天津市第二中级人民法院认为,被告人周世锋以颠覆国家政权、推翻社会主义制度为目的,以锋锐律师事务所为平台,参与或指使他人炒作热点案事件,抹黑司法机关,攻击宪法所确立的制度,煽动仇视国家政权;勾结他人策划颠覆国家政权的策略、方法、步骤;借接受境外媒体采访攻击社会主义制度,其行为危害了国家安全和社会稳定,已构成颠覆国家政权罪,应依法予以处罚。

2016 年 8 月 4 日,天津市第二中级人民法院对本案进行公开宣判,以颠覆国家政权罪,判处被告人周世锋有期徒刑七年,剥夺政治权利五年。

被告人周世锋当庭表示认罪，服从判决，不上诉。涉案人员胡石根、翟岩民、勾洪国、李和平、吴淦等人亦先后以颠覆国家政权罪被判处相应刑罚。

二、裁判理由

《刑法》第一百零五条规定，组织、策划、实施颠覆国家政权、推翻社会主义制度的，对首要分子或者罪行重大的，处无期徒刑或者十年以上有期徒刑；对积极参加的，处三年以上十年以下有期徒刑；对其他参加的，处三年以下有期徒刑、拘役、管制或者剥夺政治权利。根据本款规定，颠覆国家政权罪的构成不要求有颠覆国家政权、推翻社会主义制度的实际危害结果的发生，只要行为人进行了组织、策划、实施颠覆国家政权、推翻社会主义制度的行为，即构成本罪。本罪的客体是国家政权的稳固，侵犯的是人民民主专政的国家政权和社会主义制度。客观方面可以表现为通过组织、策划、实施所谓的“颜色革命”“和平转型”，以非暴力的手段实施改变人民民主专政的政权性质和社会主义制度的行为。

本案中，被告人周世锋主观上具有颠覆国家政权、推翻社会主义制度的目的。在客观行为上，周世锋积极参加他人组织的聚会，围绕设定的议题具体讨论了律师介入“劳工运动”直接冲击国家政权，借炒作热点案事件分化、瓦解国家政治体制的必要性、可行性，以及具体的操作方法、手段，共同策划通过上述途径，推动中国进行“颜色革命”，实现颠覆国家政权、推翻社会主义制度的目标。该聚会表现出较强的组织性，聚会的主要参与人也表现出在主题、观点上的一致性，因而该聚会实质是一次颠覆国家政权的具体策划活动；周世锋以北京锋锐律师事务所为平台代理案件，网罗并指使一些具有颠覆国家政权思想的律师、律师事务所行政人员，通过代理案件，炒作热点案事件，编造、散布虚假事实，抹黑地方党委和司法机关形象，矛头指向党的领导和司法体制、国家制度，煽动不明真相的人对国家体制产生不满；周世峰还在接受境外媒体采访时恶意攻击我国国家体制，煽动他人对国家政权的仇恨。其行为的实质是借炒作热点案事件，挑战司法体制，攻击国家政权，是周世峰对聚会策划的颠覆国家政权方案的具体实践，性质恶劣，情节严重，应认定为颠覆国家政权的犯罪行为。

【编后语】

"颜色革命",是指20世纪末期开始的一系列发生在中亚、东欧独联体国家的以和平和非暴力方式进行的政权变更运动。"颜色革命"打着"合法"的旗号进行违法颠覆活动,实质是改变或篡夺现行合法政权,目标则是推翻国家政权。

近年来,境外反华势力始终将西化、分化中国作为战略目标,企图以"颜色革命"等方式对我国实行政权颠覆活动,在此背景下,被告人周世锋等人因不满国家现行政治制度和司法制度,受西方民主宪政、"颜色革命""和平转型"等思想的影响,逐渐产生颠覆国家政权的犯罪故意,并形成以周世锋、胡石根等人为首的实施中国版"颜色革命"的犯罪团伙。周世锋等颠覆国家政权案,是新时期新形势下我国阻击"颜色革命"的典型案件。

人民法院依法审理本案,对于维护国家的政治安全、制度安全、政权安全具有重大意义,也凸显了重大的法治警示和教育意义:

案件的依法公开审判,给律师界划出了三条底线:一是绝不允许任何人利用律师身份和以律师事务所为平台炒作个案,攻击社会主义制度,从事危害国家安全活动;二是绝不允许任何人利用律师身份策划、煽动、组织有关利益群体,干扰、破坏正常社会秩序;三是绝不允许任何人利用律师身份教唆、指使当事人干扰正常司法活动。

案件的依法公开审判,将个别不法律师、非法宗教组织、网络推手、职业访民、境外反华势力所谓的"整合国内反体制力量、促进党内分裂、争取国际社会介入"等颠覆国家政权的阴谋也暴露在法治和正义的阳光之下,使在公共场所非法聚集、炒作热点案事件、攻击国家宪法法律制度、煽动制造官民冲突,企图颠覆国家政权、推翻社会主义制度的犯罪行为受到法律的公正惩罚。

案件的依法公开审判,也给每一位公民敲响了警钟,使公众对"推墙思想""颜色革命""和平转型"有了清醒、理智的认识,进而自觉划清界限,自觉抵制反华势力的引诱,不"推墙"、不做西方反华势力的棋子,守住每一个公民的政治底线。

案件的依法公开审判,同时向西方反华势力发出严正宣告:中国的宪法法律底线不容挑战，中国人民的根本利益不容践踏。面对披着所谓“民主”“人权”外衣的“颜色革命”“推墙运动”，中国人民没有麻痹，将以最坚定的决心和最强大的力量捍卫自己的制度和政权。任何妄图破坏中国和谐稳定、颠覆中国国家政权、阻止中国和平崛起的图谋，注定不得人心，也必将受到法律的严惩，最终走向可耻的失败！

（撰稿：天津市高级人民法院　缴治民
天津市第二中级人民法院　李占强
审编：最高人民法院刑二庭　王晓东）

于学伟等非法储存危险物质、非法经营、危险物品肇事、单位行贿案

——天津港“8·12”特大火灾爆炸事故案

一、基本案情

被告人于学伟,男,1974年5月15日出生。2015年9月21日被逮捕。

被告人董社轩,男,1982年4月18日出生。2015年9月21日被逮捕。

被告人只峰,男,1972年8月4日出生。2015年9月21日被逮捕。

被告人尚庆森,男,1983年6月28日出生。2015年9月21日被逮捕。

被告人曹海军,男,1971年9月12日出生。2015年9月21日被逮捕。

被告人郭向滨,男,1962年12月5日出生。2015年9月21日被逮捕。

被告人刘振国,男,1983年10月22日出生。2015年9月21日被逮捕。

被告人宋齐,男,1969年2月23日出生。2015年9月21日被逮捕。

被告人李雅翔,男,1972年8月15日出生。2015年9月21日被逮捕。

被告人田旺,男,1983年11月13日出生。2015年9月21日被逮捕。

被告人杨默,男,1982年8月21日出生。2015年9月21日被逮捕。

被告人李亮,男,1981年4月19日出生。2015年9月21日被逮捕。

被告人周志刚,男,1986年6月25日出生。2015年9月21日被逮捕。

天津市人民检察院第二分院指控被告人于学伟犯非法储存危险物质罪、非法经营罪、危险物品肇事罪、单位行贿罪,被告人只峰、董社轩、尚庆森、曹海军、郭向滨犯非法储存危险物质罪、非法经营罪、危险物品肇事罪,被告人刘振国、宋齐、李亮、杨默、田旺、李雅翔犯非法储存危险物质罪、非法经营罪,被告人周志刚犯危险物品肇事罪,向天津市第二中级人民法院提起公诉。

被告人于学伟、只峰、董社轩、尚庆森、曹海军、郭向滨、刘振国、宋齐、李亮、杨默、田旺、李雅翔、周志刚对起诉书指控的犯罪事实及罪名均无异议。于学伟的辩护人提出，于学伟在非法储存危险物质罪、单位行贿罪中，不属于情节严重，其主观上属于过失，且系自首。董社轩的辩护人提出，董社轩具有自首情节，且未参与公司经营管理，没有弄虚作假行为。只峰的辩护人提出，只峰起次要作用，且系初犯。尚庆森的辩护人提出，尚庆森如实供述罪行，且系从犯。曹海军、郭向滨、刘振国、宋齐、田旺、杨默、李亮的辩护人分别提出，上述7人均系从犯，构成自首。田旺的辩护人另提出，田旺主动供述于学伟行贿的事实，构成立功。李雅翔的辩护人提出，李雅翔系从犯。周志刚的辩护人提出，周志刚具有坦白情节。

天津市第二中级人民法院经公开审理查明：

2012年11月28日，天津东疆保税港区瑞海国际物流有限公司（以下简称瑞海公司）由天津市滨海新区工商行政管理局（以下简称滨海新区工商局）准予注册登记，被告人李亮代被告人于学伟持股55%，舒铮代被告人董社轩持股45%，法定代表人为李亮。瑞海公司危险品仓库位于天津市滨海新区天津港国际物流中心吉运二道95号，占地46 226平方米。

2013年1月24日，瑞海公司办理工商营业执照变更登记，将经营范围由“仓储业务经营（危化品除外、港区内除外）”变更为“在港区内从事仓储业务经营（危化品除外）”。2015年1月29日，滨海新区工商局准予瑞海公司法定代表人变更为被告人只峰。

被告人于学伟、董社轩系瑞海公司的实际出资人、实际控制人。瑞海公司中，被告人只峰任总经理、法定代表人；被告人田旺任副总经理（后于2014年年初离职），主管安保部；被告人尚庆森任副总经理，主管安保部和运抵部；被告人曹海军任副总经理，主管操作部；被告人刘振国任副总经理，主管装箱部和危申部；被告人郭向滨任安保部部长；被告人宋齐任财务总监；被告人杨默任办公室主任（后于2014年年初离职）；被告人李雅翔任装箱部副经理；被告人李亮挂名担任董事长，曾担任法定代表人；被告人周志刚任操作部业务员。

2016年3月21日，瑞海公司被天津市滨海新区市场和质量监督管理局吊销营业执照。

2013年1月18日至2014年5月4日,被告人于学伟等人以贿赂手段非法取得多份临时港口危险化学品经营批复,此后通过伪造环境影响评价公众参与调查表、提供虚假公示证明材料、低报危险化学品实际仓储面积等方式骗取通过环境影响评价验收,采取编造防爆叉车购买合同、临时码放集装箱充当防火墙、验收当天暂停作业等违法手段,通过消防验收审核及安全验收评价,最终于2015年6月23日违法取得《港口经营许可证》和《港口危险货物作业附证》(以下简称"两证")。2016年7月1日,"两证"被依法吊销。经查,2013年5月20日至2015年8月12日,瑞海公司非法储存氰化钠、甲基磺酰氯等剧毒化学品7种,总计49 332.97吨。此外,瑞海公司还违法违规经营和储存烧碱、电石、硝酸铵等其他危险化学品,数额达47 805 252.64元。

被告人于学伟等人在瑞海公司的日常经营过程中,存在违规存放硝酸铵,严重超负荷经营、超量存储,违规混存、超高堆码危险货物,违规开展拆箱、搬运、装卸等严重违反安全生产管理规定的问题。2015年8月12日22时许,瑞海公司危险品仓库运抵区南侧集装箱内的硝化棉由于湿润剂散失出现局部干燥,在高温(天气)等因素的作用下加速分解放热,积热自燃,引起相邻集装箱内的硝化棉和其他危险化学品长时间大面积燃烧,导致堆放于运抵区的硝酸铵等危险化学品发生爆炸。事故造成165人遇难,8人失踪,798人受伤住院治疗;304幢建筑物、12 428辆商品汽车、7 533个集装箱受损。截至2015年12月10日,已核定直接经济损失人民币68.66亿元。案发当晚,被告人周志刚作为瑞海公司值班负责人,未履行职责,对瑞海公司发生爆炸事故亦负有直接责任。

另查明,被告人于学伟归案后主动供述其为瑞海公司违规办理港口危险货物经营资质,多次向时任市交港局副局长李志刚、港口管理处处长冯刚请托,送给李志刚高尔夫球杆1套,价值35 000元,现金10 000元,贵州茅台酒1箱,价值6 600元,高尔夫测距仪1台,价值2 650元,友谊商场提货单,价值35 000元,三星牌电视机1台,价值9 000元,共计折合98 250元;送给冯刚高尔夫测距仪1台,价值2 650元,贵州茅台酒1箱,价值6 600元,海信广场购物卡,价值50 000元,共计折合59 250元。上述财物共计折合

157 500 元。

2015 年 8 月 13 日至 9 月 9 日，于学伟等 13 名被告人分别被查获归案。

2016 年 11 月 9 日，天津市第二中级人民法院作出（2016）津 02 刑初 100 号刑事判决，认定如下：

1. 被告人于学伟犯非法储存危险物质罪，判处死刑，缓期二年执行，剥夺政治权利终身；犯非法经营罪，判处有期徒刑十二年，并处罚金人民币五十万元；犯危险物品肇事罪，判处有期徒刑七年；犯单位行贿罪，判处有期徒刑四年，并处罚金人民币二十万元；决定执行死刑，缓期二年执行，剥夺政治权利终身，并处罚金人民币七十万元。

2. 被告人董社轩犯非法储存危险物质罪，判处无期徒刑，剥夺政治权利终身；犯非法经营罪，判处有期徒刑十一年，并处罚金人民币五十万元；犯危险物品肇事罪，判处有期徒刑七年；决定执行无期徒刑，剥夺政治权利终身，并处罚金人民币五十万元。

3. 被告人只峰犯非法储存危险物质罪，判处无期徒刑，剥夺政治权利终身；犯非法经营罪，判处有期徒刑十一年，并处罚金人民币十五万元；犯危险物品肇事罪，判处有期徒刑七年；决定执行无期徒刑，剥夺政治权利终身，并处罚金人民币十五万元。

4. 被告人尚庆森犯非法储存危险物质罪，判处有期徒刑十年，剥夺政治权利三年；犯非法经营罪，判处有期徒刑六年，并处罚金人民币八万元；犯危险物品肇事罪，判处有期徒刑五年；决定执行有期徒刑十八年，剥夺政治权利三年，并处罚金人民币八万元。

5. 被告人曹海军犯非法储存危险物质罪，判处有期徒刑十年，剥夺政治权利三年；犯非法经营罪，判处有期徒刑六年，并处罚金人民币八万元；犯危险物品肇事罪，判处有期徒刑五年；决定执行有期徒刑十八年，剥夺政治权利三年，并处罚金人民币八万元。

6. 被告人郭向滨犯非法储存危险物质罪，判处有期徒刑八年；犯非法经营罪，判处有期徒刑五年，并处罚金人民币七万元；犯危险物品肇事罪，判处有期徒刑五年；决定执行有期徒刑十五年，并处罚金人民币七万元。

7. 被告人刘振国犯非法储存危险物质罪，判处有期徒刑八年；犯非法经营罪,判处有期徒刑五年,并处罚金人民币七万元;决定执行有期徒刑十年,并处罚金人民币七万元。

8. 被告人宋齐犯非法储存危险物质罪,判处有期徒刑六年;犯非法经营罪,判处有期徒刑四年,并处罚金人民币六万元,决定执行有期徒刑八年,并处罚金人民币六万元。

9. 被告人李雅翔犯非法储存危险物质罪,判处有期徒刑四年;犯非法经营罪,判处有期徒刑二年,并处罚金人民币三万元;决定执行有期徒刑五年,并处罚金人民币三万元。

10. 被告人田旺犯非法储存危险物质罪,判处有期徒刑三年;犯非法经营罪,判处有期徒刑二年,并处罚金人民币三万元;决定执行有期徒刑四年,并处罚金人民币三万元。

11. 被告人杨默犯非法储存危险物质罪,判处有期徒刑三年;犯非法经营罪,判处有期徒刑二年,并处罚金人民币三万元;决定执行有期徒刑四年,并处罚金人民币三万元。

12. 被告人李亮犯非法储存危险物质罪,判处有期徒刑三年;犯非法经营罪,判处有期徒刑一年,并处罚金人民币一万五千元;决定执行有期徒刑三年六个月,并处罚金人民币一万五千元。

13. 被告人周志刚犯危险物品肇事罪,判处有期徒刑三年。

一审宣判后,各被告人均未提出上诉。天津市高级人民法院经复核,认为一审判决认定事实和适用法律正确、量刑适当、诉讼程序合法,于2016年12月13日以(2016)津刑核11751851号刑事裁定,核准天津市第二中级人民法院(2016)津02刑初100号对被告人于学伟判处死刑,缓期二年执行,剥夺政治权利终身,并处罚金人民币七十万元的刑事判决。

二、裁判理由

(一)爆炸事故中相关罪名的认定

瑞海公司相关人员采取违法手段获取经营资质,非法储存危险化学品发生爆炸,根据爆炸的原因以及危险化学品种类、性质的不同,触犯的刑法罪名也不同。人民法院依据相关刑法条文的规定,将相关犯罪事实确定为数个罪名。

1.《刑法》第一百二十五条第二款规定，非法制造、买卖、运输、储存毒害性、放射性、传染病病原体等物质，危害公共安全的，构成非法制造、买卖、运输、储存危险物质罪。

按照《危险化学品名录》(2015 年版)，瑞海公司储存的氰化钠等七种危险化学品是剧毒化学品，易致人中毒或者死亡，对人体、环境具有极大的毒害性和危险性，属于《刑法》第一百二十五条第二款规定的“毒害性物质”。《危险化学品安全管理条例》对危险化学品的生产、储存、运输等环节均设置了明确、具体的要求。依照《港口法》《港口危险货物安全管理规定》等法律规章，在港区内从事危险化学品经营的企业必须获得“两证”。被告人于学伟等人采取伪造环境评价公众参与调查表、提供虚假公示证明材料、低报危险化学品实际存储面积等违法手段，通过环境影响评价验收；采取编造防爆叉车购买合同、临时码放集装箱充当防火墙、验收当天暂停作业等违法手段，通过消防验收审核及安全验收评价，最终使瑞海公司获得“两证”。因此，瑞海公司虽在形式上具备“两证”，但系于学伟等人通过违法手段取得，实质上不具备储存毒害性物质的资质与条件，属于“非法储存”。因而，被告人等非法储存氰化钠等毒害性物质，危害公共安全，依法应当认定为非法储存危险物质罪。

2. 瑞海公司相关人员除了非法储存氰化钠等毒害性物质外，还非法从事烧碱、电石等其他危化品的储存业务，按照我国制定的《危险化学品名录》，这些属于剧毒化学品之外的其他危险化学品，不属于毒害性、放射性、传染病病原体等危险物质，因而被告人非法储存烧碱、电石等其他危险化学品的行为不构成非法储存危险物质罪，应当另行评价。

对于其他危险化学品，相关文件同样也规定了生产、储存、运输等环节需要相应的资质与条件。正如上文所述，瑞海公司在形式上具备“两证”，但“两证”系被告人非法取得，实质上并不具备港口危险货物经营资质，属于无证违法经营。因而，被告人等非法储存其他危化品的行为，依法应当认定为非法经营罪。

需要说明的是，有意见认为，储存行为不属于经营行为。我们认为，《刑法》第二百二十五条非法经营罪中的"经营行为",应包括以营利为目的的生产、运输、仓储、买卖等行为,并不仅限于购买和销售行为。

3.《刑法》第一百三十六条规定,违反爆炸性、易燃性、放射性、毒害性、腐蚀性物品的管理规定,在生产、储存、运输、使用中发生重大事故,造成严重后果的,构成危险物品肇事罪。瑞海公司相关人员违反安全生产规定,进行违规操作,致使硝酸铵等危险化学品发生爆炸,造成特别严重后果,依法应当认定为危险物品肇事罪。

需要说明的是,本次事故的直接原因是硝化棉积热自燃,最终引起硝酸铵等危险化学品发生爆炸。硝酸铵属于《危险货物分类和品名编号》(GB 6944-2012)中的5.1类危险货物,即氧化性物质,虽不属于《刑法》第一百二十五条第一款规定的"爆炸物",也不属于《刑法》第一百二十五条第二款规定的"毒害性、放射性、传染病病原体等危险物质",而属于《刑法》第一百三十六条规定的"危险物品"。因此,虽然发生了爆炸事故,但瑞海公司储存的硝酸铵不属于爆炸物,不符合非法储存爆炸物罪的构成要件,被告人等不构成非法储存爆炸物罪。

(二)重大生产责任案件中死刑的适用

根据《刑法》第一百二十五条第一款、第二款的规定,非法储存危险物质,危害公共安全的,处三年以上十年以下有期徒刑;情节严重的,处十年以上有期徒刑、无期徒刑或者死刑。本案中,于学伟等人非法存储氰化钠等毒害性物质共计4.9万余吨,数量特别巨大;同时,于学伟等人为谋取私利,采用贿赂、欺骗等非法手段获取经营资质,置周边人民群众的生命、财产安全于不顾,严重危害公共安全,犯罪手段卑劣,主观恶性深,社会危害性大。综合全案的事实情节,于学伟等人的行为属于《刑法》第一百二十五条规定的非法储存危险物质犯罪中"情节严重"的情形,应当在"十年以上有期徒刑、无期徒刑或者死刑"这一幅度内量刑。但是,本案引发爆炸的直接原因是硝酸铵爆炸,而不是氰化钠等危险物质,事故中的遇难者经鉴定均系遭燃烧、爆炸造成伤亡,瑞海公司非法储存氰化钠等毒害性危险物质并未直接造成严重人身伤亡后果;另外,瑞海公司作为正常的生产经营者,主观上不可能希望发生生产安全事故,对造成严重事故后果最多持间接故意心态。在此情况下,对相关被告人适用死刑要特别慎重。故法院在裁量刑罚时,对被告人于学伟犯危险物品肇事罪顶格判处七年有期徒刑,对其所犯非法储存危险物质罪,综合案件事实、情节等因素,认定其属"情节严重",判处死刑,但认为可不立即执行。

【编后语】

天津港"8·12"特大火灾爆炸事故造成165人遇难、8人失踪,798人受伤住院治疗,直接经济损失68.66亿元的严重后果。事故伤亡人数众多,经济损失特别巨大,社会危害性极大,是新中国成立以来最大的安全生产责任事故。事故发生后,党中央、国务院及天津市委、市政府高度重视,积极组织救援和善后工作。司法机关依法履行法律职责,依法对涉案生产企业的13名责任人员追究刑事责任。

庭审过程中,各被告人当庭认罪、悔罪,且在宣判之后均服从判决,不再上诉。案件庭审和裁判结果得到人民群众的普遍认可。人民法院依法从严惩处企业无视安全生产主体责任、违法违规经营的犯罪行为,是从法治的角度警示企业要有基本的守法意识和企业良知,对法律、对生命要有敬畏之心。系列案件的审判达到了给生产经营企业立规矩、给审批监管等职能部门划底线、给人民一个满意交代的预期目标,对行业监管和安全生产起到树标杆、鸣警钟的作用,实现了政治效果、社会效果和法律效果的有机统一。

(撰稿:天津市高级人民法院　王力欣
审编:最高人民法院刑二庭　叶邵生)

卢荣新故意杀人、强奸案

一、基本案情

被告人卢荣新，男，彝族，1972年8月25日出生。2012年9月30日被逮捕。

云南省西双版纳傣族自治州人民检察院指控被告人卢荣新犯故意杀人罪、强奸罪，2013年4月26日向云南省西双版纳傣族自治州中级人民法院提起公诉。

被告人卢荣新辩称，其没有强奸、杀害被害人。其辩护人提出，本案的证据之间不能相互印证，不具有排他性，多项证据存在明显瑕疵，请求对卢荣新宣告无罪。

西双版纳傣族自治州中级人民法院经审理查明：2012年9月10日18时30分许，被告人卢荣新在勐腊县瑶区乡沙仁村委会补角村李福生家稻田南侧，见到劳作后准备回家的被害人邓某某，卢荣新即尾随邓某某并强行将其拖至草丛中强奸，在施暴过程中卢荣新使用邓某某劳作用的锄头两次打击邓某某头部以压制其反抗，为防事情败露，卢荣新用手扼颈、捂嘴的手段致被害人当场死亡。事后卢荣新将被害人尸体掩埋，将作案用的锄头丢弃在附近小河中逃离现场。同月19日18时许，被告人卢荣新在家中被公安机关抓获。经鉴定，被害人邓某某系机械性窒息死亡。

2014年6月9日，西双版纳傣族自治州中级人民法院以（2013）西刑初字第213号刑事附带民事判决，认定卢荣新犯故意杀人罪，判处死刑，缓期二年执行，剥夺政治权利终身；犯强奸罪，判处有期徒刑十年。决定执行死刑，缓期二年执行，剥夺政治权利终身。

一审宣判后，被告人卢荣新提出上诉。卢荣新及其辩护人提出，侦查人员有诱供行为，讯问笔录应当予以排除；卢荣新没有作案时间，缺乏实施杀人、强奸的物证;一审认定事实不清,证据不足。

云南省人民检察院提出,本案部分事实不清,证据不足,建议发回重审。

云南省高级人民法院经审理,2015 年 4 月 2 日以(2014)云高刑终字第 1061 号刑事附带民事裁定,认定原判部分事实不清、证据不足,裁定发回重审。

云南省西双版纳傣族自治州中级人民法院经重审查明的事实与第一次一审一致,但认定被告人卢荣新在实施强奸行为的过程中,由于意志以外的因素未能得逞,系犯罪未遂。同时认为,被告人卢荣新的供述能够和证人证言、现场勘查笔录、鉴定意见等证据相印证,足以认定,不采纳卢荣新及其辩护人提出的无罪意见。

2015 年 12 月 20 日,云南省西双版纳傣族自治州中级人民法院以(2015)西刑初字第 160 号刑事附带民事判决,认定卢荣新犯故意杀人罪,判处死刑,缓期二年执行,剥夺政治权利终身;犯强奸罪,判处有期徒刑三年。决定执行死刑,缓期二年执行,剥夺政治权利终身。

宣判后,被告人卢荣新再次提出上诉。上诉理由与之前相同。

云南省高级人民法院经审理查明:2012 年 9 月 10 日下午,云南省勐腊县瑶区乡沙仁村委会补角村村民邓某某(被害人,女,殁年 28 岁)在自家地里劳作至 19 时未归,亲属查找后在地里发现被掩埋的邓某某尸体。公安机关现场勘查时在附近小河中发现 1 把锄头。

原审认定被告人卢荣新于 2012 年 9 月 10 日 18 时 30 分许,在勐腊县瑶区乡沙仁村委会补角村强奸、杀害被害人邓某某的事实不清、证据不足。不予确认。

云南省高级人民法院认为,原判据以定案的从锄头柄部检出被告人卢荣新 DNA 的鉴定意见、卢荣新的有罪供述、现场指认录像、指认笔录均不能作为定案的根据;其他在案证据均不能证实卢荣新与被害人邓某某被强奸、杀害的事实之间存在关联性;二审期间出现了新的证据,不能排除他人作案的可能。原判认定卢荣新故意杀人、强奸的事实不清、证据不足,不能认定卢荣新有罪,应依法予以改判。

2017 年 1 月 6 日,云南省高级人民法院以(2016)云刑终 262 号刑事附带民事判决,宣告被告人卢荣新无罪。

二、裁判理由

(一)二审法院在依法排除不合法证据后认为本案达不到定案标准,依法改判被告人无罪

本案在二审改判前,经历两次一审、一次二审,相关证据已多次经庭审举证、质证,被告方也提出过非法证据排除的请求,但均未被采纳。云南省高级人民法院在第二次二审中经审查发现,原判依据的锄头柄DNA鉴定意见、卢荣新的有罪供述、现场指认资料、作案时间、卢荣新身上伤痕等证据均存在重大问题,不足以证实卢荣新实施了故意杀人、强奸行为。鉴于本案证据存在重大问题,特别是关键证据可能系非法证据,二审法院经初步研究,梳理出25项证据问题要求检察机关核查补正。检察机关、公安机关为补强证据,委托公安部、云南省公安厅司法鉴定机构对关键检材进行重新鉴定,结果证实不能排除系他人作案。如何有效审查和准确认定原审据以定案的证据,便成为二审法院面临的重大难题。

本案中,原判据以定案的关键证据有三项:锄头柄上提取物的DNA鉴定意见,有罪供述,现场指认录像和指认笔录。对这三项证据,被告人卢荣新均不认可,称其未接触过锄头,不可能有其DNA;有罪供述不是其所作,其只是签过字;现场指认系在诱导下进行。云南省高级人民法院在初查中也发现这三项证据存在重大问题,不能作为定案的根据。但就这三项关键证据而言,对锄头柄上提取物质的DNA鉴定意见证实发现卢荣新的DNA,从内容上无法认定该鉴定意见存在错误;有罪供述的笔录上有卢荣新的签字,且与其他在案证据相印证,很难证实有罪供述不是卢荣新所作;指认现场有录像、笔录等证据证实,指认的真实性也无法直接予以否定。

1. 关于DNA鉴定意见

本案中,对定案起到重要作用的DNA鉴定意见主要有三项:一是被害人体内提取物,鉴定出被害人及其丈夫的DNA;二是从埋藏尸体的泥土中提取到一根阴毛(无毛囊,不能作同一性认定),鉴定意见是该毛发不属于被害人也不属于卢荣新;三是案发现场锄头柄上的提取物,鉴定出卢荣新的

DNA。其中,锄头系侦查机关在案发现场附近的小河中提取,经鉴定,锄头可形成被害人头部的两处伤痕;该锄头宽度与埋尸现场挖土痕迹宽度一致;经被害人家属辨认,该锄头系被害人当天带上山劳动的工具。从这三个方面基本证实该锄头就是作案工具,在该锄头柄上检出卢荣新的 DNA,也就直接证实卢荣新是重大犯罪嫌疑人,这是本案的核心证据。

二审法院在审查时发现,被告人卢荣新否认接触过该锄头,从该锄头提取照片并结合案发时当地天气,可推断锄头在水中浸泡最少十几个小时,能检出 DNA 物质的可能性很小。与此同时,卢荣新供述曾对被害人实施了两次强奸,在被害人体内提取物能检出被害人丈夫 DNA 的情况下,却未检出卢荣新的 DNA,显与常理不符。经公安部物证鉴定中心检测,埋尸泥土中提取的毛发不属于卢荣新,但侦查机关出具说明称,清洗泥土是用河水,毛发可能是在河中洗澡的人留下,这一解释更显牵强。经向 DNA 鉴定专家咨询,答复称 DNA 鉴定具有科学性和一定的偶然性,由于检材提取的位置等多方面因素的影响,在被害人体内未检出卢荣新 DNA 是可能的;虽然锄头柄浸泡在水中再检出 DNA 物质的可能性很小,但只要出检出 DNA,就可证实卢荣新接触过锄头;线粒体 DNA 鉴定不能作同一性认定,但可从卢荣新母系方面作出排除性结论。

尽管有相关专家的解释,但二审合议庭仍对原 DNA 鉴定意见存在疑问,遂对 DNA 鉴定的检材提取过程进行审查,发现锄头柄检材的提取存在重大问题。一是其他 DNA 检材均系 2012 年 9 月 11 日送检,而锄头柄上的检材系 9 月 18 日送检,此前卢荣新血样已送检;二是在鉴定委托书上 9 月 11 日对卢荣新血样送检,但公安机关在 9 月 12 日上午才找到卢荣新,公安机关出具情况说明称是记录错误;三是在案材料中公安机关对锄头擦拭物的提取存在三种以上的不同说法;四是公安机关对上述锄头柄物证提取的情况说明前后矛盾,且无经办人签字。

根据最高人民法院、最高人民检察院、公安部、国家安全部和司法部 2010 年制定的《关于办理死刑案件审查判断证据若干问题的规定》(以下简称《死刑案件证据规定》)和《关于办理刑事案件排除非法证据若干问题的规定》(以下简称《排除非法证据规定》),对鉴定意见应当着重审查检材的来源、取得、保管、送检是否符合法律及有关规定，与相关提取笔录、扣押物品清单等记载的内容是否相符，检材是否充足、可靠；鉴定意见具有送检材料、样本来源不明或者确实被污染且不具备鉴定条件情形的，不能作为定案的根据；公诉人提交加盖公章的说明材料，未经有关讯问人员签名或者盖章的，不能作为证明取证合法性的证据。根据上述规定，由于原审依据的DNA鉴定证据取证、送检情况不明且存在瑕疵，不能作为定案证据，故应将锄头柄DNA鉴定意见予以排除。

二审法院以程序事项违法将DNA鉴定意见排除后，继续对原锄头柄上物质的DNA鉴定内容进行查证，向检察机关发函调取原锄头柄DNA鉴定图谱。因锄头系被害人使用的劳动工具，且长时间在水中浸泡，这种情况下图谱应是混合型DNA图谱或有污染的图谱。检察机关调取图谱后，DNA鉴定专家发现锄头柄DNA图谱与卢荣新血样图谱高度一致且十分清晰，认为不符合本案情况，鉴定可能出错，后对本案检材启动了重新鉴定程序①。公安部物证鉴定中心、云南省公安司法鉴定中心均未在锄头柄上检出卢荣新的DNA，却均在被害人体内检出另一人（非死者丈夫）的DNA，从而也增强了审判人员排除非法证据的内心确信。

2.关于有罪供述与指认录像、指认笔录

被告人卢荣新在公安机关共有八次讯问笔录，只在第七次作了有罪供述，随后就翻供，称供述不是其所作。二审法院对其唯一一次有罪供述的内容进行审查时发现，本案证据体系均围绕卢荣新的有罪供述展开，虽然存在较多不合常理的疑点，但卢荣新的有罪供述内容与现场勘查情况、尸体检验报告高度一致，基本上能解答所有的主要疑问。例如，尸检报告中被害人头顶、耳朵后各有一处伤口，卢荣新则称其用锄头打了被害人头顶一下、耳朵附近一下；被害人的死因系被人扼颈、机械窒息死亡，卢荣新则供述其曾用手掐住被害人脖子把她掐晕；被害人阴道没有检出卢荣新的DNA，卢荣新则供述其因害怕警察查出来，就射精在旁边的沙地上；埋尸现场被害人只有头部露在外面，卢荣新则供述系因当时其很急，就没有把被害人的头埋起来。

① 值得肯定的是，本案相关鉴定检材被侦查机关保留下来，为重新鉴定打下了良好基础。

上述供述表面上与现场情况相符,但综合其他证据加以分析,其供述明显不合常理,体现在:一是在锄头上没有检出被害人的DNA,且从尸检照片看,两处伤口呈"Y"形开放状,创口较浅且没有骨折,不应是现场发现的那把锄头所形成,且卢荣新在慌乱的情况下,是否能对打击位置记得那么清楚,不无疑问。二是卢荣新称其将被害人掐昏后进行了强奸,其间被害人醒过来大叫,其就用锄头打了被害人两下,把被害人打晕继续强奸后就用锄头把被害人埋了,没有再掐,但被害人死因是窒息,即在强奸前被害人就已死亡,被害人中途怎能醒来?三是作为一个醉酒状态下的中年农民,是否有着丰富的DNA知识和逃避打击的意识,从而采取体外射精?既然卢荣新有很强的反侦查经验,为何其案发当天穿着有血迹的长袖T恤直到9月12日被公安机关传唤,都不更换或是丢弃?四是从现场照片看,犯罪嫌疑人只要再挖几下就可把被害人全部埋起来,其供述的掩埋尸体情况不符合正常人的思维和做法。[①] 五是卢荣新供述在强奸过程中将被害人拖到另一个地方,但尸检报告却反映出被害人全身只有少量皮下出血。六是现场指认录像、指认笔录作为有罪供述的辅助证据,与有罪供述中的作案细节有很大出入。在指认录像中可明显看出卢荣新在整个指认过程中表情很茫然,指认也比较被动,数次出现指认不下去,经现场人员提醒才继续指认的情况,且指认录像与指认笔录也存在较大差异。

二审法院经审查发现,即使按照公诉机关出具的证据,被告人卢荣新于2012年9月19日17时被抓获,9月20日送看守所(无具体时间)后,于9月20日19时50分、9月21日0时40分、9月22日9时40分三次被提出看守所,均无县级以上公安机关负责人审批;其作出有罪供述的时间(21日22时47分至22日1时08分)、地点(看守所第二审讯室)与公安机关提供的讯问录像存在明显差距;公安机关提供的第七次供述录像没有声音,公安机关出具说明称是因拾音器损坏(第一次二审期间,公安机关出具情况说明称,因当时进行设备改造,没有及时安装录音设备),但合议庭发现该录像是用卢

① 抓获真凶洪某某后,据洪某某供述,其把死者掩埋后把锄头丢进河水里,在准备离开现场时想起其勒死者颈部的裤带还在她脖子上,就把她脖子上的土扒开,把裤带拉出来,把裤带也丢到河里面,后又折回死者身边,随手掐了一点龙爪菜盖在她头上。该供述的情况相对较为可信。

荣新背后的监控摄像机拍摄,正对卢荣新还有一部录像机,但公安机关没有提供该摄像机拍摄的资料;从讯问记录、出入所记录看,卢荣新在作出有罪供述前,留在公安机关50多个小时,也没有得到充分休息。

因案发时间在2012年《刑事诉讼法》施行前,二审法院的主要依据,一是《看守所条例实施办法》第二十三条的规定,即“提讯人犯,除人民法院开庭审理或者审判外,一般应当在看守所讯问室。提讯人员不得少于二人。因侦查工作需要,提人犯出所辩认罪犯、罪证或者起赃的,必须持有县级以上公安机关、国家安全机关或者人民检察院领导的批示,凭加盖看守所公章的《提讯证》或《提票》,由二名以上办案人员提解”。二是《排除非法证据规定》第七条第三款的规定,即“公诉人提交加盖公章的说明材料,未经有关讯问人员签名或者盖章的,不能作为证明取证合法性的证据”。三是《排除非法证据规定》第十二条,即“对于被告人及其辩护人提出的被告人审判前供述是非法取得的意见,第一审人民法院没有审查,并以被告人审判前供述作为定案根据的,第二审人民法院应当对被告人审判前供述取得的合法性进行审查。检察人员不提供证据加以证明,或者已提供的证据不够确实、充分的,被告人该供述不能作为定案的根据”。根据上述规定,二审法院认定卢荣新的有罪供述不能作为定案的依据。

3.对作案时间和被告人身上伤痕的查证情况

原判据以定案的证据除上述三项关键证据外,还有两项重要依据:一是卢荣新有作案时间;二是卢荣新对其身上的28处伤痕不能作出合理解释。经审查发现,卢荣新供述的当天活动时间、证人看见卢荣新的时间,以及被害人在案发当天的活动时间、死亡时间都是估计所得。根据上述证据推断,卢荣新在18时30分至19时,19时至19时30分都存在空档。二审合议庭认为卢荣新在半小时内不可能完成整个作案过程。此外,经过审查,二审合议庭认为卢荣新关于身上伤痕系醉酒后摔跤、碰柱子、摔下床等原因造成的解释具有合理性(被害人指甲内未检出卢荣新DNA)。不过,鉴于排除锄头柄的DNA鉴定意见、有罪供述和指认录像、指认笔录后,已切断了卢荣新与被害人被强奸杀害之间的关联性,全案证据链条已经不完整,故关于卢荣新是否有作案时间、身上伤痕究竟如何形成的问题已经不十分重要。

4. 排除非法证据程序启动问题

本案2016年二审时，最高人民法院制定的“三项规程[①]”尚未出台，关于如何在二审程序中启动排除非法证据程序没有明确的法律规定，合议庭对此进行了探索。一是收到辩护人、检察机关的排非申请后，召开了庭前会议，听取双方的排非要求和争议重点，接收了双方在二审期间提交的新证据。二是在二审庭审中审判长先介绍了庭前会议情况，启动了排非调查，在充分听取了检、辩双方的意见后，宣布休庭；随后合议庭对排非要求进行合议，决定将原锄头柄的DNA鉴定意见、被告人的有罪供述、指认录像及指认笔录予以排除。三是继续开庭后审判长宣布排非决定，明确经排除的证据不再进入庭审后续环节；对检方提交的对锄头柄的新DNA鉴定意见、对被害人体内提取物的新DNA鉴定意见，辩护人提交的毛发DNA鉴定意见（未经前续审判程序举证、质证）作为新证据进行举证、质证；在检察人员和辩护方达成一致意见的基础上，简化了法庭辩论环节。四是再次休庭后，合议庭进行合议，形成决议并报院审判委员会讨论通过，开庭后对本案进行公开当庭审判，认定卢荣新无罪、不承担民事赔偿责任并当庭释放。从后来最高人民法院发布的“三项规程”看，本案的排非程序完全符合“三项规程”的相关规定。

（二）关于“真凶”的判决情况

本案二审期间通过重做DNA鉴定，发现被害人体内有同村村民洪某某[②]留下的物质，侦查机关于2016年8月3日晚将洪某某传唤到案，洪某某一开始供称与卢荣新共同实施犯罪，但其所供内容与在案证据存在明显矛盾。洪某某在后续讯问中如实供述了其一个人作案的过程，还主动提出要与被告人卢荣新见面，向卢荣新道歉。

经指定管辖，洪某某强奸杀人一案由云南省普洱市中级人民法院审理。该院经审理查明：2012年9月10日17时许，被告人洪某某在被害人邓某某

① 最高人民法院“三项规程”，即2017年12月11日最高人民法院印发的《人民法院办理刑事案件庭前会议规程（试行）》、《人民法院办理刑事案件排除非法证据规程（试行）》和《人民法院办理刑事案件第一审普通程序法庭调查规程（试行）》。

② 洪某某作案时不满18周岁。

(女,殁年28岁)家苞谷地西侧的草丛旁,遇到回家途中的被害人,洪某某即产生与被害人发生性关系的冲动,便上前抱住被害人,在遭到被害人反抗后,洪某某将被害人胁迫到一荒废的鱼塘内强行与被害人发生性关系。因害怕事情败露,洪某某先用石头击打被害人头部,接着用自己的裤带勒住被害人的颈部致其死亡,又用被害人的锄头将其尸体掩埋,并采摘旁边的蕨菜(又名龙爪菜)盖在被害人的头面部,随后将锄头丢弃在会都河中逃离现场。

普洱市中级人民法院认为,关于被告人洪某某所提被害人邓某某自愿与其发生性关系,公诉机关指控其犯强奸罪不能成立的辩解及其辩护人所提本案事实不清、证据不足的辩护意见,经审查,本案在邓某某体内、体表擦拭物上检出洪某某的生物物质,且邓某某所穿内裤上亦检出精斑反应,混合STR峰谱不排除包含洪某某的DNA分型,足以认定洪某某与邓某某在案发前有过性行为。据洪某某供述,其因冲动在田间草丛旁搂抱邓某某,后二人发生性行为,结合案发时间及案发地点,洪某某在偏僻地点的搂抱行为足以对邓某某造成胁迫。另据洪某某供述,其为防止邓某某报警而杀人并埋尸,洪某某的杀人灭口行为,足以证实其明知违背邓某某意愿而强行与邓某某发生性行为,应认定洪某某具有强奸故意。洪某某供认采取用石头击打、勒颈的方式杀害邓某某,其供述与尸体检验报告、现场勘验照片等证据相吻合,且洪某某亦辨认出邓某某随身携带的物品,足以证实洪某某实施的杀人行为。综上所述,洪某某的辩解及辩护人的辩护意见均不成立,不予采纳。被告人洪某某犯故意杀人罪、强奸罪的事实清楚,证据确实、充分,足以认定。

普洱市中级人民法院认为,被告人洪某某使用胁迫手段强行与被害人邓某某发生性关系,其行为构成强奸罪;其故意非法剥夺邓某某生命的行为还构成故意杀人罪。鉴于洪某某犯罪时未满18周岁(1994年12月9日出生),对洪某某应当从轻或减轻处罚。公诉机关指控洪某某犯强奸罪、故意杀人罪的事实清楚、证据确实、充分,罪名成立,予以支持。判决被告人洪某某犯故意杀人罪,判处无期徒刑,剥夺政治权利终身;犯强奸罪,判处有期徒刑七年。决定执行无期徒刑,剥夺政治权利终身。

宣判后,洪某某服判不上诉,判决发生法律效力。

【编后语】

本案不同于近年来披露的以呼格吉勒图案、聂树斌案为代表的、经多年申诉再审才得以纠正的冤假错案，本案是在以审判为中心的诉讼制度改革的背景下，人民法院严格落实司法责任制要求，遵循疑罪从无原则、证据裁判规则，在二审期间发现问题，依法排除原审部分定案证据，并通过补充核实证据发现“真凶”的案件。二审法院依法宣告被告人无罪，并使“真凶”受到法律惩处，使冤假错案得到纠正，公平正义得到彰显。案件的审理，探索、实践了非法证据排除程序在二审程序中的适用，发挥了非法证据排除程序在防范冤假错案方面的重要作用，确保了审判程序公正和案件办理质量，取得了良好的法律效果和社会效果，得到了业界和社会的认可，被媒体评为“2017 年度人民法院十大刑事案件”“2017 年推动法治进程十大案件”。

（撰稿：云南省高级人民法院刑一庭　李红斌　汤　宁

审编：最高人民法院刑二庭　王晓东）

于欢故意伤害案

一、基本案情

被告人于欢，男，汉族，1994 年 8 月 23 日出生。2016 年 4 月 29 日被逮捕。

山东省聊城市人民检察院指控被告人于欢犯故意伤害罪，向聊城市中级人民法院提起公诉。

被告人于欢的辩护人提出于欢有正当防卫情节，系防卫过当，要求减轻处罚的意见。

聊城市中级人民法院经审理查明：2014 年 7 月，山东源大工贸有限公司(位于冠县工业园区)负责人苏某某向赵某某借款 100 万元，双方口头约定月息 10%。2016 年 4 月 14 日 16 时许，赵某某以欠款未还清为由纠集郭某某、程某某、严某某等十余人先后到山东源大工贸有限公司催要欠款，同日 20 时左右杜某甲驾车来到该公司，并在该公司办公楼大门外抱厦台上与其他人一起烧烤饮酒。约 21 时 50 分，杜某甲等多人来到苏某某和苏某某之子于欢所在的办公楼一楼接待室内催要欠款，并对二人有侮辱言行。22 时 10 分许，冠县公安局经济开发区派出所民警接警后到达接待室，询问情况后到院内进一步了解情况，被告人于欢欲离开接待室被阻止，与杜某甲、郭某某、程某某、严某某等人发生冲突，被告人于欢持尖刀将杜某甲、程某某、严某某、郭某某捅伤，处警民警闻讯后返回接待室，令于欢交出尖刀，将其控制。杜某甲、严某某、郭某某、程某某被送往医院抢救。杜某甲因失血性休克于次日 2 时许死亡，严某某、郭某某伤情构成重伤二级，程某某伤情构成轻伤二级。

聊城市中级人民法院认为，被告人于欢面对众多讨债人的长时间纠缠，不能正确处理冲突，持尖刀捅刺多人，致一人死亡、二人重伤、一人轻伤，其行为构成故意伤害罪。于欢捅刺被害人不存在正当防卫意义上的不法侵害前提，其所犯故意伤害罪后果严重，应当承担与其犯罪危害后果相当的法律责任。鉴于本案系由被害人一方纠集多人，采取影响企业正常经营秩序、限制他人人身自由、侮辱谩骂他人的不当方式讨债引发，被害人具有过错，且于欢归案后能如实供述自己的罪行，可从轻处罚，依法以故意伤害罪判处被告人于欢无期徒刑，剥夺政治权利终身。

一审宣判后，被告人于欢提出上诉。理由如下：(1)原判认定事实不全面。没有认定吴某某、赵某某此前多次纠集涉黑人员对苏某某进行暴力索债，案发时杜某甲等人对于欢、苏某某及其他员工进行殴打；苏某某实际是向吴某某借钱；杜某甲受伤后自行驾车前往距离较远的冠县人民医院，未去较近的冠县中医院，还与医院门卫发生冲突，导致失血过多死亡。(2)原判适用法律错误、量刑畸重。其行为系正当防卫或防卫过当；其听从民警要求，自动放下刀具，如实供述自己的行为，构成自首。(3)原判违反法定程序。被害人有亲属在当地检察机关、政府部门任职，可能干预审判，原审法院未自行回避。

上诉人于欢的辩护人提出：(1)认定于欢犯故意伤害罪的证据不足。公安机关对现场椅子是否被移动、椅子上是否有指纹、现场是否有信号干扰器、讨债人员驾驶的无牌或套牌车内有无枪支和刀具等事实没有查明；冠县公安局民警有处警不力之嫌，冠县人民检察院有工作人员是杜某甲的亲属，上述两机关均与本案存在利害关系，所收集的证据不应采信；讨债人员除杜某乙外都参与串供，且在案发当天大量饮酒，处于醉酒状态，他们的言词除与于欢一方言词印证的之外，不应采信。(2)于欢的行为系正当防卫。从一般防卫看，于欢身材单薄，虽持有刀具，但相对11名身体粗壮且多人有犯罪前科的不法侵害人，仍不占优势，杜某甲等人还对于欢的要害部位颈部实施了攻击，故于欢的防卫行为没有超过必要限度；从特殊防卫看，于欢的母亲苏某某与吴某某一方签订的书面借款合同约定月息2%，而吴某某一方实际按10%收取，在苏某某按书面合同约定利息还清借款后，讨债人员仍然以暴力方式讨债，根据《最高人民检察院关于强迫借贷行为适用法律问题的批复》，构成抢劫罪，于欢捅刺抢劫者的行为属特殊防卫，不构成犯罪。(3)即使认定于欢构成犯罪,其具有如下量刑情节:属防卫过当、自首,一贯表现良好,缺乏处置突发事件经验;杜某甲等人侮辱苏某某、殴打于欢,有严重过错;杜某甲受伤后自行驾车前往距离相对较远的医院救治,耽误了约5分钟的救治时间,死亡结果不能全部归责于于欢。辩护人当庭出示了讨债人员驾驶无牌或套牌车辆的现场监控录像截图、杜某甲亲属系冠县人民检察院工作人员的网页截图、驾车从现场分别到冠县人民医院和冠县中医院的导航路线截图等3份证据材料。

山东省人民检察院出庭检察员发表以下出庭意见:(1)原判对案件事实认定不全面。一是未认定于欢母亲苏某某、父亲于某甲在向吴某某、赵某某高息借款100万元后,又借款35万元;二是未认定2016年4月1日、13日吴某某、赵某某纠集多人违法索债;三是未认定4月14日下午赵某某等人以盯守、限制离开、扰乱公司秩序等方式索债;四是未具体认定4月14日晚杜某甲等人采取强收手机、弹烟头、辱骂、暴露下体、脱鞋捂嘴、扇拍面颊、揪抓头发、限制人身自由等方式对苏某某和于欢实施的不法侵害。(2)原判认为于欢持尖刀捅刺被害人不具有正当防卫意义上的不法侵害前提,属于适用法律错误。于欢的行为具有防卫性质,但明显超过必要限度造成重大损害,属于防卫过当,应当负刑事责任,但应当减轻或者免除处罚。检察员当庭宣读、出示了新收集、调取的证人证言,侦查实验笔录及行驶路线图,手机通话记录,计划外生育费收据及说明,接处警登记表及说明,有关于某甲曾任冠县国税局柳林分局副局长、因不正常上班于2015年被免职的文件,吴某某因涉嫌非法拘禁被立案侦查的立案登记表,鉴定机构资格证书、鉴定人资格证书复印件,以及证人苏某某等的补充证言,被害人程某某的补充陈述,于欢的补充供述等23份证据材料。

被害人杜某甲近亲属委托的诉讼代理人提出以下意见:(1)原判对作案刀具的认定定性不准、来源有误。于欢使用的尖刀应属管制刀具,被害人郭某某陈述看见于欢拉开衣服拉链从身上拿出刀具。(2)原判定罪量刑不当。于欢的行为构成故意杀人罪;民警处警时,不法侵害已经结束,于欢的捅刺行为不具备正当防卫的前提条件,不构成正当防卫或防卫过当,应当维持原判量刑。

被害人郭某某及其诉讼代理人、被害人严某某的诉讼代理人提出以下意见:(1)作案刀具来源不清。(2)于欢的行为不构成正当防卫或防卫过当,应当维持原判定罪量刑。

山东省高级人民法院经二审查明:上诉人于欢的母亲苏某某在山东省冠县工业园区经营山东源大工贸有限公司(以下简称源大公司),于欢系该公司员工。2014 年 7 月 28 日,苏某某及丈夫于某甲向吴某某、赵某某借款 100 万元,双方口头约定月息 10%。至 2015 年 10 月 20 日,苏某某共计还款 154 万元。其间,吴某某、赵某某因苏某某还款不及时,曾指使被害人郭某某(男,时年 29 岁)等人采取在源大公司车棚内驻扎、在办公楼前支锅做饭等方式催债。2015 年 11 月 1 日,苏某某、于某甲再向吴某某、赵某某借款 35 万元。其中 10 万元,双方口头约定月息 10%;另外 25 万元,通过签订房屋买卖合同,用于某甲名下的一套住房作为抵押,双方约定如逾期还款,则将该住房过户给赵某某。2015 年 11 月 2 日至 2016 年 1 月 6 日,苏某某共计向赵某某还款 29.8 万元。吴某某、赵某某认为该 29.8 万元属于偿还第一笔 100 万元借款的利息,而苏某某夫妇认为是用于偿还第二笔借款。吴某某、赵某某多次催促苏某某夫妇继续还款或办理住房过户手续,但苏某某夫妇未再还款,亦未办理住房过户。

2016 年 4 月 1 日,赵某某与被害人杜某甲(男,殁年 29 岁)、郭某某等人将于某甲上述住房的门锁更换并强行入住,苏某某报警。赵某某出示房屋买卖合同,民警调解后离去。同月 13 日上午,吴某某、赵某某与杜某甲、郭某某等人将上述住房内的物品搬出,苏某某报警。民警处警时,吴某某称系房屋买卖纠纷,民警告知双方协商或通过诉讼解决。民警离开后,吴某某责骂苏某某,并将苏某某头部按入坐便器接近水面位置。当日下午,赵某某等人将上述住房内物品搬至源大公司门口。其间,苏某某、于某甲多次拨打市长热线求助。当晚,于某甲通过他人调解,与吴某某达成口头协议,约定次日将住房过户给赵某某,此后再付 30 万元,借款本金及利息即全部结清。

同月 14 日,于某甲、苏某某未去办理住房过户手续。当日 16 时许,赵某某纠集郭某某、苗某某等人到源大公司讨债。为找到于某甲、苏某某,郭某某报警称源大公司私刻财务章。民警到达源大公司后,苏某某与赵某某等人因还款纠纷发生争吵。民警告知双方协商解决或到法院起诉后离开。李某接赵某某电话后,伙同被害人严某某(男,时年26岁)、程某某(男,时年22岁)等人到达源大公司。赵某某等人先后在办公楼前呼喊,在财务室内、餐厅外盯守,在办公楼门厅外烧烤、饮酒,催促苏某某还款。其间,赵某某、苗某某离开。20时许,杜某甲、杜某乙赶到源大公司,与李某等人一起饮酒。20时48分,苏某某按郭某某要求到办公楼一楼接待室,于欢及公司员工陪同。21时53分,杜某甲等人进入接待室讨债,将苏某某、于欢的手机收走放在办公桌上。杜某甲用污秽语言辱骂苏某某、于欢及其家人,将烟头弹到苏某某胸前衣服上,将裤子褪至大腿处裸露下体,朝坐在沙发上的苏某某等人左右转动身体。在李某等人劝阻下,杜某甲穿好裤子,又脱下于欢的鞋让苏某某闻,被苏某某打掉。杜某甲还用手拍打于欢面颊,其他讨债人员实施了揪抓于欢头发或按压于欢肩部不准其起身等行为。22时07分,公司员工刘某某打电话报警。22时17分,民警带领2名辅警到达源大公司接待室了解情况,苏某某和于欢指认杜某甲殴打于欢,杜某甲等人否认并称系讨债。22时22分,民警警告双方不能打架,然后带领辅警到院内寻找报警人,并给值班民警打电话通报警情。于欢、苏某某欲随民警离开接待室,杜某甲等人阻拦,并强迫于欢坐下,于欢拒绝。杜某甲等人卡于欢项部,将于欢推拉至接待室东南角。于欢持刃长15.3厘米的单刃尖刀,警告杜某甲等人不要靠近。杜某甲出言挑衅并逼近于欢,于欢遂捅刺杜某甲腹部一刀,又捅刺围逼在其身边的程某某胸部、严某某腹部、郭某某背部各一刀。22时26分,辅警闻声返回接待室。经辅警连续责令,于欢交出尖刀。杜某甲等四人受伤后,分别被杜某乙等人驾车送至冠县人民医院救治。次日2时18分,杜某甲经抢救无效,因腹部损伤造成肝固有动脉裂伤及肝右叶创伤导致失血性休克死亡。严某某、郭某某的损伤均构成重伤二级,程某某的损伤构成轻伤二级。

山东省高级人民法院认为,被告人于欢持刀捅刺杜某甲等四人,属于制止正在进行的不法侵害,其行为具有防卫性质;其防卫行为造成一人死亡、二人重伤、一人轻伤的严重后果,明显超过必要限度造成重大损害,构成故意伤害罪,依法应负刑事责任。鉴于于欢的行为属于防卫过当,于欢归案后能够如实供述主要罪行,且被害方有以恶劣手段侮辱于欢之母的严重过错等情节，对于欢应当减轻处罚。

2017 年 6 月 23 日，山东省高级人民法院作出（2017）鲁刑终 151 号刑事附带民事判决，以故意伤害罪改判被告人于欢有期徒刑五年。

二、裁判理由

（一）准确把握正当防卫的认定

《刑法》第二十条第一款规定，为了使国家、公共利益、本人或者他人的人身、财产和其他权利免受正在进行的不法侵害，而采取的制止不法侵害的行为，对不法侵害人造成损害的，属于正当防卫，不负刑事责任。正当防卫的成立应当同时符合起因条件、时间条件、主观条件、对象条件、限度条件五个条件。

对于我国现行《刑法》规定的正当防卫制度，须根据社会变迁和立法精神作出准确把握。一是要认识到正当防卫是法律赋予公民的一项权利。作为法律所赋予的权利，任何公民在面对国家、公共利益、本人或者他人的人身、财产和其他权利遭受正在进行的不法侵害时，均有权针对不法侵害实施正当防卫。二是要认识到正当防卫行为受到法律保护。正当防卫针对的是不法侵害，是“以正对不正”，并非一般意义上的“以暴制暴”，是正当、合法的行为。正当防卫制度的核心要义在于防卫行为的正当性，因此，正当防卫人实施制止不法侵害的行为，受到刑法的保护，不负刑事责任。三是要认识到正当防卫是与违法犯罪作斗争的积极手段。正当防卫是公民的权利，并非制止不法侵害的最后手段。换言之，我国《刑法》并未将正当防卫规定为·种“不得已”的应急措施，并未要求防卫人穷尽一切手段之后才能实施正当防卫。

本案中，案发当时杜某甲等人对于欢、苏某某实施了限制人身自由的非法拘禁行为，并伴有侮辱行为，对于欢有推搡、拍打、卡项部等肢体行为。当民警到达现场后，于欢和苏某某欲随民警走出接待室时，杜某甲等人阻止二人离开，并对于欢实施推拉、围堵等行为，在于欢持刀警告时仍出言挑衅并逼近，实施正当防卫所要求的不法侵害客观存在并正在进行。于欢是在人身安全面临现实威胁的情况下才持刀捅刺，且其捅刺的对象都是在其警告后仍向前围逼的人,可以认定其行为是为了制止不法侵害。

根据《刑法》第二十条第三款的规定,对正在进行的行凶、杀人、抢劫、强奸、绑架以及其他严重危及人身安全的暴力犯罪,公民有权进行特殊防卫。但本案并不存在适用特殊防卫的前提条件。苏某某、于某甲系主动通过他人协调、担保,向吴某某借贷,自愿接受吴某某所提10%的月息。既不存在苏某某、于某甲被强迫向吴某某高息借贷的事实,也不存在吴某某强迫苏某某、于某甲借贷的事实,与司法解释有关强迫借贷按抢劫罪论处的规定不符。

(二)科学确定防卫过当的定罪量刑

根据《刑法》第二十条第二款的规定,正当防卫明显超过必要限度造成重大损害的,属于防卫过当,应当负刑事责任。对于防卫限度的判断,不仅要理解法律的规定,而且要充分考虑常理常情。其一,要全面整体进行考量。应当在全面分析不法侵害的强度、缓急、性质,侵害方与防卫方的力量对比,现场情势等事实和情节基础上进行综合判断,必须是具体案件具体分析。特别是,对不法侵害要整体看待,要查明防卫行为的前因后果,考虑防卫人对持续侵害累积危险的感受,而不能局部地、孤立地、静止地看待,将防卫行为与防卫瞬间的不法侵害进行简单对比。其二,要设身处地为防卫人考量。一般认为,正当防卫的限度应当以足以制止不法侵害的需要为标准。不能要求防卫人是一个冷静理性的旁观者,而是要还原到防卫人所处的境遇之下,换位思考问问自己"假如我是防卫人我会如何处理",设身处地想想"一般人在此种情况下会如何处理"。其三,要适当作有利于防卫人的考量。正当防卫的实质在于"以正对不正",是正义行为对不法侵害,依据"邪不压正"的常理常情,也不能将二者等量齐观。在防卫过当与正当防卫认定存在争议时,应当适当作有利于防卫人的认定;即使认定防卫过当,也应当充分运用"减轻或者免除处罚"的规定裁量处理。

本案中,杜某甲一方虽然人数较多,但其实施不法侵害的意图是给苏某某夫妇施加压力以催讨债务,在催债过程中未携带、使用任何器械;在民警进入接待室前,杜某甲一方对于欢母子实施的是非法拘禁、侮辱和对于欢拍打面颊、揪抓头发等行为,其目的仍是逼迫苏某某夫妇尽快还款;在民警进入接待室时，双方没有发生激烈对峙和肢体冲突，当民警警告不能打架后，杜某甲一方并无打架的言行；在民警走出接待室寻找报警人期间，于欢和讨债人员均可透过接待室玻璃清晰看见停在院内的警车警灯闪烁，应当知道民警并未离开；在于欢持刀警告不要逼过来时，杜某甲等人虽有出言挑衅并向于欢围逼的行为，但并未实施强烈的攻击行为。即使四人被于欢捅刺后，杜某甲一方也没有人对于欢实施暴力还击行为。于欢的姑母于某乙证明，在民警闻声返回接待室时，其跟着走到大厅前台阶处，见对方一人捂着肚子说"没事没事，来真的了"。因此，于欢面临的不法侵害并不紧迫和严重，而其却持利刃连续捅刺四人，致一人死亡、二人重伤、一人轻伤，且其中一人即郭某某系被背后捅伤，应当认定于欢的防卫行为明显超过必要限度造成重大损害。

对于防卫过当行为的定性，不能采取"唯结果论"，认为"只要打死人就是故意杀人""只要致人重伤就是故意伤害"，而应该根据主客观相统一原则，对行为进行准确定性。本案中，虽然于欢连续捅刺四人，但捅刺对象都是当时围逼在其身边的人，未对离其较远的其他不法侵害人进行捅刺，亦未对同一不法侵害人连续捅刺。可见，于欢的目的在于制止不法侵害并离开接待室，在案证据不能证实其具有追求或放任致人死亡危害结果发生的故意。

根据《刑法》第二十条第二款的规定，防卫过当的，应当减轻或者免除处罚。本案系由吴某某等人催逼高息借贷引发，苏某某多次报警后，吴某某等人的不法逼债行为并未收敛。案发当日被害人杜某甲曾当着于欢之面公然以裸露下体的方式侮辱其母亲苏某某，严重违法、亵渎人伦，虽然距于欢实施防卫行为已间隔约20分钟，但于欢捅刺杜某甲等人时难免不带有报复杜某甲辱母的情绪，但除杜某甲外，其他三人并未实施侮辱于欢母亲的行为。二审法院对于欢减轻处罚，在三年至十年有期徒刑的幅度内量刑是合适的。

【编后语】

在现代法治社会，私力报复行为是不被允许的，但在公权力"远水救不了近火"的情况下，正当防卫是制止不法侵害、保护合法权益的最直接、最有效的手段。在刑事司法实践中,对于正当防卫制度的适用仍趋保守,不敢或者不善于适用正当防卫制度,将本属于正当防卫的行为认定为防卫过当,甚至认定为普通的故意伤害、故意杀人的现象仍然客观存在。因而有学者批评刑法关于正当防卫制度的规定、特别是无过当防卫的规定,在一定程度上处于"休眠"状态,成为"僵尸"条文,未能发挥其应有的作用。

于欢故意伤害案因"辱母"情节、是否正当防卫、民间高利借贷等社会敏感因素,一审宣判后,经媒体报道,引发了国内舆论,主要围绕于欢的行为是否成立正当防卫,传统媒体与新媒体争相参与,普通民众与专家学者纷纷发声,讨论的热度与参与的人数均创历史记录。

二审过程中,在程序方面,山东省高级人民法院从二审立案、开庭审理到公开宣判,最大限度公开审判信息。在实体方面,在充分调查的基础上,全面认定案件事实,对社会高度关注的"辱母""高利借贷"等事实进行了准确认定,全面还原了案件起因、经过,尊重民众的朴素情感和道德诉求,依法认定于欢行为构成防卫过当,充分考虑被害人实施严重贬损他人人格尊严或者亵渎人伦的不法侵害在案件中的过错责任,依法对于欢减轻处罚,确保司法裁判既经得起法律检验,也符合社会公平正义观念,为正当防卫的认定、被害人过错在量刑中的考量等提供了参考样本。本案二审裁判体现了人民法院司法裁判遵循国法、合乎人情的要求,对类案的审理将起到重要指引作用,具有重大的法治意义。2018年6月20日,最高人民法院发布第18批指导性案例,于欢故意伤害案作为四个指导案例之一被公布,供全国法院在审判类似案件时参照。

(撰稿:山东省高级人民法院刑四庭　刘振会
审编:最高人民法院刑二庭　王晓东)

深圳市快播科技有限公司、王欣等传播淫秽物品牟利案

一、基本案情

被告单位深圳市快播科技有限公司（以下简称快播公司），住所地广东省深圳市南山区高新南一道009号中国科技开发院中科研发园三号楼塔楼22楼A。

法定代表人王欣，快播公司执行董事、经理。

诉讼代表人黄勇，快播公司综合管理中心市场部总监。

被告人王欣，男，汉族，1980年3月12日出生于湖南省娄底市，中专文化，快播公司法定代表人、执行董事、经理，2014年8月9日被逮捕。

被告人吴铭，男，汉族，1971年11月2日出生于新疆维吾尔自治区霍城县，大学文化，快播公司快播事业部总经理，2014年5月30日被逮捕。

被告人张克东，男，汉族，1978年9月15日出生于河南省禹州市，大学文化，快播公司快播事业部副总经理兼技术平台部总监，2014年5月30日被逮捕。

被告人牛文举，男，汉族，1979年1月19日出生于河南省荥阳市，大学文化，快播公司快播事业部副总经理兼市场部总监，2014年5月30日被逮捕。

北京市海淀区人民检察院指控被告单位快播公司及被告人王欣、吴铭、张克东、牛文举犯传播淫秽物品牟利罪，向北京市海淀区人民法院提起公诉。

被告单位、各被告人及辩护人在第一次庭审中发表辩护意见认为，本案事实不清、证据不足、程序违法、适用法律错误，指控罪名不能成立。其中就控方出示涉案服务器的扣押、移转、电子数据的调取、固定、判断有关内容，

主要发表了如下质证意见:(1)扣押时未对服务器的物证特征进行固定。(2)服务器移交程序违法。(3)服务器内容存在被污染的可能。(4)检材真实性存疑。在第二次庭审过程中,被告单位、被告人王欣、张克东、牛文举对指控事实和罪名均表示无异议,其辩护人主要围绕量刑情节做了罪轻辩护,希望对被告单位和各被告人从宽处罚。被告人吴铭及其辩护人依然做了无罪辩护。

北京市海淀区人民法院经审理查明:被告单位快播公司成立于2007年12月26日,公司性质为有限责任公司,注册资本1000万元。该公司主办的快播网站网址包括:www. kuaibo. com、www. qvod. com 等。快播公司持有网络文化经营许可证,至案发之日没有取得互联网视听节目服务许可。被告人王欣为快播公司的法定代表人、股东、执行董事、经理,负责快播公司经营和管理工作。快播公司快播事业部负责公司视频播放器的技术开发和市场推广。被告人吴铭于2013年担任快播事业部总经理,负责事业部全面工作。被告人张克东系快播公司股东,于2012年担任事业部副总经理兼技术平台部总监,最初开发了快播视频传输和播放的核心软件。被告人牛文举于2012年担任事业部副总经理兼运营部总监,2013年担任事业部市场部负责人,负责信息安全组工作。

快播公司通过免费提供QSI(QVOD Server Install,即QVOD资源服务器程序)和QVOD Player(即快播播放器程序或客户端程序)的方式,为网络用户提供网络视频服务。任何人(被快播公司称为"站长")均可通过QSI发布自己所拥有的视频资源。具体方法是,"站长"选择要发布的视频文件,使用资源服务器程序生成该视频文件的特征码(hash值),导出包含hash值等信息的链接。"站长"把链接放到自己或他人的网站上,即可通过快播公司中心调度服务器(运行P2P Tracker调度服务器程序)与点播用户分享该视频。这样,快播公司的中心调度服务器在站长与用户、用户与用户之间搭建了一个视频文件传输的平台。为提高热点视频下载速度,快播公司搭建了以缓存调度服务器(运行Cache Tracker缓存调度服务器程序)为核心的平台,通过自有或与运营商合作的方式,在全国各地不同运营商处设置缓存服务器1 000余台。在视频文件点播次数达到一定标准后,缓存调度服务器即指令处于适当位置的缓存服务器(运行 Cache Server 程序)抓取、存储该视频文件。当用户再次点播该视频时,若下载速度慢,缓存调度服务器就会提供最佳路径,供用户建立链接,向缓存服务器调取该视频,提高用户下载速度。部分淫秽视频因用户的点播、下载次数较高而被缓存服务器自动存储。缓存服务器方便、加速了淫秽视频的下载、传播。

2012 年 8 月,深圳市公安局公安信息网络安全监察分局对快播公司进行检查,针对该公司未建立安全保护管理制度、未落实安全保护技术措施等问题,给予行政警告处罚,并责令整改。随后,深圳网监将违法关键词和违法视频网站链接发给快播公司,要求采取措施过滤屏蔽。快播公司于是成立了信息安全组开展了不到一周的突击工作,于 8 月 8 日投入使用"110"不良信息管理平台,截至 9 月 26 日共报送"色情过滤"类别的不良信息 15 836 个。但在深圳网监验收合格后,信息安全组原有 4 名成员或离职或调到其他部门,"110"平台工作基本搁置,检查屏蔽工作未再有效进行。2013 年 8 月 5 日,深圳市南山区广播电视局执法人员对快播公司开展调查,在牛文举在场的情况下,执法人员登录 www. kuaibo. com,进入快播"超级雷达"(一种发现周边快播用户观看网络视频记录的应用),很快便找到了可播放的淫秽视频。牛文举现场对此予以签字确认。但快播公司随后仅提交了一份整改报告。10 月 11 日,南山广电局认定快播公司擅自从事互联网视听节目服务,提供的视听节目含有诱导未成年人违法犯罪和渲染暴力、色情、赌博、恐怖活动的内容,对快播公司予以行政处罚。此后,快播公司的"110"平台工作依然搁置,检查屏蔽工作依然没有有效落实。

快播公司直接负责的主管人员王欣、吴铭、张克东、牛文举,在明知快播公司擅自从事互联网视听节目服务、提供的视听节目含有色情等内容的情况下,未履行监管职责,放任淫秽视频在快播公司控制和管理的缓存服务器内存储并被下载,导致大量淫秽视频在网上传播。

2013 年上半年,北京网联光通技术有限公司为解决使用快播播放器访问快播视频资源不流畅的问题,与快播公司联系技术解决方法,双方开展战略合作。根据双方协商,由光通公司提供硬件设备即 4 台服务器,由快播公司提供内容数据源以及降低网络出口带宽、提升用户体验的数据传输技术解决方案,负责远程对软件系统及系统内容的维护。2013年8月,光通公司提供4台服务器开始上线测试,快播公司为4台服务器安装了快播公司的缓存服务器系统软件,并通过账号和密码远程登录进行维护。2013年11月18日,北京市海淀区文化委员会在行政执法检查时,从光通公司查获此4台服务器。2014年4月11日,北京市公安局海淀分局决定对王欣等人涉嫌传播淫秽物品牟利罪立案。经查,该4台服务器从2013年下半年投入使用,至2013年11月18日被扣押,存储的均为点击请求量达到一定频次以上的视频文件。公安机关从服务器里提取了29 841个视频文件进行鉴定,认定其中属于淫秽视频的文件为21 251个。

2013年年底,为了规避版权和淫秽视频等法律风险,在王欣的授意下,张克东领导的技术部门开始对快播缓存服务器的存储方式进行调整,将原有的完整视频文件存储变为多台服务器的碎片化存储,将一部视频改由多台服务器共同下载,每台服务器保存的均是32M大小的视频文件片段,用户点播时需通过多台服务器调取链接,集合为可完整播放的视频节目。

另查,快播公司盈利主要来源于广告费、游戏分成、会员费和电子硬件等,快播事业部是快播公司盈利的主要部门。根据账目显示,快播事业部的主要收入来源于网络营销服务(包括资讯快播、客户端、第三方软件捆绑、VIP服务等),其中资讯快播和第三方软件捆绑是最为主要的盈利方式。具体而言,快播公司向欲发布广告的公司收取广告费,用户使用快播播放器时,会有快播资讯窗口弹出,该窗口内除部分新闻外即广告内容;快播公司还向一些软件开发公司收取合作费用,使得用户安装快播播放器的同时捆绑安装一些合作公司软件。快播公司营业收入逐年增长,至2013年仅快播事业部即实现营业收入人民币143 075 083元,其中资讯快播营业收入人民币70 463 416元,占49.25%,第三方软件捆绑营业收入为人民币39 481 457元,占27.59%。

被告人吴铭、张克东、牛文举于2014年4月23日在深圳被抓获,被告人王欣于2014年8月8日从韩国济州岛被押解回京。

2016年9月13日,北京市海淀区人民法院以(2015)海刑初字第512号刑事判决书,认定被告单位深圳市快播科技有限公司犯传播淫秽物品牟利罪,判处罚金人民币一千万元;被告人王欣犯传播淫秽物品牟利罪,判处有期徒刑三年六个月,罚金人民币一百万元;被告人张克东犯传播淫秽物品牟利罪,判处有期徒刑三年三个月,罚金人民币五十万元;被告人吴铭犯传播淫秽物品牟利罪,判处有期徒刑三年三个月,罚金人民币三十万元;被告人牛文举犯传播淫秽物品牟利罪,判处有期徒刑三年,罚金人民币二十万元。

一审宣判后,被告人吴铭提出上诉。其提出:本案事实不清,证据不足。其对本案被扣押的 4 台服务器并不知情,服务器以及相关软件的运作状态均与其没有直接责任关系,其对快播公司因为涉及色情内容被行政处罚的情况不清楚,其不构成犯罪。

北京第一中级人民法院依法开庭审理,于 2016 年 12 月 15 日以(2016)京 01 刑终 592 号刑事裁定,驳回上诉,维持原判。

二、裁判理由

(一)本案的定性

我国《刑法》第三百六十三条第一款规定,以牟利为目的,制作、复制、出版、贩卖、传播淫秽物品的,处三年以下有期徒刑、拘役或者管制,并处罚金;情节严重的,处三年以上十年以下有期徒刑,并处罚金;情节特别严重的,处十年以上有期徒刑或者无期徒刑,并处罚金或者没收财产。公诉机关指控被告单位及各被告人犯该条规定之罪,根据已经查明的事实、证据和法律规定判定指控的犯罪是否成立是本案的核心问题。就此,分析如下:

1. 快播公司作为网络视频信息服务提供者,应当承担网络安全管理义务

视频信息的海量传播已经成为商业网络运营的重要特征,P2P 技术对于降低视频服务企业的带宽成本具有重要价值,而缓存服务器技术的支持使视频文件的传播速度更快、范围更广。以 P2P 网络平台为依托的视频服务企业,在网络信息安全管理中扮演着重要角色。本案被告单位快播公司,是一家流媒体应用开发和服务供应企业,其免费发布快播资源服务器程序和播放器程序,使快播资源服务器、用户播放器、中心调度服务器、缓存调度服务器和上千台缓存服务器共同构建起了一个庞大的基于 P2P 技术提供视频

信息服务的网络平台。用户使用快播播放器客户端点播视频,或者"站长"使用快播资源服务器程序发布视频,快播公司中心调度服务器均参与其中。中心调度服务器为使用资源服务器程序的"站长"提供视频文件转换、链接地址发布服务,为使用播放器程序的用户提供搜索、下载、上传服务,进而通过其缓存服务器提供视频存储和加速服务。快播公司缓存服务器内存储的视频文件,也是在中心调度服务器、缓存调度服务器控制下,根据视频被用户的点击量自动存储下来,只要在一定周期内点击量达到设定值,就能存储并随时提供用户使用。快播公司由此成为提供包括视频服务在内的网络信息服务提供者。

快播公司作为快播网络系统的建立者、管理者、经营者,应当依法承担网络安全管理义务。1997年公安部发布的《计算机信息网络国际联网安全保护管理办法》(已修改)明确,任何单位和个人不得利用互联网传播"宣扬淫秽、色情"内容的信息,并且应当履行建立健全安全保护管理制度、落实安全保护技术措施等职责。2000年9月国务院发布的《互联网信息服务管理办法》规定,互联网信息服务提供者应当向上网用户提供良好的服务,并保证所提供的信息内容合法,不得复制、传播淫秽、色情信息。2000年12月《全国人民代表大会常务委员会关于维护互联网安全的决定》规定,对于在互联网上建立淫秽网站、网页,提供淫秽站点链接服务,或者传播淫秽影片、音像,构成犯罪的,依照刑法有关规定追究刑事责任。2007年国家广播电影电视总局、信息产业部发布的《互联网视听节目服务管理规定》进一步明确,互联网视听节目服务单位提供的、网络运营单位接入的视听节目应当符合法律、行政法规、部门规章的规定,视听节目不得含有诱导未成年人违法犯罪和渲染暴力、色情活动的内容。2012年施行的《全国人民代表大会常务委员会关于加强网络信息保护的决定》第五条规定,网络服务提供者应当加强对其用户发布的信息的管理,发现法律、法规禁止发布或者传输的信息的,应当立即停止传输该信息,采取消除等处置措施,保存有关记录,并向有关主管部门报告。在互联网产业迅速发展的今天,法律没有苛责互联网企业在其经营管理的网站上不允许出现任何违法或不良信息,但要求其严格履行网络安全管理义务,设置必要的监管环节,及时处置违法或不良信息。快播公司作为互联网信息服务的提供者,作为视听节目的提供者,必须遵守相关法律法规的规定,对其网络信息服务内容履行网络安全管理义务。P2P 技术容易被用于淫秽视频、盗版作品传播,这在行业内已经是众所周知的事实。监管淫秽视频以避免淫秽视频通过快播网络传播,不仅是快播公司作为网络视频信息服务提供者的法律义务,更是其应当积极承担的社会责任。

本案查扣的 4 台缓存服务器所存储的淫秽视频与快播公司未履行网络安全管理义务直接相关。在案证据证明,本案查扣的 4 台缓存服务器的所有者是光通公司,快播公司则是该服务器的远程控制者和日常维护者。快播公司与光通公司的合同签订者侯爱娇是快播公司事业部下属市场部运营商合作组员工,负责与运营商签订缓存服务器托管等合作合同,其证明自己与光通公司进行了有关合同内容的沟通;快播公司的网络维护员钟琨也证实其为涉案缓存服务器安装了快播系统软件,并通过账户和密码来远程控制和维护。上述证言与光通公司合同签订联系人、工程师陈辉的证言,以及信息鉴定中心检验所证实的远程控制 IP 为快播公司所有等证据内容完全相符,印证了快播公司负责涉案 4 台缓存服务器的软件安装和远程控制这一事实。关于缓存服务器的内容,合同规定,光通公司提供机柜和接入带宽及系统所需的硬件设备(4 台服务器),快播公司提供内容数据源以及技术解决方案,这说明涉案 4 台服务器的内容数据源由快播公司提供。证据表明,缓存服务器从网上获取并存储视频文件,系在快播公司调度服务器的支配下完成。侯爱娇与钟琨是依岗位职责开展工作,他们的具体操作行为代表快播公司,快播公司应当对涉案合同及起获的 4 台服务器的内容负责。就违法内容的删除责任,合同规定光通公司的删除义务是以能够证明所存储的数据违反相关法规为前提。虽然经查缓存服务器内的视频并非不完整数据碎片,但是快播公司实际上是 4 台服务器的远程控制者和日常维护者,缓存的视频文件以快播公司特有的文件格式和特征码文件名的方式存储,光通公司不具备审查缓存服务器内存储内容合法性的能力。这种形式上的民事约定,不能否定快播公司对其控制、维护的缓存服务器依法要承担的网络信息安全责任。另外,关于缓存服务器内存储的淫秽视频是否为完整视频的问题,法院认为,涉案 4 台服务器的起获时间是 2013 年 11 月 18 日,快播公司尚未开始碎片化存储，鉴定意见也证实服务器内的视频文件均为完整存储方式。快播公司与光通公司合同中规定的“数据是……不完整数据碎片”与查明事实不符，现有证据能够确定涉案起获的服务器内的视频并非碎片化文件，而是完整视频文件，而且70%以上为淫秽视频。

2. 快播公司及各被告人均明知快播网络系统内大量存在淫秽视频并介入了淫秽视频传播活动

刑法上的“明知”，司法实践中一般可以从两个角度证明：一是直接证明行为人知道或者因他人告知而知道；二是基于行为人的特定身份、职业、经验等特点推定其知道。对于单位犯罪而言，要求直接责任人员对于单位传播淫秽物品行为具有明知，并不要求对于单位传播淫秽物品的具体方法、技术等完全知晓。具体到本案，并不要求各被告人对于快播公司缓存服务器在调度服务器的支配下传播淫秽视频的具体方法、技术具有认知，只要求各被告人对于快播公司传播淫秽视频这一基本事实具有明知即可。根据快播公司员工的证言，结合本案被告人的供述等众多言词证据均能证明，王欣、吴铭、张克东、牛文举不仅已经知道快播网络服务系统传播淫秽视频，而且已经知道快播公司的行为导致淫秽视频在互联网上大量传播的事实。证据还显示，王欣、张克东、牛文举对于缓存服务器实质上介入淫秽视频传播均已知晓，王欣、张克东对于介入传播的具体技术原理更有深入研究。作为一个自称“非常重视用户体验”的视频服务提供商，快播公司应当知道其网络用户搜索和点击的视频内容的统计特征。在案扣押的缓存服务器内存储的内容多达70%为淫秽视频，便是这一特征的客观表现。进一步的证据是，执法部门以各种方式开展了监管活动。2012年8月，深圳网监针对快播公司未建立信息安全保护管理制度、未落实安全保护技术措施的情况给予行政处罚警告，快播公司接受整改的主要内容就是审核和过滤淫秽视频，其在整改报告中称审核和过滤的信息类别也主要是“色情过滤”。2013年8月5日，南山广电局执法人员对快播公司现场执法检查，确认快播公司网站上的淫秽视频内容，随后作出行政处罚决定。王欣作为快播公司的法定代表人授权牛文举代理此事的授权委托书上，明确写了“涉嫌提供的视听节目含有渲染色情活动的内容”，证明王欣知道快播公司网络传播淫秽视频的事实。

南山广电局在2013年8月5日对快播公司作出的调查询问通知书、2013年9月25日作出的行政处罚事先告知书及2013年10月作出的行政处罚决定书，均明确了调查和处罚快播公司的原因就是快播公司"提供的视听节目含有诱导未成年人违法犯罪和渲染暴力、色情、赌博、恐怖活动的内容"。如果说在第一次接受处罚并作出整改时，快播公司的决策者、经营者、管理者还有对快播网络服务系统介入淫秽视频传播活动且导致淫秽视频在互联网上大量传播并不知情的可能，那么在事隔一年之后，快播公司再次接受处罚并作出整改，而且先后两次整改的内容实际上都是针对快播公司传播淫秽视频这一事实，此时快播公司的经营者、管理者仍然坚称不知情，显然难以置信。上述证据表明，各被告人在主观上完全符合单位犯罪所要求的传播淫秽物品牟利罪的"明知"要件，应予认定。

吴铭作为快播事业部负责人，负责快播事业部的全面工作，张克东和牛文举均是其下属，王欣、牛文举、何明科等人均证实事业部的日常工作一般都要先向吴铭汇报，可见吴铭在快播事业部拥有决策权、管理权。快播事业部管理快播网络日常工作，全国上千台缓存服务器进入快播网络，快播公司均要与合作单位签订合同，因而吴铭应当明知缓存服务器在快播网络中的作用。牛文举称"其定期或不定期会向吴铭汇报淫秽视频的屏蔽情况，每次都是通过电子邮件的形式汇报，吴铭审批后其再安排孙丹丹通过电子邮件的方式给深圳网监部门发送淫秽视频屏蔽情况"。所以吴铭不仅知道快播网络服务系统传播淫秽视频，而且知道快播公司的行为已经导致淫秽视频在互联网上大量传播。故法院对被告人吴铭及其辩护人所提吴铭对快播网络服务系统传播淫秽视频并不"明知"的意见，不予采纳。

3. 快播公司及各被告人放任其网络服务系统大量传播淫秽视频属于间接故意

传播淫秽物品牟利罪的传播，是指通过播放、陈列、建立淫秽网站、网页等方式使淫秽物品让不特定人感知，以及通过出借、赠送等方式散布、流传淫秽物品的行为。根据张克东的供述及江少明、伍正勇、唐涛、钟琨等快播技术开发人员、服务器维护人员的证言，涉案起获的4台缓存服务器内的淫秽视频文件均是快播用户一周内请求点播达到一定次数以上后被缓存服务器下载存储下来,并处于提供光通公司用户在其个人选定的时间和地点获取的状态。虽然没有证据直接显示涉案4台服务器内的淫秽视频被用户浏览或下载的频次,但快播公司放任其缓存服务器存储淫秽视频并使公众可以观看并随时得到加速服务的方式,属于通过互联网陈列等方式提供淫秽物品的传播行为。应当指出,缓存服务器介入视频传播中,快播公司在主观上并没有对视频内容进行选择,而只是根据视频热度提供加速服务。也就是说,缓存服务器介入传播何种内容的视频,不是快播公司主观意志选择的结果,而是对他人传播行为的放任,对他人利用自己技术服务传播淫秽视频的放任,对自己的缓存服务器介入淫秽视频传播行为之中的放任,对自己的行为造成淫秽视频在网络上大量传播的放任。

同时,快播公司及各被告人面对深圳网监的行政处罚,在最初应付检查之后,信息安全组工作几乎停止,非但没有开展实质性的管理、阻止工作,还采取碎片化存储的方式企图规避法律风险。快播公司的张克东、伍正勇、江少明等技术开发者均证实,2013年年底以前的视频文件采用加密的完整存储方式。2013年年底,为了规避版权和淫秽视频等法律风险,在王欣的授意下,张克东领导的技术部门开始对快播缓存服务器的存储方式进行调整,将原有的完整视频文件存储变为多台服务器的碎片化存储,将一部视频改由多台服务器共同下载,每台服务器保存的均是32M大小的视频片断,用户点播时需通过多台服务器调取链接,集合为完整视频播放。碎片化存储固然有效率较高的特点,但张克东等人供称:"2011年年底,完美公司到公司谈合作的时候,了解到公司文件存储的方式,提出这样的存储有法律风险,建议最好采用碎片化的存储方式。2013年年底,反盗版联盟说公司的视频文件有侵权的嫌疑,然后公安机关抱走了公司的几台服务器。后王欣要求服务器内缓存的视频全部采用碎片化存储的方式。2014年2月,快播公司的所有缓存服务器都采取了碎片化的存储方式""做'碎片化'就是要规避法律风险,怕被人告说公司盗版,还有就是规避淫秽视频风险。"这证明了王欣对于快播网络传播淫秽视频的事实不但明知,而且还着手采取逃避检查的技术措施,消极对待其监管责任,放任大量淫秽视频经由其网络系统,特别是经由其缓存服务器任意传播。王欣的这种意志实际上就是快播公司的意志,而快播公司事业部的管理者吴铭、张克东、牛文举就是这一意志的执行者和执行监督者。根据我国《刑法》的规定，犯罪的故意，是指明知自己的行为会发生危害社会的结果，并且希望或者放任这种结果发生的心理态度。快播公司及各被告人的行为足以表明其"放任"的间接故意，足以表明其放任的是正在发生或可能正在发生的危害后果。

4. 快播公司具备承担网络安全管理义务的现实可能，但拒不履行网络安全管理义务

任何经营策略都应当计算自身承担法定义务的成本。作为自身技术规则的设定者，快播公司应当具备网络视频服务的信息安全管理能力，问题的关键是其愿不愿意把这种能力转变为现实的行动。具体而言，快播公司的P2P技术不仅使用户在下载视频的同时提供了上传视频的服务，而且在用户与用户之间还介入了自己控制、管理的缓存服务器。快播用户在点播视频过程中，在拥有视频的"站长"（或"客户端"）、缓存服务器、观看视频的客户端之间形成三角关系，快播调度服务器不仅拉拽淫秽视频文件存储在缓存服务器里，而且也向客户端提供缓存服务器里的淫秽视频文件。这让缓存服务器实际上起到了淫秽视频的下载、储存、分发的作用。快播公司根据某一视频被点播的次数来决定是否缓存，并且这个次数可能因为网络接入服务商的用户多少和提供缓存服务的服务器可用存储空间大小不断调整。快播公司并不制作或购买合法的视频资源产品，其以搜索点击数量决定"缓存"哪些视频的技术特点，决定了其缓存服务器中存储的视频文件必然包括被搜索点击频率较高的淫秽视频。正是快播公司提供的这种介入了缓存服务器的视频点播服务，以及设立的这种"缓存"技术规则，决定了其实质介入了淫秽视频的传播行为。技术是快播公司研发，技术服务是快播公司提供，技术服务规则是快播公司设定，快播公司介入视频传播的结果体现了快播公司的经营策略。"站长"的发布、用户的搜索、用户点对点的文件传输、快播缓存与加速服务，这些关键环节离开快播公司的调度服务器都不可能实现。用户搜索与点播的频次构成快播公司提供缓存服务的条件，调度服务器所记录的信息使快播公司在制定缓存规则的时候当然可以根据其主观意愿设定条件，在点播、缓存环节采取限制措施，是快播公司承担网络安全管

理义务的基本路径。不论是通过专用程序自动审核还是通过专门人员人工审查,快播公司作为一家网络视频信息服务提供商,应当具备相应的安全管理能力,应当付出必需的经营成本。

一般来说,网络视频服务企业难以做到屏蔽所有非法视频,但证据表明,快播公司连行业内普遍能够实施的关键词屏蔽、截图审查等最基本的措施都没有认真落实。快播公司在2012年被深圳网监处罚后,确实设置了信息安全组,开展了一些工作。但一年后,南山广电局执法人员在快播公司牛文举面前当场取证,从快播官网可以非常“便利”地看到淫秽视频正在快播网络上传播。显然,如果快播公司的“110”不良信息管理平台有效发挥作用,检查屏蔽淫秽视频工作并不困难。正如牛文举的供述以及快播公司负责信息安全工作的员工证言所称,“110”不良信息管理平台,在深圳网监验收合格之后,就基本被搁置,原为应对检查设立的信息安全组名存实亡。从另一个角度讲,快播公司控制着每一台缓存服务器,能够轻易调取所存储的视频进行随机审查,可以轻易判断和批量清除缓存服务器内的淫秽视频,但快播公司没有做这种后台审查工作,放任占存储量70%的淫秽视频在自己的缓存服务器中以供加速下载之用。快播公司及王欣等人在第一次庭审过程中反复强调自己对淫秽视频通过快播技术传播没有网络安全管理义务,既体现出其对法律法规规定义务的漠视,也体现出其逃避社会责任的主观态度。快播公司对于信息网络安全管理义务不是没有履行的现实能力,而是没有切实履行的意愿,其在本案中所表现出的行为属于拒不履行网络安全管理义务的行为。

5. 快播公司及各被告人的行为具有非法牟利目的

传播淫秽物品牟利罪要求“以牟利为目的”,即行为人主观上具有牟取非法利益的目的。这里的利益,既包括直接利益,也包括间接利益。司法实践中认定“以牟利为目的”,既包括通过制作、复制、出版、贩卖、传播淫秽物品直接获取对价的目的,也包括通过广告、流量、用户数量等获得间接收入的目的。淫秽视频被搜索、点播、下载的数量越多,淫秽视频的网络传播者所获取的间接利益可能就越大。所以,以获取广告费等间接利益为目的,为吸引网民、增加网站网页访问量、提高用户数量而在互联网上发布、陈列、播放淫秽视频的行为，应当认定为“以牟利为目的”传播淫秽物品的行为。

使用快播资源服务器程序发布、经由快播网络平台传播的淫秽视频的点击数量直接影响了播放器的用户数量，与快播公司的广告收益相互关联。快播公司综合管理中心财务总监刘松涛的证言及其提供的财务报表显示，快播公司盈利主要来源于快播事业部，而快播事业部的主要收入来源于网络营销服务，其中资讯快播和第三方软件捆绑是最为主要的盈利方式，即来自快播播放器的安装和使用。2008 年至 2013 年，快播公司营业收入逐年快速增长，仅快播事业部 2013 年达到人民币 1.4 亿元，其中资讯快播营业收入人民币 7 046 万元占 49.25%、第三方软件捆绑营业收入为人民币 3 948 万元占 27.59%。虽然快播公司自己并未上传淫秽视频，但任何网络用户均可以使用快播资源服务器程序发布淫秽视频。客观上，快播公司非但不加监管，反而通过有条件的存储、调取方式提供网络支持，为用户上传、搜索、点播淫秽视频提供便利，致使淫秽视频大量传播。快播播放器软件借此得到推广，快播公司也因此大量获利。快播资源服务器程序发布的视频经过快播技术手段加密，只能用快播播放器播放，快播公司因此对于使用快播软件播放快播视频过程中的第三方软件捆绑和广告资讯等盈利具有独占性。快播公司正是利用这种独占性特点，不断通过提供缓存技术支持等方法改善用户体验，增加用户数量和市场占有率，进而提升快播资讯广告或捆绑推广软件的盈利能力，增加收入。快播公司明知其快播软件和快播网络平台被用于传播淫秽视频而不予监管，反而用缓存服务器加速传播，这一放任行为在客观上对淫秽视频在网络上传播起到了推波助澜的作用，也由此让快播播放器的下载和使用产生的利益随之迅速增加。快播公司明知其网络上淫秽视频传播和公司盈收增长之间的因果关系，仍放任其网络系统被继续用于传播淫秽视频，应当认定为具有非法牟利目的。

6. 本案既不适用“技术中立”的责任豁免，也不属于“中立的帮助行为”

司法实践对于技术中立的肯定，意在鼓励技术创新和发展，但技术是人类利用自然规律的成果，在一定程度上受到技术提供者和使用者意志的控制和影响，并体现技术提供者和使用者的目的和利益。技术本身的中立性与技术使用者的社会责任、法律责任的关系，实质上反映了技术使用方式对社会发展起到了推动进步还是阻碍进步的作用。以技术中立原则给予法律责任豁免的情形,通常限于技术提供者,对于实际使用技术的主体,则应视其具体行为是否符合法律规定进行判断。恶意使用技术危害社会或他人的行为,应受法律制裁。快播公司绝不单纯是技术的提供者,“站长”或用户发布或点播视频时,快播公司的调度服务器、缓存服务器参与其中,快播公司构建的P2P网络平台和缓存加速服务都让其成为技术的使用者,同时也是网络视频信息服务的提供者。快播公司在提供P2P视频技术服务和缓存技术服务时,虽然客观上没有对视频内容进行选择,但当其明知自己的P2P视频技术服务被他人利用传播淫秽视频,自己的缓存技术服务被利用成为大量淫秽视频的加速传播工具,自己有义务、有能力阻止而不阻止时,快播公司就不可能再获得技术中立的责任豁免。快播公司出于牟利目的,不履行安全管理义务,继续放任他人利用快播网络大量传播淫秽视频,且自己的缓存服务器也介入传播,在技术使用过程中明显存在恶意,应当承担相应的法律责任。

基于技术中立原则的要求,在信息网络传播权保护领域,技术的提供者需要尽到合理的注意义务,从而产生所谓“避风港”规则,行为人只要及时停止侵权便免除侵权责任。这一规则在《信息网络传播权保护条例》中规定为,当网络用户利用网络服务实施侵权行为时,被侵权人有权通知网络服务提供者采取删除、屏蔽、断开链接等必要措施,网络服务提供者如果并不明知作品、表演、录音录像制品系侵权时,接到通知后,未采取必要措施的,网络服务提供者应当承担责任;网络服务提供者接到通知后采取了必要措施的,则不需要承担责任。设立该项规则的目的在于保护单纯的网络服务提供者不因网络中海量的作品、表演、录音录像制品中存在侵权内容而被追究侵权赔偿责任,以促进网络服务的发展。辩护人认为基于“避风港”规则,快播公司作为网络服务提供者可适用《信息网络传播权保护条例》的规定免除责任。必须指出,《信息网络传播权保护条例》第三条明确规定,“依法禁止提供的作品、表演、录音录像制品,不受本条例保护。权利人行使信息网络传播权,不得违反宪法和法律、行政法规,不得损害公共利益”。也就是说,“避风港”规则保护的对象是合法的作品、表演、录音录像制品,而淫秽视频内容违法,严重危害青少年身心健康和社会管理秩序,属于依法禁止提供的对象,不属于信息网络传播权保护的范围,当然不适用著作权法意义上的"避风港"规则。

关于缓存服务器内存储视频的"缓存"状态问题是否应适用"避风港"规则免责问题,经查,知识产权法领域基于"避风港"规则免责的缓存是指"断电即被清除的临时存储"。而本案缓存服务器内存储的视频,均根据视频点击量自动存储下来,只要在设定的周期内点击量达到要求,就能长期存储并随时提供用户使用。故本案快播公司的缓存服务器或缓存技术中的"缓存"概念,并非计算机信息系统中通常意义上"断电即被清除的临时存储",而是对符合设定条件内容的硬盘(服务器)存储,不属于知识产权法领域"避风港"规则免责的"缓存"类型。

本案另一个值得关注的问题是关于快播公司的行为是否属于"中立的帮助行为"。中立的帮助行为,是指外表上属于日常生活行为、业务行为等不追求非法目的的行为,客观上对他人的犯罪起到促进作用的情形。中立的帮助行为是以帮助犯为视角在共同犯罪中讨论中立性对于定罪量刑的影响,而实行行为不存在"中立性"问题。快播公司的缓存服务器下载、存储并提供淫秽视频传播,属于传播淫秽视频的实行行为,且具有非法牟利的目的,不适用于共同犯罪中的中立的帮助行为理论。辩方以行为的中立性来否定快播公司及各被告人责任的意见,不应采纳。

7. 快播公司以牟利为目的放任淫秽视频大量传播的行为构成传播淫秽物品牟利罪的单位犯罪

我国《刑法》第三十条规定,公司、企业、事业单位、机关、团体实施的危害社会的行为,法律规定为单位犯罪的,应当负刑事责任。从主体身份看,快播公司通过调度服务器为使用资源服务器程序的"站长"提供视频文件转码、链接地址发布服务,为使用快播播放器的用户提供搜索、下载、上传服务,进而通过其缓存服务器提供视频存储和下载加速服务,快播公司属于网络信息服务提供者,应当依法承担网络安全管理义务。从客观行为看,快播公司在明知快播网络服务系统被众多"站长"(用户)用于传播淫秽视频的情况下,有能力但拒不履行网络安全管理义务,甚至采取技术措施规避法律责任,放任他人利用自己的网络技术服务传播淫秽视频,放任自己的缓存服务器被他人利用介入淫秽视频的传播之中,导致淫秽视频大量传播的严重危害后果。从主观认知来看,快播公司曾因传播淫秽视频等网络信息安全问题被采取行政处罚措施,王欣、张克东、牛文举等人亦曾多次供述知道快播传播淫秽视频的问题,足以认定快播公司明知其网络服务系统被用于传播淫秽视频。从犯罪目的来看,由于大量淫秽视频得以通过快播网络服务系统传播,快播播放器的用户数量和市场占有率得以提高,快播资讯和捆绑软件的盈利能力得以提升,快播公司拒不履行网络安全管理义务,具有非法牟利目的。快播公司的行为符合《刑法》第三百六十三条规定的传播淫秽物品牟利罪的构成要件。快播公司明知快播网络服务系统被用于传播淫秽视频,但出于扩大经营、非法牟利目的,拒不履行监管和阻止义务,放任其网络平台大量传播淫秽视频,具有明显的社会危害性和刑事违法性,应当依法追究刑事责任。

单位犯罪中直接负责的主管人员,是在单位实施犯罪中起决定、批准、授意、纵容、指挥等作用的人员,一般是单位的主管负责人。王欣在快播公司传播淫秽视频牟利犯罪行为中起到了决定、批准、授意、纵容、指挥等作用。张克东、牛文举则是快播公司和王欣意志的执行者,不仅明知快播公司传播淫秽视频牟利的行为,而且为了快播公司实现非法牟利目的,在管理过程中指挥和监督下属员工积极落实单位和王欣的决定,在快播公司传播淫秽视频牟利犯罪行为中起到了纵容、指挥等作用。吴铭系快播事业部的总经理,负责整个快播事业部的工作,具有领导、管理、监督职责。对于快播公司存在的传播淫秽视频问题,张克东称,在公司产品会上说起快播涉黄,吴铭的态度是“内容的事情找王欣做决策”,可见吴铭采取了推脱、回避的态度。同时,吴铭对于快播事业部审核过滤淫秽信息工作停滞一事,亦负有督促有效运转之责,但其放任不管,实际上体现了快播公司对传播淫秽视频的“放任”意志。王欣、张克东、吴铭、牛文举均应作为快播公司直接负责的主管人员承担相应的刑事责任。

(二)本案的量刑

我国《刑法》第三百六十六条规定,单位犯本节第三百六十三条……规定之罪的，对单位判处罚金，并对其直接负责的主管人员和其他直接责任人员，依照各该条的规定处罚。关于该罪的刑罚适用标准，最高人民法院、最高人民检察院先后于2004年和2010年发布了《关于办理利用互联网、移动通讯终端、声讯台制作、复制、出版、贩卖、传播淫秽电子信息刑事案件具体应用法律若干问题的解释》和《关于办理利用互联网、移动通讯终端、声讯台制作、复制、出版、贩卖、传播淫秽电子信息刑事案件具体应用法律若干问题的解释(二)》。前者，针对直接传播电子淫秽信息的犯罪行为规定了定罪量刑标准；后者，重点就网站建立者、直接负责的管理者、互联网信息服务提供者、广告主、第三方支付平台等涉及淫秽电子信息的犯罪补充规定了定罪量刑标准。本案公诉机关在起诉书中指控被告单位及各被告人犯传播淫秽物品牟利罪情节特别严重，法院认为，应当根据上述法律规定并结合本案情节就刑罚适用问题进行分析。

1. 快播公司的行为不属于司法解释规定的传播淫秽物品牟利罪“情节特别严重”的情形

第一，快播公司对于特定视频是否淫秽视频缺乏事先的明知。“事先明确知道是淫秽电子信息”与“明知其网络平台上存在淫秽电子信息”所表达的主观明知内容完全不同，前者是针对特定视频文件，后者是针对网络平台所传播的内容包括哪类信息。本案中，快播公司在提供视频发布、点对点链接、缓存加速等服务时，并没有事先设置有效的内容审查技术环节或监管措施。快播公司主观方面虽然明知自己的网络平台上存在淫秽视频，但就本案缓存服务器内检验出的淫秽视频而言，没有证据表明快播公司事先明确知道其中不特定的任一视频是否为淫秽视频(服务器目录中均以特征码作为文件名)。虽然本案能够认定快播公司控制下的缓存服务器参与了淫秽视频的传播，但无法认定快播公司有针对性地实施了上传、下载和存储、提供淫秽视频的行为。

第二，快播公司不具有传播淫秽视频的直接故意。一方面，从行为人的意志因素上说，现有证据并不能证明快播公司“希望”淫秽视频通过快播网络平台大量传播。实际上，缓存服务器提供加速服务符合淫秽网站“站长”的直接传播故意和点播用户的自主选择意愿，快播公司采取了听之任之的放任态度。另一方面,本案没有证据证明快播公司与淫秽网站的站长或其他发布淫秽视频的用户之间存在共谋。快播公司无论是提供快播视频客户端软件、服务器软件,还是提供缓存服务器的储存、加速服务,无论是针对服务对象还是服务内容,都没有进行区分或选择,无法认定快播公司与淫秽网站等具有直接故意的淫秽视频传播者之间具有犯意联络。缓存服务器内大量淫秽视频的存在,是淫秽网站、用户(每一个用户既是下载者也是上传者)的直接故意和快播公司的间接故意交织在一起共同作用的结果。同时,本案没有快播网站"发布"缓存服务器内这些淫秽视频的直接证据,用户从缓存服务器下载淫秽视频的数量,特别是用户下载淫秽视频文件时由快播公司缓存服务器提供支持(加速服务)的比例亦无从知晓。在此情形下,要求被告人承担与淫秽网站等具有直接故意的传播者相同的刑事责任,有客观归责之弊,违背主客观相一致的原则。

第三,快播公司的放任传播与技术介入的非直观性是本案的重要特征。传统的传播行为,一般由淫秽网站站长或用户以直观陈列的方式实施,传播者直接将淫秽视频链接放到网上提供给他人点播,或直接展示播放,或直接提供下载服务。比较而言,在单纯的P2P传播模式下,快播公司提供的是在用户之间建立链接渠道的程序,难以认定快播公司是淫秽视频的内容提供者;但在运用缓存服务器提供加速服务的传播模式下,快播公司放任其缓存服务器参与淫秽视频的传播过程,却没有开展有效的事前审查或后台审查,刑法应当责难此种不履行法定义务的行为。但即便是缓存服务器介入视频传播过程中,也不是直接提供缓存服务器的链接,而是用户点击淫秽网站上的链接后,快播公司的缓存服务器才因调度服务器的指挥提供加速服务,其实现方式更多地体现出网络技术的后台传输特点,技术介入的非直观性特征明显。考虑快播公司的放任传播方式的非直观性与传统直观陈列方式传播的区别以及技术介入性特点,单纯以缓存服务器内实际存储的淫秽视频数量来评价快播公司及各被告人的刑事责任,过于严苛。

第四,快播公司放任淫秽视频传播的直接获利数额难以认定。现有证据可以认定快播公司及各被告人之所以放任淫秽视频传播,目的是利用淫秽视频传播带动用户增加从而产生更多收入,且实际获利巨大。但应当看到,现有证据不能证明快播公司经营的网络平台通过传播淫秽视频直接收取费用,难以区分快播公司现有营业收入中具体有哪些属于传播淫秽视频所得,哪些是合法经营所得。实际上,快播公司及各被告人在经营视频点播业务过程中,主观上兼有合法经营目的和非法牟利目的,客观上难以即时区分合法视频点播服务和非法视频点播服务。快播公司获利方式的间接性决定了这种合法经营和非法经营的混同存在,所反映出的主观恶性和行为的社会危害性,比纯粹以淫秽物品传播为专营业务的淫秽网站要小。但需要指出的是,间接获取非法利益的目的包含在刑法所规定的非法牟利目的范畴之内,只是间接获利与直接获利在刑罚适用标准方面有所区别。

第五,本案"犯罪情节"的认定应该充分考量网络信息平台传播特点。点对点视频传播技术更新速度快,传播能力迅速攀升,其所产生的正面或负面影响,均与传播淫秽物品牟利罪刑法条文和司法解释制定时的情形难以同日而语。缓存服务器参与下的 P2P 视频点播技术使淫秽物品传播产生了超高速率、超大范围的传播效果,缓存服务器提供存储服务的淫秽视频数量动辄数以万计。故不宜按照相关司法解释所规定的传播淫秽视频牟利罪的数量标准来确定刑罚。科学技术的应用必须符合法律规范,法律也应当鼓励优先运用技术措施解决技术问题,从而使科学技术具有更大的发展空间。本案应当充分考量科技发展的特殊性,将新类型网络传播淫秽物品犯罪的量刑方法区别于传统传播行为,体现谦抑性,实现罪责刑相统一。

综合主客观方面,快播公司缓存服务器内存储的淫秽视频数量与相关司法解释中数量标准规定的情形不同,本案不宜适用现有司法解释中的数量标准认定"情节特别严重"。

2. 快播公司放任淫秽视频大量传播并获取巨额非法利益应当认定为"情节严重"

"情节严重",是出于立法技术的考虑而对犯罪情形的综合表述。一方面,立法者不能预见所有情节严重的情况而作出明确具体的规定。另一方面,即使有所预见,也不能使用冗长表述而使刑法丧失简明价值。传播淫秽物品牟利罪中的"情节严重",是法定刑升格的依据。在司法实践中,这种情节可以根据具体案情综合判定。就本案而言,深圳网监和南山广电局先后两次针对快播公司存在的网络信息安全问题进行行政处罚,快播公司及各被告人明知这些执法活动的具体指向就是其网络上存在的涉嫌传播淫秽、侵权等网络违法犯罪行为,消极对待整改,以作为的形式掩盖不作为的实质,继续放任自己控制的缓存服务器被他人利用并提供加速服务,放任快播网络平台大量传播淫秽视频,其主观恶性和社会危害性,显然大于一般的传播淫秽物品牟利行为。淫秽视频污染网络环境,尤其对青少年身心健康带来巨大损害,因此我国法律法规明确规定了网络信息服务提供者的网络信息安全管理责任。综合考虑快播公司拒不履行视频信息服务企业的网络安全管理义务,放任其网络系统被用于传播淫秽信息,两次受到行政处罚后仍以作为的形式掩盖不作为的实质,造成淫秽视频大量传播,间接获取巨额非法利益,法院认为,应当依据《刑法》第三百六十三条第一款的规定,认定为"情节严重"。

【编后语】

本案的焦点在于快播公司及其主要负责人在提供视频分享软件及相关技术平台服务的过程中,是否触犯刑法、构成犯罪以及如何进行量刑。

因快播软件的普及、用户达数千万,因此本案具有十分广泛的社会影响,自立案伊始就已经受到社会各界关注。而案件的审理过程经视频直播后,进一步引发了社会各界网民对该案案情以及对快播公司是否构成刑事犯罪的热烈讨论。其中,有观点认为,快播公司只是技术的提供者,根据技术中立的原则其不应被指责;也有观点认为,快播虽然应该被道德谴责或民事处罚,但尚不足以触犯刑律。最终法院对快播公司及被告人予以刑事处罚,对于像快播这样的互联网平台公司是否负有网络安全管理的法律义务给出了明确的答案。

该案在量刑时,充分考量本案案情特点,将新类型网络传播淫秽物品犯罪的量刑方法与传统的传播行为相区别,就获利数量、情节认定等方面考虑了网络技术的特殊性,从而体现谦抑性,实现了罪责刑相统一。

综合而言,该案的审理和最终裁判结果促进了社会各界对于互联网犯罪的认识,让全民了解到互联网领域并非法外之地,让互联网从业者认识到自身工作内容中哪些是法律禁止的红线,从而在整体上推动了互联网行业环境的规范以及社会对互联网的正确认识。

(撰稿:北京市海淀区人民法院　张　鹏　计莉卉

审编:最高人民法院刑二庭　韩维中)

陈文辉、郑金锋等诈骗、侵犯公民个人信息案

一、基本案情

被告人陈文辉，男，汉族，1994 年 12 月 10 日出生。2016 年 8 月 27 日被逮捕。

被告人郑金锋，男，汉族，1987 年 11 月 5 日出生。2016 年 8 月 27 日被逮捕。

（另有部分被告人自然情况略）

山东省临沂市人民检察院指控被告人陈文辉犯诈骗罪、侵犯公民个人信息罪，被告人郑金锋犯诈骗罪，向临沂市中级人民法院提起公诉。

被告人陈文辉、郑金锋对公诉机关指控的犯罪事实均予以供认。被告人陈文辉的辩护人提出，被害人徐玉玉的死亡与陈文辉的诈骗行为不具有因果关系；陈文辉具有自首情节，购买公民个人信息的行为主观恶性较小。被告人郑金锋的辩护人提出，郑金锋在与陈文辉的共同诈骗犯罪中系从犯。

临沂市中级人民法院经审理查明：2015 年 11 月至 2016 年 8 月，被告人陈文辉、郑金锋等人交叉结伙，通过网络购买学生信息和公民购房信息，分别在江西省九江市、新余市、广西壮族自治区钦州市、海南省海口市等地租赁房屋作为诈骗场所，分别冒充教育局、财政局、房产局的工作人员，以高考学生为主要诈骗对象，以发放贫困学生助学金、购房补贴为名，拨打诈骗电话 2.3 万余次，骗取他人钱款共计 56 万余元，并造成被害人徐玉玉死亡。其中，陈文辉在江西省九江市、新余市纠集人员实施诈骗犯罪，拨打诈骗电话 1.3 万余次，诈骗金额共计 31 万余元；郑金锋在广西壮族自治区钦州市、海南省海口市纠集人员实施诈骗犯罪，并为陈文辉等人在九江市、新余市实施诈骗时转移赃款，拨打诈骗电话 2.3 万余次，诈骗金额共计 54 万余元。

2016 年 6 月至 8 月，被告人陈文辉为实施电信诈骗犯罪，通过腾讯 QQ、

支付宝等工具从杜某某处购买非法获取的山东省高考学生信息10万余条。

2017年7月19日，临沂市中级人民法院作出(2017)鲁13刑初26号刑事判决，认定被告人陈文辉犯诈骗罪，判处无期徒刑，剥夺政治权利终身，并处没收个人全部财产；犯侵犯公民个人信息罪，判处有期徒刑五年，并处罚金人民币三万元；决定执行无期徒刑，剥夺政治权利终身，并处没收个人全部财产；被告人郑金锋犯诈骗罪，判处有期徒刑十五年，并处罚金人民币六十万元。

宣判后，被告人陈文辉提出上诉，提出：被害人徐玉玉的死亡与被诈骗不存在刑法上的因果关系，具有偶然性；其主动投案，具有自首情节；侵犯公民个人信息罪量刑过重。

(部分被告人相关犯罪事实和定罪、量刑情况略)

山东省高级人民法院经审理，于2017年9月12日作出(2017)鲁刑终281号刑事裁定，驳回上诉，维持原判。

二、裁判理由

(一)被害人死亡与诈骗行为之间因果关系的认定

最高人民法院、最高人民检察院2011年《关于办理诈骗刑事案件具体应用法律若干问题的解释》(以下简称《解释》)第二条规定，造成被害人自杀、精神失常或者其他严重后果的属于从重处罚的情节。2016年，最高人民法院、最高人民检察院、公安部公布的《关于办理电信网络诈骗等刑事案件适用法律若干问题的意见》(以下简称《意见》)中亦规定，造成被害人死亡或者其近亲属自杀、死亡或者精神失常等严重后果的，酌情从重处罚。

司法实践中，被害人被诈骗之后死亡，其死亡结果与诈骗行为之间是否存在因果关系，一直是此类案件中犯罪事实部分认定的难点。刑法上的因果关系不仅仅是一个事实问题，也是一个法律问题。对于刑法中的因果关系的认定，应当从事实和法律两个方面加以考察，坚持行为事实与价值评判相统一。因此，认定因果关系的成立，首先要确定事实因果关系的存在，在此基础上，再确定是否具有构成犯罪所需的法律因果关系，继而判断行为人是否应当承担相应的刑事责任。事实因果关系是原因和结果之间决定和被决定、引起和被引起的关系,但只是一种抽象的理论模式,现实生活中各种现象普遍联系,相互制约,形成无数的因果链条。除了一因一果的关系之外,还有多因一果与一因多果等各种情形。刑法理论上,对于因果关系就有条件说、原因说、相当因果关系说等观点。无论哪种观点,首先都要满足一个事实前提,即行为与结果之间存在“没有前者就没有后果”的关系,之后再根据介入因素、偶然关系、经验法则等进行评价,判断是否构成刑法上的因果关系。

本案中,判断被害人徐玉玉的死亡与陈文辉等人实施的诈骗行为之间是否存在刑法上的因果关系,亦需要从事实和法律规范等角度综合评价。徐玉玉死亡后,因其亲属将其尸体火化,故无法进行死因鉴定。但在案证据证实,徐玉玉在被骗之前,身体健康状况良好,没有足以危及生命的健康隐患。徐玉玉死亡原因分析意见书证实,徐玉玉在被骗后出现忧伤、焦虑、情绪压抑等不良精神和心理因素的情况下发生心源性休克,继发多器官功能衰竭而死亡。相关证据排除了徐玉玉因机械性损伤、正常疾病导致死亡的可能性,从身体健康到死亡,且发生在很短的时间内,这期间陈文辉等人的诈骗行为无疑是导致徐玉玉死亡的重大诱因。因此,陈文辉等人实施的诈骗行为与徐玉玉的死亡结果之间存在“没有前者就没有后果”的客观联系,应具有事实上的因果关系。此外,即使是正常人被诈骗后也会产生不良精神和心理因素,况且徐玉玉家境不好,在考上大学充满喜悦的情况下被骗近1万元的学费,对其打击很大。徐玉玉在短时间内死亡虽然不属于常见、多发情况,但并没有超出正常人不可理解的范畴,符合日常生活的经验法则,因而构成刑法上的因果关系。

综上,被告人陈文辉等人实施电信诈骗,置不特定人的合法权益于现实的危险中,是法律所不容许的,其行为具有违法性、危害性、可罚性的内容。虽然徐玉玉的死亡超出陈文辉等人的主观意愿范畴,但陈文辉等人的诈骗行为直接造成徐玉玉忧伤、焦虑、情绪压抑等不良精神和心理因素的出现,发生心源性休克后死亡,属于相关法律规定的实施电信诈骗造成被害人死亡后果的情形,具有刑法上的因果关系,陈文辉等人对此应承担相应的刑事责任。

（二）共同实施电信诈骗的被告人，应当对其参与期间共同犯罪人所拨打的电话次数和诈骗金额承担全部责任

《刑法》第二十五条第一款规定，共同犯罪是指二人以上共同故意犯罪。实施共同犯罪的行为人具有共同的故意，各行为人对于自身以及共同犯罪人的行为性质、造成或将要造成的危害结果都是明知的，对于危害结果的发生持追求或者放任的态度，因而各行为人的活动具有内在的一致性，即使所实施的行为不完全相同，但彼此相关，相互配合，共同导致了危害结果的发生，故共同犯罪的行为人应当对其参与的犯罪活动承担责任，即“部分行为，全部责任”。在此基础上，再根据各行为人在共同犯罪活动中所处的地位、具体罪行的大小以及对犯罪结果所起的作用等区分主、从犯。

《刑法》第二十六条第四款规定，对于组织、领导犯罪集团的首要分子以外的主犯，应当按照其所参与的或者组织、指挥的全部犯罪处罚。对于组织、指挥者而言，其在共同犯罪中起组织、领导、策划、指挥的作用，对于整个犯罪过程具有操控性的支配地位，对于危害结果或者危险的发生具有核心的主导作用，故应当对组织、指挥的全部犯罪承担责任。《意见》规定，在办理电信网络诈骗等刑事案件中，“全部犯罪”包括能够查明具体诈骗数额的事实和能够查明发送诈骗信息条数、拨打诈骗电话人次数、诈骗信息网页浏览次数的事实。多人共同实施电信网络诈骗，犯罪嫌疑人、被告人应对其参与期间该诈骗团伙实施的全部诈骗行为承担责任。对于明知他人实施电信网络诈骗犯罪，帮助转移诈骗犯罪所得及其产生的收益，套现、取现的，以共同犯罪论处。

具体到本案中，被告人陈文辉在江西省九江市、新余市，被告人郑金锋在广西壮族自治区钦州市、海南省海口市，二人分别组织多人实施电信诈骗，作为组织、指挥者，应当对所组织的全部犯罪承担责任。陈文辉组织多人在九江市、新余市拨打诈骗电话1.3万余人次，诈骗金额共计31万余元。郑金锋组织多人在钦州市、海口市拨打电话1万余人次、诈骗金额24万余元。由于郑金锋在陈文辉实施电信诈骗犯罪活动之前与其共谋，由郑金锋为陈文辉组织的诈骗活动转移赃款，系事前有共谋的共同犯罪，客观方面郑金锋也为陈文辉等人的诈骗实施了赃款转移、取现行为，并取得了约定的提成，郑金锋应当对陈文辉组织的在九江市、新余市的诈骗行为承担刑事责任，故法院认定郑金锋拨打诈骗电话2.3万余人次，诈骗金额共计54万余元。对于本案其他被告人，法院根据各自在共同诈骗犯罪活动中地位及所起的作用等方面进行分别评价，区分主、从犯，按照各自参与期间共同犯罪人拨打诈骗电话、诈骗金额的总数量认定犯罪事实，同时贯彻宽严相济的刑事政策，依法予以裁判。

（三）实施电信诈骗，既有既遂又有未遂的情形下量刑幅度的确定

《解释》第六条规定，诈骗既有既遂，又有未遂，分别达到不同量刑幅度的，依照处罚较重的规定处罚；达到同一量刑幅度的，以诈骗罪既遂处罚。《意见》对此亦有同样的规定，并且明确对实施电信网络诈骗犯罪的被告人裁量刑罚，在确定量刑起点、基准刑时，一般应就高选择，确定宣告刑时，应当综合全案事实情节，充分考虑从重、从轻等量刑因素的价值和影响，确保罪刑相适应。

诈骗罪是典型的数额犯，犯罪形态既遂与未遂并存的情形非常普遍，在均构成犯罪的情况下，如何确定量刑起点往往成为诉辩双方争议的焦点。在电信诈骗犯罪案件中，被告人实施的未遂部分往往在其所实施的犯罪行为占据比例较大，确定量刑起点这个问题尤其突出。对此，在确定被告人适用的法定刑幅度时，应当根据《解释》《意见》的规定，如果既遂部分所对应的法定刑幅度较重，应以既遂部分确定量刑起点；若未遂部分对应的法定刑幅度较重的，应先就未遂部分是否减轻处罚的进行评价，确定未遂部分所对应的法定刑幅度，再与既遂部分所对应的法定刑幅度进行比较，确定对被告人适用的法定刑幅度。如果未遂部分对应的法定刑幅度较重，则以未遂部分对应的法定刑幅度确定为对被告人适用的法定刑幅度，并将包括既遂部分在内的其他情节以及未遂部分的未遂情节一并作为量刑起点的调节要素确定基准刑。如果既遂部分对应的法定刑幅度较重或者与未遂部分对应的法定刑幅度相同的，则以既遂部分对应的法定刑幅度确定对被告人适用的法定刑幅度，并将包括未遂部分在内的其他情节作为确定量刑起点的调节要素。

本案中，被告人陈文辉拨打诈骗电话1.3万余人次，诈骗金额共计31万

余元,依照《解释》《意见》的规定,其拨打诈骗电话人次超过5 000人次,依法应当认定为“情节特别严重”,但从全部案情来看,所拨打电话的全部人次中绝大部分系未遂。从既遂的部分分析,陈文辉诈骗所得31万余元,达到数额巨大的标准,依法应当认定为“情节严重”。因陈文辉的全部犯罪既遂部分与未遂部分并存,且处于不同的法定量刑幅度,按照上述确定量刑起点的原则,其未遂部分所处的法定量刑幅度较重,既遂部分所处的量刑幅度较轻,首先应当根据案件事实确定对其未遂部分是否减轻处罚作出评价。分析认为,当前电信诈骗犯罪活动猖獗,被害人人数多、范围广,社会危害性很大,属于应当严厉打击的犯罪类型。陈文辉拨打诈骗电话人次超过法定特别严重情节数额标准的两倍以上,且其案件在社会上受到广泛关注,社会影响极其恶劣,不应对其未遂部分减轻处罚。根据《解释》择重处罚,应当确定“十年以上有期徒刑或者无期徒刑”作为对陈文辉量刑的幅度。陈文辉组织多人冒充国家工作人员,骗取在校学生钱款,在诈骗过程造成被害人徐玉玉死亡,综合考量这些从重处罚情节,法院依法判处其无期徒刑是适当的。被告人郑金锋拨打诈骗电话2.3万余人次,诈骗金额共计54万余元,所认定的拨打诈骗电话人次中绝大部分系未遂,所对应的量刑幅度与诈骗既遂获取的诈骗金额处于同一量刑幅度,依法应当在“十年以上有期徒刑或者无期徒刑”量刑。郑金锋冒充国家机关工作人员,骗取在校学生钱款,并造成一名被害人死亡,应当酌情从重处罚。在诈骗被害人徐玉玉的犯罪过程中,郑金锋根据分工,帮助转移赃款,作用相对小于陈文辉,且认罪态度较好,法院依法从轻判处其有期徒刑十五年,量刑适当。同时,法院对本案其他被告人量刑时,根据上述原则,分别确定了相应的量刑起点,并根据各被告人在共同犯罪中所处的地位、起的作用以及其本人所具有的从轻、从重处罚情节,予以相应处罚,做到罪责刑相适应和量刑平衡。

【编后语】

近年来,利用通信工具、互联网等技术手段实施的电信网络诈骗犯罪活动持续高发,侵犯公民个人信息,扰乱通讯管理秩序,严重侵害了人民群众财产安全和其他合法权益,破坏了社会诚信,影响人民群众安全感和社会和谐稳定。如何依法打击电信诈骗犯罪、保护人民群众的生命财产权益,实现惩罚与保护的刑罚功能,是人民法院义不容辞的职责。本案是一起典型的因实施电信诈骗致人死亡的犯罪案件,案件发生后,公众关注度高,社会反响强烈。人民法院依法审理本起案件,对因果关系、既未遂认定等问题依据《解释》《意见》作出正确评判,对于指导同类案件的判决具有重要意义。该案宣判后,社会各界对于判决结果都给予了积极评价。值得一提的是,徐玉玉被电信诈骗案发生后不久,2016 年 9 月 23 日,最高人民法院、最高人民检察院、公安部、工业和信息化部、中国人民银行、中国银行业监督管理委员会联合发布了《关于防范和打击电信网络诈骗犯罪的通告》,出重拳打击犯罪,坚决遏制电信网络诈骗犯罪发展蔓延势头,并规定自 2016 年 12 月 1 日起,个人通过银行自助柜员机向非同名账户转账的,资金 24 小时后到账。同时通过多种渠道进行宣传,提高公众对各类电信网络诈骗的鉴别能力和安全防范意识。

(撰稿:山东省高级人民法院刑一庭　李仲轲
审编:最高人民法院刑二庭　王晓东)

周继坤、周家华、周在春、周正国、周在化故意杀人案

一、基本案情

被告人周继坤,男,汉族,1967年8月10日出生,1990年8月因犯诈骗罪被判处有期徒刑二年,缓刑三年。1997年4月23日因本案被逮捕。

被告人周家华,男,汉族,1967年9月5日出生。1997年4月23日被逮捕。

被告人周在春,男,汉族,1973年10月7日出生。1997年4月23日被逮捕。

被告人周正国,男,汉族,1966年7月30日出生。1997年4月23日被逮捕。

被告人周在化,男,汉族,1966年6月15日出生。1997年4月23日被逮捕。

安徽省阜阳市人民检察院指控被告人周继坤、周家华、周在春、周正国、周在化犯故意杀人罪一案,向阜阳市中级人民法院提起公诉。

被告人周继坤、周家华、周在春、周正国、周在化均否认指控的犯罪事实。辩护人均提出,公诉机关指控的犯罪事实不清,没有证据证明五被告人犯有故意杀人罪,应宣告五被告人无罪。

阜阳市中级人民法院一审查明:1994年12月,被告人周家华因超生被人举报,受到撤销行政村青年书记的处分。周家华怀疑是同村的被害人周某甲举报,便对周某甲怀恨在心,产生报复念头。1996年8月25日晚,被告人周家华、周在春、周正国、周在化聚集在周继坤家喝酒。席间,周家华、周正国等人发泄对周某甲不满的言词,周继坤提出“收拾”周某甲,并分别准备了斧头、菜刀等凶器。当夜12时许,周继坤、周家华、周在春、周正国、周在化

分别携带菜刀、斧头等凶器去周某甲家。周家华持斧头、周正国持菜刀、周在化持尖刀分别对周某甲及其妻子刘某某、小儿周某丁头面部砍划,致三人当场昏迷。周继坤、周在春持刀闯入东屋,周继坤对周某甲的大女儿周某乙头部连砍数刀,周在春对周某甲的二女儿周某丙头部砍一刀,接着周家华持斧头闯入东屋又对周某乙、周某丙头部各砍一斧。后五被告人逃离现场。周某乙当场死亡,周某甲、刘某某、周某丙三人重伤,周某丁轻伤。

1999年3月29日,阜阳市中级人民法院作出(1998)阜中刑初字第164号刑事附带民事判决,认定被告人周继坤、周家华、周在春、周正国、周在化犯故意杀人罪,判处周继坤、周家华死刑,剥夺政治权利终身;判处周在春无期徒刑,剥夺政治权利终身;判处周正国、周在化有期徒刑十五年。

一审宣判后,被告人周继坤、周家华、周在春、周正国、周在化均不服,提出上诉。上诉理由与一审辩解相同。

1999年7月6日,安徽省高级人民法院作出(1999)皖刑终字第305号刑事裁定,以原判认定事实不清,证据不足为由,撤销原判,发回重审。

阜阳市中级人民法院重审后,于2000年2月23日作出(1999)阜中刑初字第153号刑事附带民事判决,以故意杀人罪判处被告人周继坤、周家华死刑,缓期二年执行,剥夺政治权利终身,其他判决内容与前次相同。

宣判后,被告人周继坤、周家华、周在春、周正国、周在化及原审附带民事诉讼原告人刘某某均不服,分别提出上诉。

2000年10月8日,安徽省高级人民法院作出(2000)皖刑终字第252号刑事附带民事裁定,驳回上诉,维持原判,并核准对被告人周继坤、周家华判处死刑,缓期二年执行,剥夺政治权利终身的判决部分。

周继坤、周家华、周在春、周正国、周在化不服生效刑事裁判,提出申诉。

2016年10月24日,安徽省高级人民法院作出(2014)皖刑监字第00063号再审决定书,决定对本案进行再审。

再审中,原审被告人周继坤、周家华、周在春、周正国、周在化均提出未实施故意杀人行为,所作的有罪供述系侦查机关通过刑讯逼供等非法手段获取,请求宣告无罪。五原审被告人的辩护人提出:本案没有证实五原审被告人作案的客观性证据;五原审被告人的有罪供述系通过刑讯逼供等非法手段获取，供述的许多情节前后矛盾，且供述相互之间存在矛盾，不能作为定案依据；证人证言前后反复；被害人周某丙的陈述前后矛盾，且与原审被告人供述存在矛盾。原裁判认定周继坤、周家华、周在春、周正国、周在化故意杀人的事实不清、证据不足，应当依法宣告被告人无罪。

出庭检察员提出：本案既有指向五原审被告人作案的有罪证据，又有否认其五人作案的证人证言、无罪辩解等无罪证据，建议法庭全面客观梳理本案的有罪证据和无罪证据，依法作出客观公正的判决。

安徽省高级人民法院经再审查明：1996 年 8 月 25 日晚，涡阳县新兴镇南张村大周自然村村民周某甲的女儿周某乙在家中被害死亡，周某甲及妻子刘某某、女儿周某丙被害受重伤，儿子周某丁被害受轻伤。

上述事实，有被害人周某甲、刘某某、周某丁、周某丙陈述、现场勘查笔录、鉴定意见等证据证实，法院予以确认。

安徽省高级人民法院再审认为，原判认定 1996 年 8 月 25 日晚，原审被告人周继坤、周家华、周在春、周正国、周在化共同到周某甲家实施故意杀人行为并致周某乙死亡，周某甲、刘某某、周某丙重伤，周某丁轻伤的事实不清、证据不足，不予确认。原判认定原审被告人周继坤、周家华、周在春、周正国、周在化犯故意杀人罪的主要依据是周继坤等五人的有罪供述，以及有罪供述与在案其他证据基本一致。但综观全案，本案缺乏能够锁定周继坤等五人作案的客观性证据；周继坤等五人的有罪供述在作案的重要情节上存在很多矛盾，且供述内容与鉴定意见反映的情况不符，有罪供述的客观性、真实性存疑；证人证言多次反复，且证明内容不能与被告人供述相印证；被害人周某丙的陈述前后不一，且陈述内容与在案其他证据存在诸多矛盾。综上，原裁判据以定案的证据没有形成完整锁链，没有达到证据确实、充分的法定证明标准，不能得出系周继坤等五人作案的唯一结论。故对周继坤等五原审被告人及其辩护人提出的应当改判无罪的意见，予以采纳。

2018 年 1 月 10 日，安徽省高级人民法院作出（2017）皖刑再 1 号刑事附带民事判决：一、撤销安徽省高级人民法院（2000）皖刑终字第 252 号刑事附带民事裁定和阜阳市中级人民法院（1999）阜中刑初字第 153 号刑事附带民事判决；二、原审被告人周继坤、周家华、周在春、周正国、周在化无罪。

二、裁判理由

(一)本案没有证明故意杀人犯罪行为系周继坤等五名原审被告人实施的客观性证据

本案侦查阶段,公安人员没有在案发现场提取血迹、指纹、足迹等与犯罪事实有关的痕迹物证;根据被告人周家华、周在春、周正国、周在化的供述,公安机关从几人家中搜出部分衣服送公安部检验,结论为送检衣服均未检出人血;根据周继坤、周家华、周在春、周正国等人关于将作案凶器及杀人血衣扔在附近河塘、机井等多个地点的供述,公安机关先后组织多次打捞及数次搜查,均未打捞、搜查到与本案有关的物证。综上,本案没有指向周继坤等五人作案、将五人与案发现场之间建立直接联系的任何客观性证据。

(二)原裁判据以定案的主要证据,即周继坤等五名原审被告人的有罪供述,依法不能作为定案根据

五名被告人的有罪供述不稳定。在侦查阶段,周家华仅作过一次有罪供述,其他数次讯问笔录中均否认犯罪,周继坤也曾在讯问笔录中否认犯罪。在检察机关审查起诉阶段和原一审、二审历次审理阶段,周继坤等五人均否认犯罪。综观周继坤等五原审被告人的有罪供述,在作案工具类型、作案工具来源、作案行走路线、具体加害对象等重要情节上,不仅各自供述前后矛盾,各原审被告人供述之间存在矛盾,不能相互印证,而且供述内容与鉴定意见等证据所反映的情况不符。如周继坤既供述过自己的作案工具是菜刀,又供述过作案工具是杀猪刀;周继坤曾供称周正国持匕首、周在化持菜刀作案,后又供称周正国持菜刀,周在化持斧头作案;周家华供称自己作案用的斧头是自带的,而周在化曾供称周家华的斧头从周继坤家拿的;周在春、周正国、周在化均既曾供称所用的作案工具是自带的,又曾供称作案工具是从周继坤家拿的;鉴定意见反映周某甲和刘某某头部均仅有一处损伤,但供述砍击周某甲、刘某某的均为多人。综上,原裁判据以定案的主要证据即周继坤等五人的有罪供述不稳定,在作案的重要情节上存在很多矛盾,且供述内容与鉴定意见反映的情况不符,有罪供述的客观性、真实性存疑,依法不能作为定案根据。

（三）证人证言多次反复，证明内容不能与原审被告人供述相印证，证言的客观真实性存在合理怀疑

证人周杰、周开慧的证言均多次反复，其中周杰在侦查阶段的证言即有反复。本案一审法院第一次开庭审理时，周杰出庭作证称侦查阶段关于案发当晚看到五原审被告人在周继坤家聚集饮酒并拿出作案工具的证言不属实，周开慧出庭作证称侦查阶段关于案发当晚看到周继坤等四人从其睡觉处经过及听到周某甲家传出叫声的证言不属实。本案第一次二审审理期间，证人周杰、周开慧因涉嫌伪证被刑事拘留，两人在看守所回答公安机关讯问时称开庭时讲了假话。本案发回重审后，一审法院重新开庭审理时，周杰、周开慧出庭作证称原来开庭时所作证言属实。本次再审庭审中，周杰、周开慧出庭所作证言与第一次开庭时证言相同。证人在侦查阶段相关证言的重要情节不能与原审被告人供述相印证，如证人周杰称案发当晚看到五名被告人在周继坤家聚集饮酒并拿出作案工具，但周继坤等五人未供述过此节；证人周开慧称案发当晚看到周继坤等四人一起朝周某甲家方向走，但周继坤等五人未供述过与周开慧证言相同的作案行走路线。综上所述，证人周杰、周开慧的证言多次反复，且证明内容不能与原审被告人供述相印证，证言的客观真实性存在合理怀疑。

（四）被害人周某丙的陈述前后不一且与其他证据相矛盾

被害人周某丙的陈述前后不一，先是称黑狗子作案，而周某甲证明涡阳县新兴镇南张村大周自然村没有叫黑狗子的人；被害人周某丙在 1996 年 10 月 5 日回答公安人员问话时，称看见周继坤、周家华进屋，周继坤捂住其嘴和眼，后来的历次陈述中，有时称周继坤进屋捂住她的嘴和眼，有时称周家华捂住她的嘴和眼，说法不一。被害人周某丙的陈述与其他证据存在诸多矛盾，如周某丙关于看到周继坤、周家华两人进屋的陈述，与周继坤、周在春供述二人先进屋相矛盾；周某丙陈述其嘴和眼被周继坤或周家华捂住，但周继坤、周家华均未供述过此节；周某丙关于作案人穿着黑衣服的陈述，与周继坤、周家华供述其作案时所穿衣服颜色相矛盾；周某丙关于下床找鞋时周继坤等人进屋捂其嘴，姐姐周某乙不在床上等陈述，与周继坤、周家华、周在春供述对睡在床上的被害人周某乙、周某丙砍击相矛盾。综上，被害人周某丙的陈

述不仅前后不一,且陈述内容与在案其他证据存在诸多矛盾,依法不能作为定案根据。原一审、二审裁判均未将被害人周某丙的相关陈述作为证据使用。

【编后语】

"五周杀人案"的审理过程一直受到社会的广泛关注。双方当事人多次申诉上访也给案件审理带来压力。本案第一次一审审理期间,因发生周某甲在法院办公室服农药自杀事件,导致案件审理结果发生改变。本案复查及再审期间,被告人一方多名亲属多次到法院表达申诉理由,要求尽快处理本案。被害人一方刘某某、周某丁、周某丙也多次来法院,要求判处被告人死刑,周某丁表示如改判5人无罪,将带着其父周某甲的骨灰到北京上访,并扬言以自己的方式解决问题,采取过激方式报复周继坤等人。面对各方压力,安徽省高级人民法院认真贯彻以审判为中心诉讼制度改革要求,坚持证据裁判、疑罪从无原则,依法审理并坚决予以纠正,切实保障无罪的人不受刑事追究,同时建议公安机关对此案重新立案侦查,加大侦查力度,查清案件事实。2018年4月11日,本案再审宣判后,《人民日报》、新华社、中央电视台等主流媒体发声,对此案适用疑罪从无原则依法改判五原审被告人无罪予以肯定。如2018年4月13日,《人民日报》刊发《从疑罪从轻到疑罪从无,安徽涡阳"五周杀人案"——21年后再审改判五人无罪》;同月18日,《人民日报》刊发《评"安徽五周案":纠正冤案,是政法机关须担起的职责》。再审宣判后总体平稳有序,社会效果较好。

"五周杀人案"改判无罪,充分体现了以习近平同志为核心的党中央全面推进依法治国、深入推进司法体制改革的成效,充分体现了我们党实事求是、有错必纠的原则,充分体现了人民法院深入贯彻党的十九大精神,深化司法体制改革、推进以审判为中心的诉讼制度改革,直面历史遗留疑难复杂案件、勇于纠错的司法担当。

(撰稿:安徽省高级人民法院审监庭　周晓冬
审编:最高人民法院刑二庭　叶邵生)

宝勋精密螺丝(浙江)有限公司等污染环境暨附带民事公益诉讼案

——“10·12”跨省倾倒固体废物污染长江案

一、基本案情

被告单位宝勋精密螺丝(浙江)有限公司(以下简称宝勋公司),住所地浙江省嘉善县。

被告人黄冠群,男,1966 年 3 月 2 日出生。2018 年 9 月 28 日被逮捕。

被告人姜家清,男,1964 年 2 月 28 日出生。2018 年 9 月 28 日被逮捕。

被告人李长红,男,1965 年 10 月 7 日出生。2017 年 12 月 13 日被逮捕。

被告人涂伟东,男,1969 年 5 月 30 日出生。2017 年 12 月 13 日被逮捕。

被告人刘宏桂,男,1963 年 9 月 18 日出生。2018 年 2 月 9 日被逮捕。

被告人吴祖祥,男,1964 年 12 月 6 日出生。2018 年 2 月 9 日被逮捕。

被告人朱凤华,男,1976 年 10 月 22 日出生。2018 年 2 月 9 日被逮捕。

被告人查龙你,男,1962 年 8 月 23 日出生。2018 年 2 月 9 日被逮捕。

被告人汪和平,男,1951 年 4 月 24 日出生。2018 年 9 月 28 日被逮捕。

被告人汪文革,男,1967 年 3 月 12 日出生。2018 年 4 月 27 日被逮捕。

被告人张传江,男,1979 年 10 月 24 日出生。2018 年 9 月 28 日被逮捕。

被告人朱辉勇,男,1977 年 7 月 13 日出生。2018 年 9 月 28 日被逮捕。

附带民事诉讼被告单位平湖三和金属回收有限公司(以下简称平湖公司),住所地浙江省平湖市。

附带民事诉讼被告人潘淑冬,男,1972 年 3 月 21 日出生。

安徽省芜湖市镜湖区人民检察院指控被告单位宝勋公司,被告人黄冠群、姜家清、李长红、涂伟东、刘宏桂、吴祖祥、朱凤华、查龙你、汪文革、汪和平、朱辉勇、张传江犯污染环境罪,向安徽省芜湖市镜湖区人民法院提起公诉,并作为公益诉讼起诉人向安徽省芜湖市镜湖区人民法院提起刑事附带民事公益诉讼。

被告单位宝勋公司以及被告人黄冠群、姜家清对起诉书指控的犯罪事实和罪名以及公益诉讼起诉人提出的诉讼请求均无异议;被告人李长红、刘宏桂、查龙你、张传江、朱辉勇均辩称没有污染环境的故意,不应当承担民事赔偿责任;被告人涂伟东辩称没有污染环境的故意,应急处置、生态环境修复费用等数额过高;被告人吴祖祥、朱凤华、汪和平、汪文革均辩称没有污染环境的故意,仅应承担补充赔偿责任;附带民事诉讼被告人潘淑冬辩称没有污染环境的故意,与查龙你、朱凤华之间系劳务关系,应当由接受劳务一方承担赔偿责任;附带民事被告单位平湖公司未作辩解。

芜湖市镜湖区人民法院经公开审理查明:

(一)非法处置危险废物的事实

被告人黄冠群在被告单位宝勋公司创建时即为公司高管,2008年任宝勋公司副总经理,负责公司日常经营管理,同时担任宝勋公司环保管理工作领导小组组长,对宝勋公司环境保护和危险废物污染防治工作负全面领导责任。被告人姜家清2004年入职宝勋公司,自2016年4月起负责宝勋公司酸洗污泥的处置工作。

2016年7月27日至2017年5月22日,被告单位宝勋公司以及被告人黄冠群、姜家清违反国家有关规定,在未开具危险废物转移联单的情况下,将酸洗污泥交由无危险废物处置资质的被告人李长红、涂伟东、刘宏桂进行处置。李长红、涂伟东、刘宏桂明知自己无危险废物处置资质,通过伪造江苏省阜宁县环境保护局、阜宁县工商行政管理局、江苏朗地环境工程科技有限公司等国家机关、公司的印章,制作虚假的公文、证件,非法处置酸洗污泥。在处置过程中,李长红、涂伟东、刘宏桂三人各有分工,李长红负责与宝勋公司负责酸洗污泥处置的姜家清联系业务,刘宏桂负责联系接收方处置酸洗污泥,涂伟东负责联系无锡市双尊物流有限公司虚开增值税发票结算处置费用。非法处置污泥的获利由李长红、涂伟东、刘宏桂、姜家清四人共同分配。危险废物酸洗污泥最终在江苏省淮安市、扬州市、苏州市、安徽省

铜陵市非法处置共计 1 071.61 吨。具体犯罪事实如下:

1. 2016 年 7 月 27 日至 2016 年 12 月 30 日,被告单位宝勋公司及被告人黄冠群、姜家清委托被告人李长红、涂伟东、刘宏桂,通过司机王文成、王玉、杨军等人(均另案处理),采取汽车运输的方式,将宝勋公司生产产生的 523.56吨危险废物酸洗污泥(HW17:336 - 064 - 17)运输至建设砖瓦厂码头堆放,与码头堆放的其他印染污泥混合后,再由他人安排船舶运输中转至江苏省淮安市、扬州市等地非法处置。2016 年 12 月 30 日至 2017 年 5 月 6 日,宝勋公司及黄冠群、姜家清委托李长红、涂伟东、刘宏桂,通过司机李明生、赵建东等人(均另案处理),采取汽车运输的方式,将宝勋公司生产产生的 485.17吨危险废物酸洗污泥运输至江苏省苏州市吴江区七都镇填埋场非法倾倒。宝勋公司支付李长红、涂伟东、刘宏桂处置费用共计 271 050 元。

经环境保护部南京环境科学研究所鉴定,非法处置的 1 008.73 吨危险废物酸洗污泥产生的环境损害赔偿修复费用为 5 118 800 元。

2. 2017 年 4 月,被告单位宝勋公司在嘉善县环境保护局的检查督促下,于 2017 年 4 月 28 日与具有危险废物处置资质的杭州富阳申能固废环保再生有限公司签订了危险废物酸洗污泥处置合同。2017 年 5 月间,被告单位宝勋公司以及被告人黄冠群、姜家清仍继续委托无危险废物经营许可证的被告人李长红、涂伟东处置危险废物酸洗污泥。李长红、涂伟东为了寻找倾倒地点,赴安徽省铜陵市进行实地查看,并与被告人汪和平、汪文革以及翟胜(另案处理)进行商议,确定了处置方式和价格。汪和平、汪文革又与被告人吴祖祥、朱凤华、查龙你商定了倾倒地点。2017 年 5 月 21 日,被告人张传江、朱辉勇通过货运 APP 平台承接运输业务,分别驾驶车牌号为皖 C35771、皖 PA5850 的货车,在姜家清、李长红、涂伟东的指挥下,从宝勋公司酸洗污泥堆场装运了 34.59 吨和 28.29 吨危险废物酸洗污泥。2017 年 5 月 22 日凌晨 3 时左右,张传江、朱辉勇按照事先指定的时间,将货车开至铜陵市经开区建立村长江堤坝边,由汪文革、吴祖祥、朱凤华、查龙你在现场指挥,通过挖掘机将两车共计 62.88 吨危险废物酸洗污泥倾倒在长江堤坝内。

被告单位宝勋公司支付被告人李长红、涂伟东非法处置费用 72 312 元。涂伟东支付被告人汪文革、汪和平非法处置费用 6 800 元,支付被告人张传江运输费用约3 800元,支付被告人朱辉勇运输费用约3 000元。汪文革支付被告人吴祖祥、朱凤华、查龙你非法处置费用2 100余元。

经环境保护部南京环境科学研究所鉴定,涉案62.88吨酸洗污泥系具有毒性特征的危险废物;现场共清理出787.18吨固体废物,其中包括被倾倒的62.88吨危险废物酸洗污泥和沾染危险废物的土壤等。倾倒区域的土壤和地下水环境介质均受到了损害,造成公私财产损失主要包括应急监测、应急清运和应急处置等费用,共计产生费用392 675.15元,生态环境修复费用经估算约为553 040元,鉴定费用为450 000元。

(二)非法处置有毒、有害固体废物的事实

1. 2017年10月中下旬,李闯、董梅生、张晓滨、张林松等人(均另案处理)在无固体废物处置资质的情况下,将苏州金震纺织有限公司、桐乡市明星印染厂等九家企业生产产生的2 500余吨工业污泥收集后,交由黄安刚(另案处理)进行非法处置。被告人吴祖祥、朱凤华、查龙你通过与黄安刚事先商议,确定了倾倒方式和价格,后由黄安刚联系"皖利辛货2388"船、"皖名仕009"船、"兴达5689"船,将2 500余吨工业污泥跨省运输至安徽省铜陵市江滨村长江水域。2017年11月上旬,朱凤华、查龙你、吴祖祥伙同黄安刚等人指挥"皖利辛货2388"船、"皖名仕009"船驶入铜陵市江滨村长江堤坝附近水域,通过浮吊将船载污泥倾倒于铜陵市江滨村江滩边。2017年11月中旬,朱凤华、查龙你、吴祖祥伙同黄安刚等人指挥"兴达5689"船驶入铜陵市江滨村长江堤坝附近水域,通过浮吊将船载污泥倾倒于铜陵市江滨村江滩边。黄安刚支付吴祖祥、朱凤华、查龙你非法处置费用9万余元。朱凤华支付潘淑冬吊装费用15 000元,支付林国三费用10 000元。

另查明,2017年日本电产芝浦(浙江)有限公司委托附带民事诉讼被告单位平湖公司处置生产产生的废胶木。2017年5月底,平湖公司将废胶木交涂伟东处置。2017年6月4日,被告人李长红、涂伟东、汪和平、汪文革、吴祖祥、朱凤华、查龙你通过船舶运输方式将313余吨废胶木运至铜陵市江滨村江滩边倾倒。

经环境保护部南京环境科学研究所鉴定,倾倒的污泥等固体废物中含有重金属、石油溶剂等有害污染物,倾倒的污泥及其渗滤液、废胶木可认定为有毒物质;现场共清运出 17 347.08 吨固体废物,其中包括被倾倒的 2 525.89 吨污泥和 313 余吨废胶木以及沾染倾倒污泥的土壤及池塘底泥等。倾倒区域的地表水、土壤和地下水环境介质均受到了不同程度的损害,造成公私财产损失主要包括应急监测、应急清运和应急处置等费用,共计产生费用 7 943 924.14 元,生态环境修复费用经估算约为 3 176 145 元。

2. 2017 年 11 月初,李闯、董梅生、张林松、张晓滨等人在无固体废物处置资质的情况下,将苏州金震纺织有限公司、桐乡市明星印染厂等九家印染企业的 1 600 余吨工业污泥收集后,转包给黄安刚进行非法处置。黄安刚遂安排联系"安运 668"船、"龙威 1881"船进行承运,同时从他处又接收"中航 0128"船运载的来源于无锡惠山环保水务有限公司祝塘分公司的水处理污泥约 800 吨,后指挥上述三艘船舶共同将工业污泥跨省运输至安徽省铜陵市江滨村长江水域,准备再次伙同被告人吴祖祥、朱凤华、查龙你实施倾倒。上述三艘船舶停泊在长江铜陵水域待卸,2017 年 11 月 21 日被长江航运公安局芜湖分局现场查获。朱凤华此次收到黄安刚支付的非法处置费用 6 万余元,后因未处置返还 3 万余元,剩余 3 万元用于修建通往倾倒点的道路。

经环境保护部南京环境科学研究所鉴定,三艘船只运载污泥中均含有重金属、石油溶剂等有害污染物,可认定为有害物质。根据该研究所应急处置工作方案认定,"安运 668"船、"龙威 1881"船两艘船只运载污泥应急清理和处置费用约为 524 590.94 元;"中航 0128"船上运载的污泥已由无锡惠山环保水务有限公司祝塘分公司根据江阴市环境保护局的要求进行合法处置。

本案审理阶段,平湖公司支付生态环境修复费用 143 335.22 元;宝勋公司支付生态环境修复费用 6 514 515.15 元。

芜湖市镜湖区人民法院认为,被告单位宝勋公司,被告人李长红、涂伟东、刘宏桂、吴祖祥、朱凤华、查龙你、汪和平、汪文革、张传江、朱辉勇违反国家规定,非法倾倒危险废物以及有毒、有害固体废物,行为均已构成污染环境罪。其中宝勋公司、李长红、涂伟东参与倾倒危险废物 1 071.63 吨,后果特别严重;刘宏桂参与倾倒危险废物 1 008.73 吨,后果特别严重;吴祖祥、朱凤华、查龙你参与倾倒危险废物 62.88 吨、伙同他人倾倒有毒、有害固体废物造成公私财产损失7 943 924.14元,后果特别严重;汪和平、汪文革参与倾倒危险废物62.88吨,严重污染环境;张传江参与倾倒危险废物34.59吨,严重污染环境;朱辉勇参与倾倒危险废物28.29吨,严重污染环境。黄冠群、姜家清作为被告单位宝勋公司直接负责的主管人员和直接负责人员,亦应以污染环境罪追究其刑事责任。吴祖祥、朱凤华、查龙你在实施倾倒2 400余吨有害固体废物过程中,由于意志以外的原因而未得逞,系犯罪未遂,依法从轻处罚。黄冠群、姜家清、李长红、涂伟东、吴祖祥、朱凤华、查龙你、汪和平、汪文革在共同犯罪中起主要作用,系主犯;朱辉勇、张传江在共同犯罪中起帮助作用,系从犯,依法从轻处罚。黄冠群、姜家清、涂伟东、查龙你、汪文革、张传江、朱辉勇有自首情节,依法从轻处罚。汪和平在案发后能主动投案并如实供述犯罪事实,虽然其在庭审时翻供,但是在一审判决前又能如实供述,仍认定其具有自首情节,依法从轻处罚。刘宏桂、朱凤华、吴祖祥到案后能如实供述犯罪事实,系坦白,依法从轻处罚。刘宏桂、汪文革曾因犯罪受过刑事处罚,该情节在量刑时予以考虑。在本案审理阶段,宝勋公司已支付生态环境修复费用6 514 515.15元,该情节在量刑时予以考虑。

2018年9月28日,安徽省芜湖市镜湖区人民法院依法作出(2018)皖0202刑初282号刑事附带民事判决,判决如下:

1. 被告单位宝勋公司犯污染环境罪,判处罚金人民币一千万元。

2. 被告人黄冠群犯污染环境罪,判处有期徒刑六年,并处罚金人民币二十万元。

3. 被告人姜家清犯污染环境罪,判处有期徒刑五年九个月,并处罚金人民币二十万元。

4. 被告人李长红犯污染环境罪,判处有期徒刑六年,并处罚金人民币二十万元。

5. 被告人涂伟东犯污染环境罪,判处有期徒刑五年,并处罚金人民币十六万元。

6. 被告人刘宏桂犯污染环境罪,判处有期徒刑五年,并处罚金人民币十六万元。

7. 被告人吴祖祥犯污染环境罪,判处有期徒刑五年,并处罚金人民币十二万元。

8. 被告人朱凤华犯污染环境罪,判处有期徒刑五年,并处罚金人民币十二万元。

9. 被告人查龙你犯污染环境罪,判处有期徒刑四年六个月,并处罚金人民币十二万元。

10. 被告人汪和平犯污染环境罪,判处有期徒刑二年,并处罚金人民币六万元。

11. 被告人汪文革犯污染环境罪,判处有期徒刑一年九个月,并处罚金人民币六万元。

12. 被告人张传江犯污染环境罪,判处有期徒刑六个月,并处罚金人民币一万元。

13. 被告人朱辉勇犯污染环境罪,判处拘役四个月,并处罚金人民币一万元。

14. 被告人李长红、涂伟东、刘宏桂、姜家清违法所得人民币 271 050 元;被告人李长红、涂伟东、姜家清违法所得人民币 58 712 元;被告人汪和平、汪文革违法所得人民币 4 700 元;被告人吴祖祥、朱凤华、查龙你违法所得人民币 102 100 元;被告人张传江违法所得人民币 3 800 元;被告人朱辉勇违法所得人民币 3000 元,对上述违法所得予以追缴。

15. 被告单位宝勋公司,附带民事诉讼被告人李长红、涂伟东、刘宏桂连带赔偿因非法处置 1 008.73 吨危险废物产生的生态环境修复费用人民币 5 118 800 元。

16. 被告单位宝勋公司,附带民事诉讼被告人李长红、涂伟东、汪和平、汪文革、吴祖祥、朱凤华、查龙你连带赔偿因非法处置 62.88 吨危险废物产生的应急处置费用人民币 392 675.15 元、生态环境修复费用人民币 553 040 元、鉴定评估费用人民币 45 万元。

17. 附带民事诉讼被告人张传江对上述第 16 项中的应急处置费用在人民币 21 008.8 元、生态环境修复费用在人民币 304 224.77 元、鉴定评估费用在人民币 247 542.94 元范围内承担连带赔偿责任。

18. 附带民事诉讼被告人朱辉勇对上述第 16 项中的应急处置费用在人

民币176 666.35元、生态环境修复费用在人民币248 815.23元、鉴定评估费用在人民币202 457.06元范围内承担连带赔偿责任。

19.附带民事诉讼被告人涂伟东、李长红、汪和平、汪文革、吴祖祥、朱凤华、查龙你、潘淑冬,附带民事诉讼被告单位平湖公司连带赔偿非法倾倒313余吨固体废胶木产生的应急处置费用人民币143 335.22元。

20.被告单位宝勋公司,被告人李长红、涂伟东、刘宏桂、汪和平、汪文革、吴祖祥、朱凤华、查龙你、张传江、朱辉勇,附带民事诉讼被告人潘淑冬、附带民事诉讼被告单位平湖公司于本判决生效之日起10日内就污染环境行为在安徽省省级新闻媒体上向社会公开赔礼道歉,赔礼道歉的内容及媒体、版面、字体须经法院审核,如未履行上述义务,则由法院选择媒体刊登判决主要内容,所需费用由上述被告单位、被告人、附带民事诉讼被告单位、附带民事诉讼被告人连带负担。

一审宣判后,被告单位宝勋公司以及被告人黄冠群、姜家清、李长红、涂伟东、刘宏桂、吴祖祥、朱凤华、汪和平、汪文革、朱辉勇对判决刑事部分提出上诉。宝勋公司上诉提出,宝勋公司没有获取非法利益的动机,在案发前一贯表现良好;黄冠群上诉提出,一审法院认定事实不清,未区分其主观恶性以及在犯罪中真正作用,量刑过重;姜家清上诉提出,其主观上没有犯罪的故意,违法所得认定不当;李长红上诉提出,其在倾倒62.88吨污泥中系从犯,罚金过重;涂伟东上诉提出,其系初犯、偶犯,自愿认罪,具有自首情节,在共同犯罪中所起到作用相对较小;刘宏桂上诉提出,原判认定倾倒1 008.73吨酸洗污泥数量过高,其在倾倒污泥过程中只是接线;吴祖祥上诉提出,其没有参与倾倒2 454.72吨有害工业污泥,在本案中系从犯,原判量刑过重;朱凤华上诉提出,其没有参与倾倒2 454.72吨有害工业污泥,在本案中系从犯,具有自首情节,原判量刑过重;汪和平上诉提出,其在本案中所起作用较小,没有共同犯罪故意;汪文革上诉提出,其主观上没有犯罪故意,不应认定为主犯,量刑过重;朱辉勇上诉提出,其具有自首、立功情节,具备适用缓刑的条件,请求改判缓刑。

安徽省芜湖市中级人民法院认为,原判认定事实清楚,证据确实、充分,定罪准确,量刑适当,审判程序合法。于2018年12月5日作出(2018)皖02

刑终321号刑事裁定,驳回上诉,维持原判。

二、裁判理由

(一)污染环境罪中"严重污染环境"及"后果特别严重"的认定

《刑法》第三百三十八条对污染环境罪规定了两个量刑幅度,第一个量刑幅度为严重污染环境的,处三年以下有期徒刑或者拘役,并处或者单处罚金;第二个量刑幅度为后果特别严重的,处三年以上七年以下有期徒刑,并处罚金。"严重污染环境"为污染环境罪的入罪要件,"后果特别严重"为法定刑升格要件。2013年6月,最高人民法院、最高人民检察院发布的《关于办理环境污染刑事案件适用法律若干问题的解释》(以下简称《2013年解释》)第一条对"严重污染环境"的情形进行了具体规定。但近年来,污染环境犯罪又出现了一些新的情况和问题,为了更有效地打击、预防犯罪,2016年12月,最高人民法院、最高人民检察院颁布实施了新的《关于办理环境污染刑事案件适用法律若干问题的解释》(以下简称《解释》),同时废止了《2013年解释》。《解释》第一条规定了十七项"严重污染环境"的情形,并在第十八项进行了兜底性规定。《解释》第一条第二项规定了"非法排放、倾倒、处置危险废物三吨以上的"属于"严重污染环境"的情形。《解释》第三条第二项、第五项分别规定"非法排放、倾倒、处置危险废物一百吨以上的""致使公私财产损失一百万元以上的"均属于污染环境"后果特别严重"的情形。

本案中,被告人汪和平、汪文革参与非法倾倒危险废物62.88吨;被告人张传江参与非法倾倒危险废物34.59吨;被告人朱辉勇参与非法倾倒危险废物28.29吨,非法倾倒危险废物均在3吨以上,均属严重污染环境,构成污染环境罪。被告单位宝勋公司和被告人黄冠群、姜家清、李长红、涂伟东非法处置危险废物1 071.63吨;刘宏桂参与非法处置危险废物1 008.73吨;吴祖祥、朱凤华、查龙你参与非法倾倒危险废物62.88吨、伙同他人非法倾倒有毒、有害固体废物造成公私财产损失7 943 924.14元,均已构成污染环境罪,且属后果特别严重。

(二)污染环境罪主观要件的认定

污染环境罪系《刑法修正案(八)》在《刑法》第三百三十八条规定的重

大环境污染事故罪的基础上修改而来，考虑到重大环境污染事故罪以实际危害后果发生为犯罪构成要件，造成对污染环境犯罪的打击不力，且污染行为与危害后果之间的因果关系难以确定等实际问题，为了加大对污染环境犯罪的惩处力度，《刑法修正案（八）》对此条进行了修改。其中最重要的修改就是将本罪构成要件由原来的“造成重大环境污染事故，致使公私财产遭受重大损失或者人身伤亡的严重后果”修改为“严重污染环境”，降低了犯罪构成的门槛。从修正前重大环境污染事故罪的条文分析，其主观构成要件是过失，即行为人对违反国家规定，排放、倾倒、处置行为是故意为之，但对造成重大环境污染事故是持过失的心态。但修正后的法条显然对被告人主观认识因素提出了不同要求。污染环境罪中包括虽未造成重大环境污染事故，但长期违反国家规定，超标准排放、倾倒、处置有害物质，已使环境受到严重污染或破坏的情形；换言之，污染环境罪不要求行为人对发生重大环境污染事故有认识，只要行为人认识到其行为会使环境受到严重污染或破坏即可。

本案中，根据被告单位宝勋公司委托他人编制的环境影响报告书、自行编制的危险废物管理计划表、嘉善县环保局的批复等证据，结合《国家危险废物名录》施行的时间，足以证明宝勋公司明知涉案酸洗污泥为危险废物，其为了降低公司成本，委托不具有处置资质的人员处置危险废物，主观方面具有污染环境的故意；被告人黄冠群作为公司经营活动的总负责人，同时系宝勋公司环保管理工作领导小组组长，负责宝勋公司的全部事宜，其明知酸洗污泥属于危险废物仍非法处置，主观方面亦具有污染环境的故意；被告人姜家清从2016年4月左右就开始负责宝勋公司酸洗污泥的处置工作，其供述2016年就联系了有处置危险废物资质的公司处置酸洗污泥，因为处置价格过高作罢，后委托没有危险废物处置资质的李长红等人处置酸洗污泥，显属故意犯罪；被告人李长红、涂伟东、刘宏桂三人均无处置危险废物资质，且在实际经营过程中还存在伪造文书、印章、虚开增值税发票的行为，系故意犯罪；被告人汪和平、汪文革、吴祖祥、朱凤华、查龙你作为处置危险废物酸洗污泥的二次中间商及接收方，无合法经营实体，无危险废物处置资质，四处寻找地点对危险废物进行夜间倾倒，系故意犯罪；被告人张传江、朱辉勇作为危险废物酸洗污泥的运输者,虽然不知道污泥具体危险成分,但是结合二人工作经验,通过装货货场的警示标牌、货物与约定不符、无故加盖雨布、凌晨到达等疑点可以推断出二人明知该批货物存在问题且无法进行合法运输,但二人仍选择继续运输,放任危害结果的发生,属于间接故意犯罪。

(三)环境污染共同犯罪的处理规则

实践中,一些单位和个人非法排放、倾倒、处置危险废物或者有毒、有害物质,以降低生产成本或谋取不法利益。行为人分工明确,相互配合,呈现出明显的产业化迹象,甚至形成专门的"一条龙"产业链。为了更好地打击犯罪,切断利益链条,既要依法严惩直接污染环境的行为人,又要打击污染源头以及幕后操控者。《解释》第七条规定,明知他人无危险废物经营许可证,向其提供或者委托其收集、贮存、利用、处置危险废物,严重污染环境的,以共同犯罪论处。

本案中,被告单位宝勋公司是危险废物产生的源头企业,为了降低成本,委托没有危险废物处置资质的个人非法处置。被告人李长红、涂伟东、刘宏桂共同合作非法处置危险废物,被告人汪和平、汪文革作为中间人联系上下游非法处置危险废物,被告人吴祖祥、朱凤华、查龙你也共同合作非法处置危险废物,形成处置危险废物的产业链,最终导致污染环境的危害结果发生,应当以共同犯罪论处。

(四)环境侵权民事责任的承担方式

最高人民法院2015年1月公布的《关于审理环境民事公益诉讼案件适用法律若干问题的解释》第十八条至第二十二条对环境侵权民事责任的承担方式作了具体规定。本案中,芜湖市镜湖区人民检察院在提起公诉的同时,对已经损害社会公共利益的污染环境、破坏生态的行为提起刑事附带民事公益诉讼,于法有据。芜湖市镜湖区人民法院经审理后认为,各附带民事诉讼被告单位及被告人非法处置危险废物、非法倾倒固体废胶木污染环境,损害了社会公共利益,除依法追究刑事责任外,还应承担侵权民事责任。各被告在各自对生态环境造成损害的范围内承担恢复原状、赔偿应急处置费用、赔偿生态环境修复费用、鉴定费用。各被告侵权行为造成的环境损害还包括社会公众享有美好生态环境精神利益的损失，应通过在安徽省省级新闻媒体上公开认错、表示歉意、承认侵害行为的不法性，取得社会公众的谅解，同时对环境侵害者起到一定的震慑和警示作用。

【编后语】

环境是人类赖以生存和发展的基础。随着我国社会生产力蓬勃发展，经济快速增长、人口持续增加、工农业及生活污染物排放总量不断增大，环境污染和环境破坏也达到空前的程度，我国的生态环境面临十分严峻的形势，环境污染已经成为我国当前重大的社会公害。当前，长江流域污染环境活动多发易发，江、浙两地的企业将固体废物跨省运输至安徽省长江沿线非法倾倒，严重污染长江流域的生态环境，造成极为恶劣的社会影响。2017年12月，最高人民法院发布《关于全面加强长江流域生态文明建设与绿色发展司法保障的意见》，提出长江中下游各级人民法院要依法审理长江中下游城市群重化工、重金属、工业固体废弃物等工业污染案件，保障江河湖泊生态环境安全，要充分认识长江流域生态环境安全对长江经济带发展的重要意义，依法维护长江流域的生态环境安全，为建设天蓝地绿水清的长江经济带生态走廊提供有力司法保障。"10·12"跨省倾倒固体废物污染长江案是公安部、最高人民检察院、环境保护部联合挂牌督办的在国内具有重大影响的长江沿线倾倒固体废物污染环境案。新华网、人民网、法制网、凤凰网、《人民法院报》、新华社客户端以及中央电视台《新闻调查》《新闻直播间》等多家媒体对本案的发生及审判工作进行了公开报道。

习近平总书记提出"绿水青山就是金山银山"。人民法院在审理破坏环境资源保护罪刑事案件过程中，严格践行习总书记提出的生态环境保护理念，坚持节约资源和保护环境的基本国策，切实保护好长江环境，精心守护好一方青山绿水，为切实保障绿色发展提供了坚强有力的司法保障。本案依法严惩了污染环境的犯罪分子，对所有被告人均判处实刑，同时加大财产刑的处罚力度，并判令违法者承担污染环境应急处置费用和生态修复等费用,加大了污染环境行为的违法成本。通过本案的审理,对于打击严重危害生态环境的犯罪行为,震慑违法犯罪分子,推动长江流域环境综合治理具有重要意义。

(撰稿:安徽省芜湖市中级人民法院刑一庭　吴建平
审编:最高人民法院刑二庭　叶邵生)

REFERENCE TO CRIMINAL TRIAL

Content of the Ordinary Crime Special Issue

CONTENTS

图书在版编目（CIP）数据

刑事审判参考．总第119集／中华人民共和国最高人民法院刑事审判第一、二、三、四、五庭主办．--北京：法律出版社，2019
ISBN 978-7-5197-4147-1

Ⅰ．①刑… Ⅱ．①中… Ⅲ．①刑事诉讼－审判－中国－丛刊 Ⅳ．①D925.218.4

中国版本图书馆CIP数据核字（2019）第280094号

刑事审判参考（总第119集）
XINGSHI SHENPAN CANKAO
（ZONG DI-119 JI）

中华人民共和国
最高人民法院刑事审判
第一、二、三、四、五庭 主办

责任编辑 许 睿 连晓敏
装帧设计 李 瞻

出版 法律出版社
总发行 中国法律图书有限公司
经销 新华书店
印刷 三河市龙大印装有限公司
责任印制 胡晓雅

编辑统筹 司法实务出版分社
开本 710毫米×1000毫米 1/16
印张 20.5
字数 357千
版本 2019年12月第1版
印次 2019年12月第1次印刷

法律出版社／北京市丰台区莲花池西里7号（100073）
网址／www.lawpress.com.cn
投稿邮箱／info@lawpress.com.cn
举报维权邮箱／jbwq@lawpress.com.cn
销售热线／400-660-8393
咨询电话／010-63939796

中国法律图书有限公司／北京市丰台区莲花池西里7号（100073）
全国各地中法图分、子公司销售电话：
统一销售客服／400-660-8393/6393
第一法律书店／010-83938432/8433　西安分公司／029-85330678　重庆分公司／023-67453036
上海分公司／021-62071639/1636　深圳分公司／0755-83072995

书号：ISBN 978-7-5197-4147-1　定价：38.00元

征稿启事

《刑事审判参考》是最高人民法院刑事审判第一、二、三、四、五庭共同主办、法律出版社出版、面向国内外公开发行的刑事司法业务指导和研究性出版物。

为能够以最前沿的视野、最权威的高度和最贴近刑事司法实践的方式编辑本书,欢迎各位同人向本书以下栏目提供稿件:

1. 指导案例。在认定事实、采信证据和适用法律、司法解释定罪量刑方面具有研究价值和指导意义的典型、疑难案件,并附一审、二审裁判文书。

2. 理论前沿。对刑事司法的前沿理论问题进行深入研讨的论文。

3. 域外司法。评介域外的刑事立法及司法制度、实务问题和典型案件的文章。

4. 经验交流。地方司法机关制定的刑事司法规范性文件及其背景说明,地方人民法院院领导在刑事审判工作会议上的讲话,等等。

5. 实务探讨。对某一类刑事实务问题提出的解决方案。

6. 裁判文书。具有较强说理性、充分体现法官裁判思维和判案智慧的优秀裁判文书。

7. 编辑部答疑。读者在刑事司法实践中遇到的法律适用方面的疑难、复杂问题。

8. 疑案争鸣。针对刊登的疑难案例争议问题进行分析、发表观点,等等。

稿件应有问题意识,观点明确,语言平实,不晦涩。

来稿请注明作者的联系方式(包括地址、邮编和电话)。来稿一经采用,将按著作权的规定支付报酬。

来稿可向以下任何一位执行编辑投递：

北京市东城区北花市大街9号最高人民法院刑一庭　赵俊甫

zhaojunfu81@163.com

北京市东城区北花市大街9号最高人民法院刑二庭　段　凰

cankaodh@163.com

北京市东城区北花市大街9号最高人民法院刑三庭　周　川

xingsanting@sohu.com

北京市东城区北花市大街9号最高人民法院刑四庭　陆建红

Lu_Lu_jianhong@126.com

北京市东城区北花市大街9号最高人民法院刑五庭　方文军

fwjzgf@sina.com

邮编：100062

特别提示：为避免各庭之间采稿重复，来稿不可同时投递。

最高人民法院刑事审判第一、二、三、四、五庭